# 房地产企业增值税疑难问题精解

实务操作　会计处理　案例分析

蔡少优◎主编

中国市场出版社
China Market Press
·北京·

**图书在版编目（CIP）数据**

房地产企业增值税疑难问题精解：实务操作、会计处理、案例分析 / 蔡少优主编. —北京：中国市场出版社有限公司，2020.9

ISBN 978-7-5092-1979-9

Ⅰ. ①房… Ⅱ. ①蔡… Ⅲ. ①房地产企业－增值税－税收管理－中国－问题解答 Ⅳ. ①F812.423-44

中国版本图书馆CIP数据核字（2020）第161547号

**房地产企业增值税疑难问题精解：实务操作 会计处理 案例分析**

FANGDICHAN QIYE ZENGZHISHUI YINAN WENTI JINGJIE: SHIWU CAOZUO KUAIJI CHULI ANLI FENXI

主　　编　蔡少优
责任编辑　张　瑶（zhangyao9903@126.com）
出版发行　中国市场出版社 China Market Press
社　　址　北京月坛北小街2号院3号楼　　邮政编码　100837
电　　话　编 辑 部（010）68032104　读者服务部（010）68022950
　　　　　发 行 部（010）68021338　68020340　68053489
　　　　　　　　　　　68024335　68033577　68033539
　　　　　总 编 室（010）68020336
　　　　　盗版举报（010）68020336
印　　刷　河北鑫兆源印刷有限公司
规　　格　185mm×260mm　16开本　　版　　次　2020年9月第1版
印　　张　25　　印　　次　2020年9月第1次印刷
字　　数　385千字　　定　　价　88.00元
书　　号　ISBN 978-7-5092-1979-9

# 本书编审委员会

## 前言

PREFACE

我国自2016年5月1日开始全面实施营业税改征增值税，营业税退出了历史舞台，增值税制度更加完善、规范。这是自1994年分税制改革以来，财税体制的又一次深刻变化。营改增不只是简单的税制转换，更是一项“牵一发而动全身”的改革。包括之前已纳入增值税体系的企业，都被波及，因为增值税发票是一个链条，某个营改增企业可能就是其他企业的上游或下游企业，而几乎所有的企业都会涉及销售或购买无形资产和不动产业务。

改革的当年，受到前所未有影响的是建筑业，不仅是税负，企业的账务体系、采购体系、法人治理体系、劳务用工机制等各方面都受到影响。为此建筑业老总和财务乃至各职能部门几乎没有不学习营改增新政策的，一时间，建筑业企业邀请专家组织营改增内训搞得热火朝天，一浪高出一浪。时至今日，大大小小几乎所有的建筑企业都接受了一次“洗礼”，而且比较顺利地转型适应了新税制。遗憾的是，房地产企业并没有如此热度，反应似乎慢了半拍。究其原因，是改革政策中有一条，以2016年4月30日为临界点，划分为新项目和老项目，老项目可以选择简易计税方法，纵然是新项目采取一般计税方法，若企业预售预收房款也仅仅是先按照不含税的3%预缴增值税，等到交房或产权过户之后结转时再确认、清算。为此，房地产企业老总们远没有建筑业企业老总们敏感，没有意识到营改增后房地产企业面临的机遇与挑战。

对改革后知后觉、不知不觉的主要原因在于，中央承诺“确保所有行业税负只减不增”。

房地产企业在营业税体系下是按收入的5%缴税，营改增后则是按不含税的3%预缴，2个百分点的差额以及计税还原，让房地产企业得到双重的好处，释放大量的税收资金，这无异于房产救市，濒临重组甚至倒闭的企业又“浴火重生”。房地产企业如释重负，有的企业又积极拿地，于是导致2016年全国房价再次暴涨。遗憾的是，本该受营改增影响极大的房地产企业不太重视税收政策的规定、营改增后会计处理方面的变化，以及营改增后的涉税风险，也不太重视研究营改增后潜在的实际税负。就我们辅导的企业和调研的情况来看，许多企业并不具备这方面的能力，一些企业的税务会计对税收政策一知半解，对所处理的业务更是云里雾里，“脚踩西瓜皮滑到哪里算哪里”。因而往往跑了许多次税务局，却办不成一项业务。这就是我们下决心编写这本书的缘由。我们根据有效的营改增实地实施办法等系列政策文件，考虑企业财务人员营改增后的知识短板和不足，根据营改增后出现的疑难问题，结合企业财务办税流程，有针对性地编撰了《房地产企业增值税疑难问题精解：实务操作 会计处理 案例分析》一书，以期为广大读者答疑解惑，并提供一些业务操作方面的指导和帮助。

本书除了按照增值税要素展开外，还在税会差异、纳税申报表示范填写、税收优惠应用、房地产特殊事项处理、房地产税收筹划等方面着力加以阐述。

本书共11章，由主编即财税优学堂导师蔡少优负责总纂，财税优学堂团队成员参与编写，本书编审委员会审定。具体分工是：第1章，何秋艳；第2章，高松；第3章，蔡少优、吕震澜；第4章，曾炜；第5章，张伟超、高旭；第6章，陈李强；第7章，姚磊；第8章，范陈旭；第9章，高旭、蔡少优；第10章，蔡少优；第11章，黄玢。全书由高旭、姚磊负责校对。

中国市场出版社钱伟、张瑶等编辑的辛苦工作让本书增色不少。本书也是财税优学堂团队增值税学习心得，书中引用了很多文件资料和网友学习资料，在此表示感谢！

提醒读者阅读本书时随时关注新政新规，学习应用时以正式颁发的文件为准。由于时间和水平的限制，书中问题和不足难免，敬请读者批评指正。

蔡少优

2020年7月

目 录

CONTENTS

## 第3章 销项税额的确认

## 第6章 房地产增值税清算



## 第7章 特殊业务处理

# 第1章 新老项目判断与计税方式选择

Answers and Explanations to
Common Questions on VAT for Real Estate Companies
Practice, Accounting and Case Studies

【本章导读】

2016年5月1日全面实施营改增后，房地产企业面临三大问题：一是确定开发项目是新项目还是老项目；二是身份的认定，即企业是一般纳税人还是小规模纳税人；三是选择一般计税方法还是简易计税方法。对照营改增政策明确对以上三个问题做出判断是研究房地产企业经济合同签订、采购模式、账务体系、会计科目应用、纳税申报、税收筹划等相关政策的前提。本章内容是全书的基础。

## 问题1–1

**房地产企业销售自行开发的房地产项目如何判断新老项目？**

**解析：**根据《房地产开发企业销售自行开发的房地产项目增值税征收管理暂行办法》（国家税务总局公告2016年第18号发布）的规定，房地产老项目，是指：（1）《建筑工程施工许可证》注明的合同开工日期在2016年4月30日前的房地产项目；（2）《建筑工程施工许可证》未注明合同开工日期或者未取得《建筑工程施工许可证》但建筑工程承包合同注明的开工日期在2016年4月30日前的建筑工程项目。

对于房地产开发企业在同一房地产项目取得多个《建筑工程施工许可证》的，可以该项目取得的首个《建筑工程施工许可证》上注明的开工日期为准。

## 问题1–2

**房地产项目发生在营改增试点前后的，应如何界定新老项目？**

**解析：**（1）以工程施工许可证为标准。营改增之前签订建筑施工合同，但没有办理施工许可证，工程未动工，5月1日后才办理施工许可证，工程正式动工的项目，属于新项目。

（2）以合同为准。2016年5月1日后签订施工合同的项目，属于新项目。

（3）2016年5月1日前未完工、营改增之后继续施工的项目，属于老项目。

（4）2016年5月1日前没有签合同，尚未办理工程施工许可证等法律手续，但已正式动工，5月1日后补办手续的工程，属于老项目。

## 问题1–3

**房地产项目用于转让或出租的，应如何界定新老项目？**

**解析：**（1）转让的房地产项目：纳税人转让不动产，产权变更登记日期在2016年4月30日前的项目，属于老项目。

（2）出租的房地产项目：纳税人2016年4月30日前开工建设的在建工程，完工后用于出租的房地产，属于老项目。

根据《纳税人提供不动产经营租赁服务增值税征收管理办法》（国家税务总局公告2016年第16号发布）第三条第（一）款规定，"一般纳税人出租其2016年4月30日前取得的不动产可以选择适用简易计税方法，按照5%的征收率计算应纳税额"。

## 问题1–4

**建筑工程项目和房地产项目的新老项目标准是一回事儿吗？**

**解析：**建筑工程项目和房地产项目的新老项目标准比较见表1–1。

表1–1

| 情形 | 建筑工程项目老项目 | 房地产项目老项目 |
|---|---|---|
| 情形一 | 《建筑工程施工许可证》注明的合同开工日期在2016年4月30日前的建筑工程项目 | 《建筑工程施工许可证》注明的合同开工日期在2016年4月30日前的房地产项目 |
| 情形二 | 未取得《建筑工程施工许可证》的，建筑工程承包合同注明的开工日期在2016年4月30日前的建筑工程项目 | 《建筑工程施工许可证》未注明合同开工日期或者未取得《建筑工程施工许可证》，但建筑工程承包合同注明的开工日期在2016年4月30日前的房地产项目 |

续表

| 情形 | 建筑工程项目老项目 | 房地产项目老项目 |
|---|---|---|
| 情形三 | 《建筑工程施工许可证》未注明合同开工日期，但建筑工程承包合同注明的开工日期在2016年4月30日前的建筑工程项目 | |

由表1-1可知，建筑工程项目和房地产项目的新老项目适用标准是一样的，只是一个叫建筑工程项目，一个叫房地产项目，其标准都是以《建筑工程施工许可证》或合同中的“开工日期”来界定。同时要注意，不是合同签订的日期，而是合同约定的开工日期，这一点需要注意区别。

### 问题 1-5

**房地产企业如何划分一般纳税人和小规模纳税人？**

**解析：**《营业税改征增值税试点实施办法》（财税〔2016〕36号文件附件1）第三条将纳税人分为一般纳税人和小规模纳税人。

（1）认定为一般纳税人的情形。

①应税行为的年应征增值税销售额（以下称应税销售额）超过500万元的纳税人为一般纳税人。

②年应税销售额未超过500万元的纳税人，会计核算健全，能够提供准确税务资料的，可以向主管税务机关申请办理一般纳税人资格登记，成为一般纳税人。

（2）认定为小规模纳税人或视同小规模纳税人的情形。

①应税行为的年应征增值税销售额（以下称应税销售额）未超过500万元的纳税人为小规模纳税人。

②将以下纳税人视同小规模纳税人：

一是年应税销售额超过500万元的其他个人不属于一般纳税人，按小规模纳税人纳税；

二是年应税销售额超过500万元但不经常发生应税行为的单位可选择按照小规模

纳税人纳税；

三是年应税销售额超过500万元的个体工商户可选择按照小规模纳税人纳税；

四是《国家税务总局关于全面推开营业税改征增值税试点有关税收征收管理事项的公告》（国家税务总局公告2016年第23号）明确，兼有销售货物、提供加工修理修配劳务和应税行为，年应税销售额超过财政部、国家税务总局规定标准且不经常发生销售货物、提供加工修理修配劳务和应税行为的单位和个体工商户可选择按照小规模纳税人纳税。

## 问题1-6

**如果房地产企业超过一般纳税人认定标准，却没有办理一般纳税人登记，会产生怎样的法律后果?**

**解析：**根据《营业税改征增值税试点实施办法》第三十三条的规定，有下列情形之一者，应当按照销售额和增值税税率计算应纳税额，不得抵扣进项税额，也不得使用增值税专用发票：

（1）一般纳税人会计核算不健全，或者不能够提供准确税务资料的；

（2）应当办理一般纳税人资格登记而未办理的。

## 问题1-7

**房地产企业一般纳税人在什么情况下将被纳入辅导期管理?**

**解析：**根据《国家税务总局关于印发〈增值税一般纳税人纳税辅导期管理办法〉的通知》（国税发〔2010〕40号）的相关规定，房地产企业一般纳税人具有下列情形之一的，应当进入辅导期管理：

（1）增值税偷税数额占应纳税额的10%以上并且偷税数额在10万元以上的；

（2）骗取出口退税的；

（3）虚开增值税扣税凭证的；

（4）国家税务总局规定的其他情形。

房地产企业一般纳税人具有上述情形的，主管税务机关应自稽查部门做出《税务处理决定书》后40个工作日内，制作、送达《税务事项通知书》告知纳税人对其实行纳税辅导期管理，纳税辅导期自主管税务机关制作《税务事项通知书》的次月起执行。

## 问题1–8

**房地产企业一般纳税人被纳入辅导期管理后，主管税务机关将采取哪些具体措施进行管理?**

**解析：**主管税务机关的具体措施包括：

（1）辅导期纳税人取得的增值税专用发票（以下简称专用发票）抵扣联、海关进口增值税专用缴款书以及运输费用结算单据应当在交叉稽核比对无误后，方可抵扣进项税额。

（2）主管税务机关对辅导期纳税人实行限量限额发售专用发票。

①房地产企业专用发票最高开票限额应根据企业实际经营情况重新核定。

②辅导期纳税人专用发票的领购实行按次限量控制，主管税务机关可根据纳税人的经营情况核定每次专用发票的供应数量，但每次发售专用发票数量不得超过25份。

辅导期纳税人领购的专用发票未使用完而再次领购的，主管税务机关发售专用发票的份数不得超过核定的每次领购专用发票份数与未使用完的专用发票份数的差额。

（3）辅导期纳税人一个月内多次领购专用发票的，应从当月第二次领购专用发票起，按照上一次已领购并开具的专用发票销售额的3%预缴增值税，未预缴增值税的，主管税务机关不得向其发售专用发票。

预缴增值税时，纳税人应提供已领购并开具的专用发票记账联，主管税务机关根据其提供的专用发票记账联计算应预缴的增值税。

（4）辅导期纳税人按上述规定预缴的增值税可在本期增值税应纳税额中抵减，抵减后预缴增值税仍有余额的，可抵减下期再次领购专用发票时应当预缴的增值税。

纳税辅导期结束后，纳税人因增购专用发票发生的预缴增值税有余额的，主管税务机关应在纳税辅导期结束后的第一个月内，一次性退还纳税人。

## 问题1-9

**房地产企业一般纳税人被纳入辅导期管理期间，该如何进行会计核算?**

**解析：**辅导期纳税人应当在“应交税费”科目下增设“待抵扣进项税额”明细科目，核算尚未交叉稽核比对的专用发票抵扣联、海关进口增值税专用缴款书以及运输费用结算单据（以下简称增值税抵扣凭证）注明或者计算的进项税额。

辅导期纳税人取得增值税抵扣凭证后，借记“应交税费——待抵扣进项税额”明细科目，贷记相关科目。交叉稽核比对无误后，借记“应交税费——应交增值税（进项税额）”科目，贷记“应交税费——待抵扣进项税额”科目。经核实不得抵扣的进项税额，红字借记“应交税费——待抵扣进项税额”，红字贷记相关科目。

## 问题1-10

**如何把握房地产企业增值税的适用范围?**

**解析：**根据《房地产开发企业销售自行开发的房地产项目增值税征收管理暂行办法》第二条规定，房地产开发企业销售自行开发的房地产项目，应当按销售自行开发的房地产增值税政策缴纳增值税。

自行开发，是指在依法取得土地使用权的土地上进行基础设施和房屋建设。

该办法第三条规定，房地产开发企业以接盘等形式购入未完工的房地产项目继续开发后，以自己的名义立项销售的，也按销售自行开发的房地产增值税政策缴纳增值税。

## 问题1-11

**房地产企业销售自行开发房地产的销售额在一般计税方法下该如何确定?**

**解析：**《房地产开发企业销售自行开发的房地产项目增值税征收管理暂行办法》

第四条规定，房地产开发企业中的一般纳税人（以下简称一般纳税人）销售自行开发的房地产项目，适用一般计税方法计税，按照取得的全部价款和价外费用，扣除当期销售房地产项目对应的土地价款后的余额计算销售额。销售额的计算公式如下：

$$销售额=（全部价款和价外费用-当期允许扣除的土地价款）\div（1+9\%）$$

第五条规定，当期允许扣除的土地价款按照以下公式计算：

$$\frac{当期允许扣除的}{土地价款}=\left(\frac{当期销售房地产}{项目建筑面积}\div\frac{房地产项目可供}{销售建筑面积}\right)\times\frac{支付的}{土地价款}$$

当期销售房地产项目建筑面积，是指当期进行纳税申报的增值税销售额对应的建筑面积。

房地产项目可供销售建筑面积，是指房地产项目可以出售的总建筑面积，不包括销售房地产项目时未单独作价结算的配套公共设施的建筑面积。

支付的土地价款，是指向政府、土地管理部门或受政府委托收取土地价款的单位直接支付的土地价款。

第六条规定，在计算销售额时从全部价款和价外费用中扣除土地价款，应当取得省级以上（含省级）财政部门监（印）制的财政票据。

第七条规定，一般纳税人应建立台账登记土地价款的扣除情况，扣除的土地价款不得超过纳税人实际支付的土地价款。

### 问题 1-12

**房地产企业销售自行开发的房地产适用怎样的增值税税率或征收率？**

**解析：**适用增值税税率或征收率的情况分以下几种：

（1）增值税一般纳税人采用一般计税方法：根据《财政部 税务总局关于调整增值税税率的通知》（财税〔2018〕32号）第一条、第六条以及《财政部 税务总局 海关总署关于深化增值税改革有关政策的公告》（财政部 税务总局 海关总署公告2019年第39号）第一条、第九条之规定，2016年5月1日至2018年4月30日，房地产企业选择一般计税方法缴纳增值税的项目，适用税率为11%；2018年5月1日至2019年3月31日，适用税率为10%；2019年4月1日后，适用税率为9%。

（2）增值税一般纳税人采用简易计税方法：房地产企业选择简易计税方法缴纳增值税的项目，增值税征收率为5%。

根据《房地产开发企业销售自行开发的房地产项目增值税征收管理暂行办法》第八条之规定，一般纳税人销售自行开发的房地产老项目，可以选择适用简易计税方法按照5%的征收率计税。一经选择简易计税方法计税的，36个月内不得变更为一般计税方法计税。

（3）小规模纳税人增值税征收率：房地产小规模纳税人适用5%的征收率缴纳增值税。

## 问题1–13

**如果房地产企业存在提供物业管理服务的经营范围，物业管理收取的自来水水费适用怎样的税率？**

**解析：**2016年5月1日全面推开营改增以来，提供物业管理服务代收水费如果按13%适用税率缴纳增值税，取得的自来水公司开具的增值税专用发票注明的进项税额却是按3%税率开具的，存在即使平价收取，增值税税负也较高的问题，为此，《国家税务总局关于物业管理服务中收取的自来水水费增值税问题的公告》（国家税务总局公告2016年第54号）规定，提供物业管理服务的纳税人，向服务接受方收取的自来水水费，以扣除其对外支付的自来水水费后的余额为销售额，按照简易计税方法，依3%的征收率计算缴纳增值税。

国家税务总局公告2016年第54号自发布之日（即2016年8月19日）起施行。2016年5月1日以后已发生并处理的事项，不再做调整；未处理的，按该公告规定执行。

## 问题1–14

**根据相关规定，房地产企业一般纳税人开发的新项目应适用一般计税方法，而老项目可以选择简易计税方法，那么影响计税方法选择的因素有哪些？**

**解析：**主要影响因素包括：

（1）进项税额多少。

根据财政部 税务总局 海关总署公告2019年第39号的有关规定，销售不动产，税率为9%。房地产开发企业中的一般纳税人，销售自行开发的房地产老项目，可以选择适用简易计税方法按照5%的征收率计税。

如果采取简易计税方法，增值税税收负担是固定的5%，而采取一般计税方法税率为9%，但可以抵扣进项税额。因此，影响计税方法选择的第一大因素就是进项税额的多少。

（2）土地成本多少。

根据《财政部 国家税务总局关于全面推开营业税改征增值税试点的通知》（财税〔2016〕36号）的有关规定，房地产开发企业中的一般纳税人销售其开发的房地产项目（选择简易计税方法的房地产老项目除外），以取得的全部价款和价外费用，扣除受让土地时向政府部门支付的土地价款后的余额为销售额。

如果老项目采取简易计税方法，则不能适用扣除土地成本的规定。因此，土地成本占比大小是影响计税方法选择的第二大因素。

（3）项目性质与客户构成。

根据财税〔2016〕36号文件的规定，2016年5月1日之后，购进不动产允许抵扣进项税额了。因此，房地产企业在选择计税方法时，也必须考虑到计税方法对销售的影响。

如果是以住宅为主的楼盘，那么采取简易计税方法可能影响不大；如果是以商业为主的项目，则不能排除存在大量企业购房者对于进项税金的需求，会对价格、销售产生一定的影响。

## 问题1–15

**房地产企业存在哪些与新老项目有关的注意事项?**

**解析:**

**1.老项目选择简易计税方法的注意事项**

对于老项目选择简易计税方法，需要注意以下几个事项：一是财税〔2016〕36号文件明确规定选择简易计税方法计税的，36个月内不得变更为一般计税方法计税。二是房地产开发企业需重点关注并谨慎做好选择简易计税方法的备案工作。财税〔2016〕36号文件也明确规定了房地产新老项目的区分标准，所以企业对现有房地产项目的审核，对于合同内容的修改和完善等就显得尤为重要。否则不仅无法享用老项目简易计税方法下的节税筹划的空间，还可能导致涉税风险。

**2.明确新老项目成本费用界限，有效规避涉税风险**

房地产开发企业须对新老项目的采购和核算进行分项管理，尤其要严格区分新老项目的成本费用界限。对不能够确认是新项目还是老项目产生的费用，统一采用一般计税方法，也就是由新项目来承担，以此来实现增值税进项税额的全额抵扣；如果成本费用是由新项目与老项目一起产生的，那么企业就必须根据实际情况采用合理的计税方法，让费用能够在两者之间进行合理的分摊，并需将老项目的增值税进项税额转出，新项目取得的进项税额不能用于老项目抵扣。明确新老项目成本费用界限，可以尽量避免出现少缴或多缴增值税的情况发生，给企业带来涉税风险或损失。

**3.财务部门应持续做好营改增的衔接和准备**

营改增给房地产组织架构、营销模式、财务管理、税务管理、发票管理、信息系统等带来深刻影响和挑战，其中财务部门起着承上启下的重要作用。对房地产开发企业来说：一是应加强财务人员培训，尤其是增值税业务的学习，持续跟进学习国家税收政策。二是建立内控制度，主要加强增值税发票的管理，尤其是进项发票的认证和抵扣风险控制，强化增值税抵扣风险意识，应用进项发票清单管理，努力实现涉税管理规范化。

**案例分享**

## 房地产新老项目的界定及不同计税方式处理的比较

甲房地产企业开发的东方明珠项目占地90亩（等于60 000平方米），该地是通过招拍挂取得的，土地出让协议金额9 000万元已一次性转账支付给当地土地局并取得合法非税收据，容积率1.3，建筑面积为78 000平方米，总可售面积75 000平方米，2016年5月1日营改增后认定为一般纳税人。甲房地产企业依规将东方明珠项目划分为三个子项目（水晶阁、金钻阁、翡翠阁）：第一个项目水晶阁已于2015年1月完工，该项目还有部分存量房在2016年出售（即出售现房），并于5月份出售项目商品房10套（共计1 000平方米），取得首付款300万元，余款银行按揭在6月份到账700万元并交付房子；第二个项目金钻阁于2015年10月1日动工，2016年8月1日取得《预售许可证》，当月该项目预售1 000平方米，取得首付款1 000万元；第三个项目翡翠阁于2016年9月1日立项并开工。

要求：

（1）分析甲房地产企业开发的三个子项目如何界定新老项目。

（2）分析甲房地产企业一系列的涉税行为，比较在不同的计税方式下会产生怎样不同的结果。

**分析：**

一、新老项目的界定

第一个项目水晶阁和第二个项目金钻阁都属于营改增之前的老项目，只有第三个项目翡翠阁属于新项目。

二、不同的计税方式下产生不同的结果

（一）2016年5月份出售第一个项目水晶阁商品房1 000平方米，收到首付款（未交付）。

1. 甲房地产企业收到300万元首付款是否达到纳税义务发生条件？

预收款包括分期取得的预收款（首付+按揭+尾款）、全款取得的预收款。定金属于预收款；诚意金、认筹金和订金不属于预收款。房地产开发企业收到预收款时，未达到纳税义务发生时间，不开具正式发票（可开具不征税普通发票），应按照销售额的3%预缴增值税，填报《增值税预缴税款表》。

根据《营业税改征增值税试点实施办法》第四十五条规定，只有建筑企业和提供租赁服务（注：现行只有租赁业务），纳税义务发生时间为收到预收款的当天，收到预收款的当天不是房地产企业销售不动产的纳税义务发生时间，而此前《中华人民共和国营业税暂行条例实施细则》规定，销售不动产收到预收款的纳税义务发生时间为收到预收款的当天。可见销售不动产的增值税纳税义务发生时间相较于营业税纳税义务发生时间，政策发生了重大变化。

财政部和国家税务总局之所以这样规定，是因为房地产开发企业采取预售制度，在收到预收款时，大部分进项税额尚未取得，如果规定收到预收款就要全额按照11%[1]计提销项税，可能会发生进项和销项不匹配的"错配"问题，导致房地产开发企业一方面缴纳了大量税款，另一方面大量的留抵税额得不到抵扣。为了解决这个问题，《营业税改征增值税试点实施办法》将销售不动产的纳税义务发生时间后移，收到预收款的当天不再是销售不动产的纳税义务发生时间。同时，为了保证财政收入的均衡入库，又规定了对预收款按照3%预征税款的配套政策。

2.选择不同的计税方法会产生不同的增值税额吗？具体分析见表1–2。

表1–2

| 一般计税方法/11% | 简易计税方法/5%（小规模纳税人） |
|---|---|
| 《房地产开发企业销售自行开发的房地产项目增值税征收管理暂行办法》<br>第十条　一般纳税人采取预收款方式销售自行开发的房地产项目，应在收到预收款时按照3%的预征率预缴增值税。 | 《房地产开发企业销售自行开发的房地产项目增值税征收管理暂行办法》<br>第十条　一般纳税人采取预收款方式销售自行开发的房地产项目，应在收到预收款时按照3%的预征率预缴增值税。 |

[1] 自2019年4月1日起，税率已改为9%。本案例时间为2016年，故税率仍为11%。

续表

| 一般计税方法/11% | 简易计税方法/5%（小规模纳税人） |
|---|---|
| 第十一条　应预缴税款按照以下公式计算：<br>应预缴税款=预收款 ÷（1+适用税率或征收率）×3%<br>适用一般计税方法计税的，按照11%的适用税率计算。<br>第十二条　一般纳税人应在取得预收款的次月纳税申报期向主管国税机关预缴税款。<br>会计处理如下（单位：万元，下同）：<br>借：银行存款　300<br>　贷：预收账款——水晶阁　300<br>下月15日内按照3%的预征率向主管税务机关预缴税款。<br>借：应交税费——应交增值税（预交增值税）　8.11<br>　贷：银行存款　8.11 | 第十一条　应预缴税款按照以下公式计算：<br>应预缴税款=预收款 ÷（1+适用税率或征收率）×3%<br>适用简易计税方法计税的，按照5%的征收率计算。<br>第十二条　一般纳税人应在取得预收款的次月纳税申报期向主管国税机关预缴税款。<br>会计处理如下：<br>借：银行存款　300<br>　贷：预收账款——水晶阁　300<br>下月15日内按照3%的预征率向主管税务机关预缴税款。<br>借：应交税费——未交增值税　8.57<br>　贷：银行存款　8.57 |

（二）2016年6月份收到出售已完工水晶阁项目商品房按揭款700万元。

1.如果选择一般计税方法（税率11%）。

（1）由于出售的是现房，按揭款到位后，要开票并及时办理过户手续，该项业务的发票如何开具？

根据《房地产开发企业销售自行开发的房地产项目增值税征收管理暂行办法》之规定，销售自行开发的房地产项目，自行开具增值税普通发票。购买方需要增值税专用发票的，可开具专用发票。

纳税人销售自行开发的房地产项目，其2016年4月30日前收取并已向主管地税机关申报缴纳营业税的预收款，未开具营业税发票的，可以开具增值税普通发票，不得开具增值税专用发票。

（2）收到按揭款该如何进行会计处理？

收到700万元按揭余款（单位：万元，下同）。

借：银行存款　700

贷：预收账款——水晶阁 630.63

应交税费——应交增值税（销项税额） 69.37

5月份的预收款价税分离。

借：预收账款——水晶阁 29.73

贷：应交税费——应交增值税（销项税额） 29.73

该预售房款全部收讫且增值税发票已全部开具，这时下月不按3%预交而是根据《房地产开发企业销售自行开发的房地产项目增值税征收管理暂行办法》第十四条规定，按11%计算应纳税额。

《房地产开发企业销售自行开发的房地产项目增值税征收管理暂行办法》第十四条规定，一般纳税人销售自行开发的房地产项目适用一般计税方法计税的，应按照《营业税改征增值税试点实施办法》第四十五条规定的纳税义务发生时间，以当期销售额和11%的适用税率计算当期应纳税额，抵减已预缴税款后，向主管税务机关申报纳税。未抵减完的预缴税款可以结转下期继续抵减。

（3）如何计算已预售1 000平方米的销售额和企业应交的增值税额？

销售额=（1 000–9 000×1 000平方米÷75 000平方米）÷（1+11%）=（1 000–120）÷（1+11%）=792.79（万元）。

假设认证后可以抵扣的进项税额为30万元，应交增值税=792.79×11%–30–8.11（已按3%预交的税款）=87.21–30–8.11=49.1（万元）。

（4）次月15日内向主管税务机关申报的会计处理：

借：应交税费——应交增值税（已交增值税） 49.1

贷：银行存款 49.1

月末，根据企业取得当期增值税专用发票注明税额，按经主管税务机关认证的可抵扣进项税额计算应交增值税。

**【提示】**

根据《房地产开发企业销售自行开发的房地产项目增值税征收管理暂行办法》计算的销项税额与会计核算的销项税额是不一致的，会计核算的销项税额会大于该办法计算的销项税额，差额得再按《增值税会计处理规定》（财会〔2016〕22号文件印发）中试点纳税人差额征税的会计处理规定，以该房地产企业在2016年4月30日后未出售的存量房的可售面积计算可抵扣土地价款的“营改增抵减的销项税额”。

营改增抵减的销项税额 =（9 000×1 000平方米 ÷75 000平方米）÷（1+11%）×11%=11.89（万元）。

借：应交税费——应交增值税（营改增抵减的销项税额）

11.89

贷：开发产品成本　11.89

2. 如果选择简易计税方法（征收率5%）。

（1）发票如何开具？

根据《房地产开发企业销售自行开发的房地产项目增值税征收管理暂行办法》之规定，可选择简易计税办法的有一般纳税人老项目，小规模纳税人销售自行开发的房地产项目、自行开具增值税普通发票。购买方需要增值税专用发票的，小规模纳税人向主管税务机关申请代开。

小规模纳税人销售自行开发的房地产项目，其2016年4月30日前收取并已向主管地税机关申报缴纳营业税的预收款，未开具营业税发票的，可以开具增值税普通发票，不得申请代开增值税专用发票。

（2）甲房地产企业选择简易计税方法，如何进行会计处理？

收到700万元按揭余款。

借：银行存款　700

贷：预收账款——水晶阁　666.67

应交税费——未交增值税　33.33

5月份的预收款价税分离。

税款 =300 ÷ 1.05 × 5%=14.29（万元）。

借：预收账款——水晶阁　14.29

贷：应交税费——未交增值税　　14.29

该预售房款全部收讫且纳税人发生应税行为已完成。增值税发票已全部开具，这时下月不按3%预交税款而是按《房地产开发企业销售自行开发的房地产项目增值税征收管理暂行办法》第十五条规定纳税，即："一般纳税人销售自行开发的房地产项目适用简易计税方法计税的，应按照《试点实施办法》第四十五条规定的纳税义务发生时间，以当期销售额和5%的征收率计算当期应纳税额，抵减已预缴税款后，向主管国税机关申报纳税。未抵减完的预缴税款可以结转下期继续抵减"。

次月15日内向主管国税（税务）机关申报。

应申报数=33.33+14.29−8.57（预交）=39.05（万元）。

借：应交税费——未交增值税　　39.05

贷：银行存款　　39.05

（三）甲房地产企业将房子交付给业主时，不同计税方法会产生怎样的差异？具体分析见表1-3。

表1-3

| 一般计税方法/11% | 简易计税方法/5% |
|---|---|
| 借：预收账款——水晶阁　900.9<br>贷：主营业务收入　900.9<br>同时结转成本：<br>借：主营业务成本<br>贷：开发产品——水晶阁<br>增值税清算：<br>产权办理过户时的测绘面积与合同面积不一致的，要么开票补款，要么开红字冲减当期销售收入。 | 借：预收账款——水晶阁　952.38<br>贷：主营业务收入　952.38<br>同时结转成本：<br>借：主营业务成本<br>贷：开发产品——水晶阁<br><br>该项预售转收入增值税清算为0。 |

说明：会计分录单位为万元。

（四）2016年8月金钻阁项目预售取得首付款1 000万元。

1. 如果选择一般计税方法（税率11%），如何进行会计处理？

（1）根据《房地产开发企业销售自行开发的房地产项目增值税征收管理暂行办法》第十条、第十一条、第十二条之规定，金钻阁项目预售取得首付款1 000万元，会计处理为（单位：万元，下同）：

借：银行存款　　1 000

　贷：预收账款——金钻阁　　1 000

（2）下月15日内按照3%的预征率向主管税务机关预缴税款：

借：应交税费——应交增值税（已交增值税）　　27

　贷：银行存款　　27

2. 如果选择简易计税方法（征收率5%，小规模纳税人），如何进行会计处理？

（1）金钻阁项目预售取得首付款1 000万元：

借：银行存款　　1 000

　贷：预收账款——金钻阁　　1 000

（2）下月15日内按照3%的预征率向主管税务机关预缴税款：

借：应交税费——未交增值税　　28.75

　贷：银行存款　　28.75

**【提示】**

房地产在开发楼盘有分期开发、存在新老项目且老项目选择简易计税方法，新项目必须按一般计税方法计税的，若无法划分不得抵扣的进项税额，根据《房地产开发企业销售自行开发的房地产项目增值税征收管理暂行办法》第十三条之规定，一般纳税人销售自行开发的房地产项目，兼有一般计税方法计税、简易计税方法计税、免征增值税的房地产项目而无法划分不得抵扣的进项税额的，应以《建筑工程施工许可证》注明的“建设规模”为依据进行划分。

不得抵扣的进项税额＝当期无法划分的全部进项税额×（简易计税、免税房地产项目建设规模÷房地产项目总建设规模）

【知识链接】

## 关于纳税信用等级A、B、M、C、D级增值税一般纳税人取消认证有关操作的公告

1.取消增值税发票认证的纳税人的范围扩大至全部一般纳税人。国家税务总局公告2019年第8号全文如下：

为了贯彻落实党中央、国务院决策部署，进一步优化营商环境，支持民营经济和小微企业发展，便利纳税人开具和使用增值税发票，现决定扩大小规模纳税人自行开具增值税专用发票试点范围、扩大取消增值税发票认证的纳税人范围。有关事项公告如下：

"一、扩大小规模纳税人自行开具增值税专用发票试点范围。

将小规模纳税人自行开具增值税专用发票试点范围由住宿业，鉴证咨询业，建筑业，工业，信息传输、软件和信息技术服务业，扩大至租赁和商务服务业，科学研究和技术服务业，居民服务、修理和其他服务业。上述8个行业小规模纳税人（以下称'试点纳税人'）发生增值税应税行为，需要开具增值税专用发票的，可以自愿使用增值税发票管理系统自行开具。

试点纳税人销售其取得的不动产，需要开具增值税专用发票的，应当按照有关规定向税务机关申请代开。

试点纳税人应当就开具增值税专用发票的销售额计算增值税应纳税额，并在规定的纳税申报期内向主管税务机关申报缴纳。在填写增值税纳税申报表时，应当将当期开具增值税专用发票的销售额，按照3%和5%的征收率，分别填写在《增值税纳税申报表》（小规模纳税人适用）第2栏和第5栏'税务机关代开的增值税专用发票不含税销售额'的'本期数'相应栏次中。"（本条款已废止）

"二、扩大取消增值税发票认证的纳税人范围。

将取消增值税发票认证的纳税人范围扩大至全部一般纳税人。一般纳税人取得增

值税发票（包括增值税专用发票、机动车销售统一发票、收费公路通行费增值税电子普通发票，下同）后，可以自愿使用增值税发票选择确认平台查询、选择用于申报抵扣、出口退税或者代办退税的增值税发票信息。

增值税发票选择确认平台的登录地址由国家税务总局各省、自治区、直辖市和计划单列市税务局确定并公布。”

“三、本公告自2019年3月1日起施行。

《国家税务总局关于纳税信用A级纳税人取消增值税发票认证有关问题的公告》（国家税务总局公告2016年第7号发布，国家税务总局公告2018年第31号修改）、《国家税务总局关于全面推开营业税改征增值税试点有关税收征收管理事项的公告》（国家税务总局公告2016年第23号发布，国家税务总局公告2018年第31号修改）第五条、《国家税务总局关于在境外提供建筑服务等有关问题的公告》（国家税务总局公告2016年第69号发布，国家税务总局公告2018年第31号修改）第十条、《国家税务总局关于按照纳税信用等级对增值税发票使用实行分类管理有关事项的公告》（国家税务总局公告2016年第71号）第二条、《国家税务总局关于开展鉴证咨询业增值税小规模纳税人自开增值税专用发票试点工作有关事项的公告》（国家税务总局公告2017年第4号发布，国家税务总局公告2018年第31号修改）、《国家税务总局关于进一步明确营改增有关征管问题的公告》（国家税务总局公告2017年第11号发布，国家税务总局公告2018年第31号修改）第九条、《国家税务总局关于增值税发票管理若干事项的公告》（国家税务总局公告2017年第45号发布，国家税务总局公告2018年第31号修改）第二条、《国家税务总局关于纳税信用评价有关事项的公告》（国家税务总局公告2018年第8号）第四条第一项同时废止。

特此公告。”

2.《国家税务总局关于纳税信用评价有关事项的公告》（国家税务总局公告2018年第8号）规定：

“三、增设M级纳税信用级别，纳税信用级别由A、B、C、D四级变更为A、B、M、C、D五级。未发生《信用管理办法》第二十条所列失信行为的下列企业适用M级纳税信用：

（一）新设立企业。

（二）评价年度内无生产经营业务收入且年度评价指标得分70分以上的企业。”

“四、对纳税信用评价为M级的企业，税务机关实行下列激励措施：

（一）取消增值税专用发票认证。（本条款已废止）

（二）税务机关适时进行税收政策和管理规定的辅导。”

“七、本公告自2018年4月1日起施行，《信用管理办法》第十七条第二项同时废止。”

# 第2章 房产预售与预申报

Answers and Explanations to
Common Questions on VAT for Real Estate Companies
Practice, Accounting and Case Studies

**【本章导读】**

本章从房地产预收款范围的界定、政策解析、预收款发票的开具、预收款预缴申报表填写与示例、预收款的账务处理、预售阶段的税收管理等方面进行详细解读，以便读者更好地理解与掌握相关内容。

## 问题2–1

**预售款的定义是什么？范围包括哪些？**

**解析：**房地产开发企业为了加速整个建设资金周转，提高资金使用效率，降低资金使用成本，基本上都采取预收款方式销售自行开发的房地产项目。商品房预售是指房地产开发企业将正在建设中的房屋预先出售给承购人，由承购人预先支付定金或房款的行为。从法律意义上讲，房地产开发企业只有取得规划许可证和预售许可证方可收取预收款。预收（售）款，是指房地产开发企业将正在建设中的商品房预先出售给买受人，买受人支付的定金或者房价款。其范围包括分期取得的预收款（首付+按揭+尾款）、全款取得的预收款和以定金形式收取的款项。但房地产开发企业为了促销或回笼资金收取的诚意金、认筹金和订金不属于预收款。

## 问题2–2

**取得商品房预售的条件是什么？**

**解析：**房地产开发企业采取预收款方式销售自行开发的房产，意味着买房人需要承担巨大的对方违约的风险。为了保护买房人的利益，国家规定了严格的商品房预售条件，以求只让那些质地优良、有诚信的房地产商能够运用商品房预售这一杠杆制度。预售条件如下：

第一，预售商品房的建设用地，应当是已经交付完全部土地出让金，取得土地使用权证书的土地。因为，房屋依附于土地，商品房项目的合法开工建设和合法预售，必须以对该土地的合法使用权为前提。

第二，必须持有建设工程规划许可证。《中华人民共和国城乡规划法》对城市建设工程实行许可证制度管理。这种许可证制度是一种强制性规范，不是任意性或选择性的。如果房地产开发商忽视这一点而预售房屋，就会使开发商自己及购房者面临巨大的风险。

第三，按提供预售商品房计算，投入开发建设的资金已达到工程建设总投资的25%以上，并已经确定施工进度和竣工交付时间。关于投入开发建设资金已达到工程总投资25%以上的规定，有两个意义：一是建设项目已经实际动工，二是为防止炒买地皮、炒买项目等投机行为，开发商必须自己投入一定的资金。无论是投入土地的还是投入具体项目施工工程的资金，都表明开发商有一定的实力和能力，不完全依赖购房者的房款资金。关于已经确定施工进度和竣工交付时间的规定，则是为了保障商品房预售合同的实际、全面履行，到期能够向购房者交付房屋。

第四，向县级以上人民政府房产管理部门办理预售登记，取得商品房预售许可证。商品房预售制度，是商品房交易制度中的一项特别规定。从事商品房预售经营，必须持有两个许可证：即规划许可证和预售许可证。这更加体现了国家对商品房预售行为的严格规范和监督管理的立法意义。

## 问题2–3

**收到预收款时纳税义务是否发生？与原营业税相关规定有何区别？**

**解析：**营改增前，《中华人民共和国营业税暂行条例实施细则》规定，销售不动产收到预收款的纳税义务发生时间为收到预收款的当天。《营业税改征增值税试点实施办法》（财税〔2016〕36号文件附件1）第四十五条规定，只有建筑企业和提供租赁服务，纳税义务发生时间为收到预收款的当天，收到预收款的当天不是房地产企业销售不动产的纳税义务发生时间。由此可见，销售不动产的增值税纳税义务发生时间与营业税纳税义务发生时间相比，政策发生了重大变化。

## 问题2–4

**预收款按照3%预征税款的政策出台背景是什么？**

**解析：**财政部和国家税务总局之所以这样规定，是因为房地产开发企业采取预售制度，在收到预收款时，大部分进项税额尚未取得，如果规定收到预收款就要全额按照适用税率计提销项税，可能会发生进项和销项不匹配的“错配”问题，导致房地产开发企业一方面缴纳了大量税款，另一方面大量的留抵税额得不到抵扣。为了解决这个问题，《营业税改征增值税试点实施办法》将销售不动产的纳税义务发生时间后移，收到预收款的当天不再是销售不动产的纳税义务发生时间。同时，为了保证财政收入的均衡入库，又规定了对预收款按照3%预征税款的配套政策。

## 问题2–5

**采取预收款方式销售所开发的房地产项目有哪些政策规定？**

**解析：**政策依据如下：

（1）《营业税改征增值税试点有关事项的规定》（财税〔2016〕36号文件附件2）第一款第八项第9目规定：“房地产开发企业采取预收款方式销售所开发的房地产项目，在收到预收款时按照3%的预征率预缴增值税。”

（2）《房地产开发企业销售自行开发的房地产项目增值税征收管理暂行办法》（国家税务总局公告2016年第18号发布）第十条规定：“一般纳税人采取预收款方式销售自行开发的房地产项目，应在收到预收款时按照3%的预征率预缴增值税。”

第十一条规定：“应预缴税款按照以下公式计算：应预缴税款=预收款 ÷（1+适用税率或征收率）×3%，适用一般计税方法计税的，按照11%的适用税率计算；适用简易计税方法计税的，按照5%的征收率计算。”

第十二条规定：“纳税人应在取得预收款的次月纳税申报期向主管国税机关预缴

税款。”

第十九条规定：“房地产开发企业中的小规模纳税人（以下简称小规模纳税人）采取预收款方式销售自行开发的房地产项目，应在收到预收款时按照3%的预征率预缴增值税。”

第二十条规定：“应预缴税款按照以下公式计算：应预缴税款 = 预收款 ÷（1+5%）× 3%。”

第二十一条规定：“小规模纳税人应在取得预收款的次月纳税申报期或主管国税机关核定的纳税期限向主管国税机关预缴税款。”

（3）《财政部 税务总局关于调整增值税税率的通知》（财税〔2018〕32号）第一条规定：纳税人发生增值税应税销售行为或进口货物，原适用17%和11%税率的，税率分别调整为16%、10%，自2018年5月1日起执行。《财政部 税务总局 海关总署关于深化增值税改革有关政策的公告》（财政部 税务总局 海关总署公告2019年第39号）规定：增值税一般纳税人（以下称纳税人）发生增值税应税销售行为或者进口货物，原适用16%税率的，税率调整为13%；原适用10%税率的，税率调整为9%。

## 问题2-6

**预收款收取时为什么还需要开具发票？**

**解析：**按照财税〔2016〕36号文件关于纳税义务时间的规定，纳税人提供建筑服务、租赁服务采取预收款方式的，其纳税义务发生时间为收到预收款的当天。也就是说，文件并没有规定，房地产企业采取预收款方式的，其纳税义务发生时间为收到预收款的当天。从法理上说，房地产开发企业收到预收款时开具收据就可以，纳税义务并未发生，因而不用开具发票。但由于购房人向有关单位办理银行及公积金按揭贷款、办理抵押登记、缴纳契税、申请购房补贴时均需提供发票，在此背景下，《国家税务总局关于营改增试点若干征管问题的公告》（国家税务总局公告2016年第53号）将商品和服务税收分类与编码进行了调整，增加了“未发生销售行为的不征税项目”，解决了开具发票与增值税纳税义务发生时间的矛盾，也避免了重复征税。

## 问题2-7

**预收款发票开具有什么特殊规定?**

**解析**：国家税务总局公告2016年第53号第九款第十一项规定：增加6“未发生销售行为的不征税项目”，用于纳税人收取款项但未发生销售货物、应税劳务、服务、无形资产或不动产的情形。“未发生销售行为的不征税项目”下设601“预付卡销售和充值”、602“销售自行开发的房地产项目预收款”、603“已申报缴纳营业税未开票补开票”。使用“未发生销售行为的不征税项目”编码，发票税率栏应填写“不征税”，不得开具增值税专用发票。

## 问题2-8

**不征税发票开具的具体要求有哪些?**

**解析**：开具不征税发票应注意以下几点：

（1）使用防伪税控系统开具增值税普通发票，不能开具增值税专用发票。

（2）商品和服务编码使用“未发生销售行为的不征税项目”编码，选择602“销售自行开发的房地产项目预收款”。

（3）货物及应税劳务：填写不动产名称及房屋产权证书号码（无房屋产权证书的可不填写），即商品房。

（4）单位栏：填写面积单位“平方米”；

（5）发票金额栏填写预收款金额，税率栏填写不征税，税额为×××。

（6）备注栏注明不动产详细地址：如福建省某某县文昌路110号阳光花园。

## 问题2-9

**注册地与经营地不一致是否需要办理异地预缴申报?**

**解析**：不需要。根据《房地产开发企业销售自行开发的房地产项目增值税征收管理暂行办法》第十二条规定，“纳税人应在取得预收款的次月纳税申报期向主管税务机关预缴税款”。

## 问题2-10

**预售阶段的税收应如何管理?**

**解析:**

**1.强化申报比对管理**

申报比对管理是指税务机关以信息化为依托，通过优化整合现有征管信息资源，对增值税纳税申报信息进行票表税比对，并对比对结果进行相应处理。房地产开发企业预收款先行开具不征税发票的特殊性，必然使得申报的销售收入小于金税盘开具的发票金额，在申报环节必然出现表与表不符的情况，需要启动异常比对流程方可解。在“放管服”的大背景下，为了方便纳税人正常申报，各地出台了白名单管理制度，将一些纳税诚信、核算准确的房地产开发企业纳入白名单管理，免去异常比对的流程。但税务机关不能忽视申报比对的管理，应建立定期的审核制度，防止房地产开发企业利用不征税发票开具的特殊性，进行虚假申报。

**2.加强对不征税发票开具的审核管理**

房地产开发企业收到预收款时，可以开具不征税发票，税务机关应加强对不征税发票的审核，定期通过信息化手段将企业不征税发票开具的信息与企业预缴申报的信息进行比对，来排查房地产开发企业不实申报的风险。定期通过与银行监管账户的协作，将第三方的数据与不征税发票开具的信息进行分析比对，防止企业不及时进行预缴申报，拖延预缴税款的缴纳，防止企业通过不征税发票的开具，对纳税义务已发生的收入规避缴纳税款。

**3.加强对第三方信息的运用**

充分利用商品房预售资金监管，加强部门协作，利用第三方数据，强化预售阶段的税收管理。商品房预售资金监管是指由房地产行政主管部门会同银行对商品房预售资金实施第三方监管，房地产开发企业须将预售资金存入银行专用监管账户，只能用于本项目建设，不得随意支取、使用。税务机关可以根据商品房预售资金监管这一有力手段，充分利用第三方信息来强化预售环节的税收征管。

**案例分享**

**光辉房地产开发公司四项业务预收款的财税处理**

光辉房地产开发有限公司，注册地为福建省A市，2016年5月1日申请认定为增值税一般纳税人，共开发两期房地产，第一期项目为阳光花园，开工日期为2015年6月，2016年1月取得商品房预售许可证，2017年2月全部竣工并验收合格，该期项目已向税务机关申请简易计税备案。第二期项目为锦秀家园，于2018年6月正式开工，2019年4月15日取得商品房预售许可证。

2019年4月该公司发生以下业务：

业务一：2019年4月2日，甲某购买第一期阳光花园一住房，与该公司签订预售购房合同，并将40%的购房款计31.50万元，汇入该公司账户。

业务二：2019年4月3日，该公司利用国庆期间对即将开盘预售的第二期房产进行促销，收到乙购房者订金22万元，丙支付诚意金11万元。

业务三：2019年4月25日，丁购房者预定第二期锦秀家园住房，按促销的优惠条款，全额支付房价款109万元。

业务四：2019年4月26日，向戊购房者预售第一期阳光花园一套房产，收到预收款105万元，已先行按适用税率开具发票，款项通过银行转账汇入该公司账户。

一、预收款的会计处理

房地产开发企业的预收账款，在会计处理上有两种方法，一种是专设“预收账款”总账账户来核算，另一种是不设置“预收账款”账户，发生的预收账款直接在“应收账款”账户进行核算。以单独设置“预收账款”账户的会计处理为例，具体会计分录如下（单位：万元）：

业务一：收到甲预购房款31.50万元。

借：银行存款　　　　　　　　　　　　31.50

　贷：预收账款——甲客户　　　　　　　　31.50

业务二：收到乙购房者订金22万元、丙支付的诚意金11万元。

借：银行存款　　　　　　　　　　　　22

　贷：其他应付款——乙客户　　　　　　　22

借：银行存款　　　　　　　　　　　　11

　贷：其他应付款——丙客户　　　　　　　11

业务三：收到丁购房者全额支付的房价款109万元。

借：银行存款　　　　　　　　　　　　109

　贷：预收账款——丁客户　　　　　　　　109

业务四：收到戊购房者支付的预收款105万元。

借：银行存款　　　　　　　　　　　　105

　贷：应交税费——应交增值税　　　　　　5

　　　主营业务收入　　　　　　　　　　100

二、预缴税款的计算

业务一：2019年4月2日，甲某购买第一期阳光花园一住房，与该公司签订预售购房合同，并将40%的购房款计31.50万元，汇入该公司账户。

**分析：**甲某支付的购房款31.50万元，由于该公司项目尚未完工，产权无法办结，其纳税义务尚未发生，属于预收款。根据《房地产开发企业销售自行开发的房地产项目增值税征收管理暂行办法》第十、十一、十二条规定，应在取得预收款的次月纳税申报期向主管税务机关按照3%的预征率预缴增值税。该项目属于老项目，已做简易计税备案，适用简易计税方法计税，按照5%的征收率计算。

应预缴税款=预收款 ÷（1+征收率）×3%

=31.50 ÷（1+5%）×3%

=0.9（万元）

业务二：2019年4月3日，该公司利用国庆期间对即将开盘预售的第二期房产进行促销，收到乙购房者订金22万元，丙支付的诚意金11万元。

**分析：**订金、意向金、诚意金都不是法律概念，无论当事人是否违约，支付的款项均需返还，不视同收到预收款，作为往来账款处理，不需要办理预缴。

业务三：2019年4月25日，丁购房者预定第二期锦秀家园住房，按促销的优惠条款，全额支付房价款109万元。

**分析：**丁购房者虽全额支付房价款109万元，但由于该公司项目尚未完工，产权未办结，其纳税义务尚未发生，属于预收款。根据《房地产开发企业销售自行开发的房地产项目增值税征收管理暂行办法》第十、十一、十二条规定，应在取得预收款的次月纳税申报期向主管税务机关按照3%的预征率预缴增值税。该项目适用一般计税方法，按照适用税率计算。

应预缴税款=预收款÷（1+适用税率）×3%

=109÷（1+9%）×3%

=3（万元）

业务四：2019年4月26日，向戊购房者预售第一期阳光花园一套房产，收到预收款105万元，已先行按适用税率开具发票，款项通过银行转账汇入该公司账户。

**分析：**根据《营业税改征增值税试点实施办法》第四十五条“增值税纳税义务、扣缴义务发生时间为：纳税人发生应税行为并收讫销售款项或者取得索取销售款项凭据的当天；先开具发票的，为开具发票的当天”之规定，该款项虽属于预收款，但企业已按适用税率先行开具发票，其纳税义务已经发生，应作为销售收入进行正常申报，无须进行预缴申报。应按简易计税方法计算应纳税额。

应纳税款=销售收入×5%

=105÷（1+5%）×5%

=5（万元）

三、预缴申报表的填写

该公司所属期2019年4月共取得预售款140.5万元（甲某支付的购房款31.50

万元和丁购房者预定第二期锦秀家园住房全额支付的预收款109万元），换算成销售收入为130万元。

增值税预缴税款表的填写如表2-1所示。

**表2-1　增值税预缴税款表**

税款所属时间：2019年4月1日至2019年4月30日

纳税人识别号：　　　　　　　　　　　　是否适用一般计税方法　是□否□

<table>
<tr><td colspan="2">纳税人名称：（公章）</td><td>光辉房地产开发有限公司</td><td></td><td colspan="2">金额单位：元（列至角分）</td></tr>
<tr><td colspan="2">项目编号</td><td></td><td>项目名称</td><td colspan="2"></td></tr>
<tr><td colspan="2">项目地址</td><td colspan="4"></td></tr>
<tr><td colspan="2" rowspan="2">预征项目和栏次</td><td>销售额</td><td>扣除金额</td><td>预征率</td><td>预征税额</td></tr>
<tr><td>1</td><td>2</td><td>3</td><td>4</td></tr>
<tr><td>建筑服务</td><td>1</td><td></td><td></td><td></td><td></td></tr>
<tr><td>销售不动产</td><td>2</td><td>1 300 000</td><td></td><td>3%</td><td>39 000</td></tr>
<tr><td>出租不动产</td><td>3</td><td></td><td></td><td></td><td></td></tr>
<tr><td></td><td>4</td><td></td><td></td><td></td><td></td></tr>
<tr><td>合计</td><td>5</td><td></td><td></td><td></td><td></td></tr>
<tr><td>授权声明</td><td colspan="2">如果你已委托代理人填报，请填写下列资料：<br>为代理一切税务事宜，现授权（地址）为本次纳税人的代理填报人，任何与本表有关的往来文件，都可寄予此人。<br>授权人签字：</td><td>填表人申明</td><td colspan="2">以上内容是真实的、可靠的、完整的。<br>纳税人签字：</td></tr>
</table>

【知识链接】

## 定金、订金、意向金、诚意金的区别

1.定金：是在合同订立或在履行之前支付的一定数额的金钱或替代物作为担保的担保方式。给付定金的一方称为定金给付方，接受定金的一方称为定金接受方。给付定金一方如果不履行债务，无权要求另一方返还定金；接受定金的一方如果不履行债务，需向另一方双倍返还定金。债务人履行债务后，依照约定，定金应抵作价款或者收回。

2. 订金：根据我国现行法律的有关规定，其不具有定金的性质，只是单方行为，不具有明显的担保性质。交付订金的一方主张定金权利的，人民法院不予支持。一般情况下，交付订金的视作交付预付款。交付和收受订金的当事人一方不履行合同债务时，不发生丧失或者双倍返还预付款的后果，订金仅可作损害赔偿金。

3. 意向金：是附条件的定金。意向金是购买房屋的意向。在买方有购买意向后，委托中介公司以书面形式确定下来，并支付一定金额的意向金。如果卖方同意买方的购买条件（要约），中介公司将意向金转交给卖方，此时意向金性质就发生变化，自动转化成定金，意向金协议也自动转化为定金协议。如果买卖双方没有达成协议，中介公司将把意向金返还给买方，若意向金协议转换为定金协议，那么将对买卖双方产生约束力，买卖双方必须按约定履行义务，否则将承担法律后果。买方如果不按协议的约定签订买卖合同或不购买的，卖方可以没收买方的定金；卖方如果不按协议的约定履行签订买卖合同义务或不出售的，应双倍返还定金。

4. 诚意金：是开发商的一种营销手段，在收取诚意金的同时，对购房者许诺一定的优惠，刺激购房者的积极性；另外，通过收取诚意金，确定购房者选房的先后顺序，维护购房秩序。现在少数开发商已经将事先收取诚意金作为融资的手段之一。诚意金不具有合同效力，也不受法律保护。

# 第3章 销项税额的确认

Answers and Explanations to
Common Questions on VAT for Real Estate Companies
Practice, Accounting and Case Studies

【本章导读】

营改增后房地产企业销项税额的确认包括：一般纳税人销售不动产销项税额的确定、小规模纳税人销售不动产销项税额的确定、个人转让购买不动产销项税额的确定。销售额确定又分为基本规定和特殊规定。基本规定包括：全部价款的规定、价外费用的规定、销售额以人民币计算的规定。特殊规定包括：房地产企业混合销售业务销售额的确定、兼营业务销售额的确定、销售折扣销售额的确定，等等，这些问题读者都能在本章找到答案。

## 问题3–1

**一般纳税人扣除土地价款后计算销售额的含义是什么？是否需要差额纳税？**

**解析：**根据《营业税改征增值税试点有关事项的规定》（财税〔2016〕36号文件附件2）第一条第（三）项第10目的规定，扣除土地价款后计算销售额，是指房地产开发企业中采用一般计税方法的一般纳税人在销售自行开发的房地产项目时，不是以取得的全部价款和价外费用为销售额，而是以取得的全部价款和价外费用扣除支付的土地价款后的余额为销售额（以下有时也简称为“抵减销售额”）。

## 问题3–2

**扣除土地价款后计算销售额的纳税人适用范围是什么？**

**解析：**根据《营业税改征增值税试点有关事项的规定》第一条第（三）项第10目的规定，可以扣除土地价款后计算销售额的纳税人，仅限于同时符合以下四种条件的纳税人：（1）属于房地产开发企业；（2）属于一般纳税人；（3）采用一般计税方法计税；（4）销售自行开发的房地产项目。以下将同时符合上述四个条件的纳税人简称为符合土地价款扣除计税条件的纳税人。

根据以上规定，不是房地产开发企业纳税人、不是销售自行开发的房地产的纳税人、适用简易征收办法的一般纳税人和小规模纳税人，均不适用扣除土地价款后计算销售额的办法。

### 问题3–3

**允许扣除的土地价款范围是什么？差额扣除部分是否包含契税和行政事业性收费等费用？**

**解析：**允许扣除的土地价款范围包括：

（1）向政府部门支付的土地价款。

《财政部 国家税务总局关于明确金融 房地产开发 教育辅助服务等增值税政策的通知》（财税〔2016〕140号）第七条规定，“向政府部门支付的土地价款”，包括土地受让人向政府部门支付的征地和拆迁补偿费用、土地前期开发费用和土地出让收益等。

根据以上规定，通过转让方式取得土地的，向非政府部门支付的土地价款不得抵减销售额。根据营改增关于进项税额的抵扣规定，房地产开发企业从二级土地市场取得的土地使用权，凭取得的增值税专用发票抵扣进项税额。

（2）向政府部门以外的其他单位或个人支付的拆迁补偿费用。

财税〔2016〕140号文件第七条规定，自2016年5月1日起，符合土地价款扣除计税条件的纳税人，取得土地时向其他单位或个人支付的拆迁补偿费用也允许在计算销售额时扣除。

### 问题3–4

**允许扣除的土地价款的凭证（票据形式）是什么？未取得政府部门开具的土地价款票据，能否从当期的销售额中扣除？**

**解析：**

**1.向政府部门支付土地价款的扣除凭证**

《房地产开发企业销售自行开发的房地产项目增值税征收管理暂行办法》（国家

税务总局公告2016年第18号发布）第六条规定，在计算销售额时从全部价款和价外费用中扣除土地价款，应当取得省级以上（含省级）财政部门监（印）制的财政票据。

**2. 向非政府部门支付的拆迁补偿费用的扣除凭证**

根据财税〔2016〕140号文件第七条规定，向其他单位或个人支付的拆迁补偿费用，在计算销售额扣除时，应当提供：拆迁协议、拆迁双方支付和取得拆迁补偿费用凭证等能够证明拆迁补偿费用真实性的材料。

未取得政府部门开具的土地价款票据，不能从当期的销售额中扣除土地价款。《房地产开发企业销售自行开发的房地产项目增值税征收管理暂行办法》和《营业税改征增值税试点有关事项的规定》两个文件都进行了强调，因为形式上的凭据支持在税法实践当中非常有价值。尽管现实中没有土地建不成房子，但要是真没有票据，税款计缴就算有事实也并不一定能得到认可，毕竟税务机关的执法责任还是比较重大的。

## 问题3-5

**当期允许扣除的土地价款如何计算？房地产项目可供销售建筑面积能否将用于出租、自用的物业面积剔除？**

**解析：**

**1. 扣除土地价款的销售额计算方法**

根据《房地产开发企业销售自行开发的房地产项目增值税征收管理暂行办法》第四条规定，符合土地价款扣除计税条件的纳税人，销售额的计算公式如下：

销售额=（全部价款和价外费用－当期允许扣除的土地价款）÷（1+9%）

根据上述规定，在计算销售额时，要将扣除土地价款后的含税价款，换算成不含税的价款。

关于当期允许扣除的土地价款，需要关注以下几项内容：

（1）当期允许扣除的土地价款的计算公式。

根据《房地产开发企业销售自行开发的房地产项目增值税征收管理暂行办法》第五条规定，当期允许扣除的土地价款按照以下公式计算：

$$\text{当期允许扣除的土地价款}=\left(\text{当期销售房地产项目建筑面积}\div\text{房地产项目可供销售建筑面积}\right)\times\text{支付的土地价款}$$

以上公式也可以变形为：

$$\begin{aligned}\text{当期允许扣除的土地价款}&=\text{单位面积可扣除的土地价款}\times\text{当期销售房地产项目建筑面积}\\&=\left(\text{支付的土地价款}\div\text{房地产项目可供销售建筑面积}\right)\times\text{当期销售房地产项目建筑面积}\end{aligned}$$

（2）当期销售房地产项目建筑面积和房地产项目可供销售建筑面积。

根据《房地产开发企业销售自行开发的房地产项目增值税征收管理暂行办法》第五条和《国家税务总局关于土地价款扣除时间等增值税征管问题的公告》（国家税务总局公告2016年第86号）第五条的规定，①当期销售房地产项目建筑面积，是指当期进行纳税申报的增值税销售额对应的建筑面积；②房地产项目可供销售建筑面积，是指房地产项目可以出售的总建筑面积，不包括销售房地产项目时未单独作价结算的配套公共设施的建筑面积。一般来说，“未单独作价结算的配套公共设施”，指小区配套建设道路、花园、绿地、雕塑等。业主所支付的房款，包括了这些未单独作价结算的项目。在房地产项目可以出售的总建筑面积中，不包括这些项目的面积，可以保证“可供”销售的面积卖完后，土地出让金能全部扣除完；③“当期销售房地产项目建筑面积”“房地产项目可供销售建筑面积”，是指计容积率地上建筑面积，不包括地下车位建筑面积。

以上规定涉及的概念包括：①容积率。又称建筑面积毛密度，是指一个小区的地上总建筑面积与用地面积的比率。容积率的值越小，说明建筑密度越小，居住条件越好。②计容积率地上建筑面积。计容积率的建筑面积包括计容积率地上建筑面积和可以申报产权的地下建筑面积（车库或停车位）。从计容积率的建筑面积减除可以申报产权的地下建筑面积，余下面积就是计容积率地上建筑面积。③不计容积率建筑面积。建筑总面积等于计容积率建筑面积和不计容积率建筑面积之和。各地对不计容积率建筑面积的规定不完全一致。一般来说，如，过街楼的底层、建筑物内的设备管道夹层、屋顶的水箱、花架、凉棚、露台、露天游泳池、无永久性顶盖的架空走廊、室外楼梯等都是不计容积率建筑面积。

（3）支付的土地价款。

根据《房地产开发企业销售自行开发的房地产项目增值税征收管理暂行办法》第五条和财税〔2016〕140号文件第七条的规定，“支付的土地价款，包括向政府部门直接支付的，征地和拆迁补偿费用、土地前期开发费用和土地出让收益等，还包括取得土地时向其他单位或个人支付的拆迁补偿费用”。

（4）一次购地分期开发的土地价款扣除。

如前所述，当期允许扣除的土地价款计算公式为：

$$\text{当期允许扣除的土地价款}=\left(\text{当期销售房地产项目建筑面积}\div\text{房地产项目可供销售建筑面积}\right)\times\text{支付的土地价款}$$

在一次性开发情况下，全部“房地产项目可供销售建筑面积”是可以确定的，在分期开发的情况下，全部的“房地产项目可供销售建筑面积”无法一次全部确定。此种情况下如何计算当期允许扣除的土地价款，河南省和湖北省原国税机关在其发布的营改增辅导资料中给出的以下办法可供参考：第一步，计算出已开发项目所对应的土地出让金：已开发项目所对应的土地出让金=土地出让金×（已开发项目占地面积÷开发用地总面积）；第二步，计算当期允许扣除的土地价款：当期允许扣除的土地价款=（当期销售房地产项目建筑面积÷房地产项目可供销售建筑面积）×已开发项目所对应的土地出让金。以上公式中的“当期销售房地产项目建筑面积”和“房地产项目可供销售建筑面积”，都是与本次已开发项目有关的建筑面积。

**2.房地产项目可供销售建筑面积能否将用于出租、自用的物业面积剔除**

不能剔除。

### 问题3-6

**项目后期发生的补缴土地出让金，是在剩余未售物业面积中平均抵减，还是可以对以前的进行一次性调整（即是否可用“累计应抵-累计已抵”作为本期数）?**

**解析：**不做调整。后期补缴的土地出让金可以在尚未销售的房地产项目建筑面积中计算扣除。注意：这个意见有一定的现实性，追溯调整是存在一些调整实施成本的，涉及退税，还需要有税务机关的确认程序。

### 问题3-7

**如果存在土地返还款，企业实际需要支付的土地价款可能小于土地出让合同列明的土地价款，该种情况下可以扣除的土地价款的范围是不是只包含企业直接支付的土地价款?**

**解析：**根据《房地产开发企业销售自行开发的房地产项目增值税征收管理暂行办法》第七条的规定，允许扣除的土地价款不得超过纳税人实际支付的土地价款。注意：这儿就有问题了，对于这个意见我们可能有误解。实际支付，是指原来先交的，还是扣除了后来返还的呢？从潜在意思的理解看，以净额来扣除是不是更有“严格”的规范性呢？不过现实当中，土地返还款大多被改成了财政补贴或其他返还的形式，不完全明确为土地出让金返还。这个是不是就有空间了呢？理解上确实存在空间。

### 问题3-8

**房地产企业多项目滚动开发，新拿地支付的土地出让金是否能够从其他正在销售的项目的销售额中抵减?**

**解析：**不能。根据《房地产开发企业销售自行开发的房地产项目增值税征收管理暂行办法》第四条的规定，房地产开发企业中的一般纳税人销售自行开发的房地产项目，适用一般计税方法计税，按照取得的全部价款和价外费用，扣除当期销售房地产项目对应的土地价款后的余额计算销售额。注意：土地出让金对应销售的房地产项目扣除，两者是匹配的关系，这个理解很重要。

### 问题3-9

**房地产开发企业采取“旧城改造”方式开发房地产项目如何计算缴纳增值税？能否扣除拆迁户的补偿款？**

**解析：**采取“旧城改造”方式开发房地产项目的，以取得的全部价款和价外费用为销售额，不得扣除直接支付给拆迁户的补偿款。注意：这里不是差额的概念，而是收入与成本的概念。差额适用于一般计税方法，财税〔2016〕140号文件提供了扣除的条件。

### 问题3-10

**扣除土地价款计算销售额在会计上如何处理？**

**解析：**根据《增值税会计处理规定》（财会〔2016〕22号文件印发）第二条第（三）项第1目规定，企业发生相关成本费用允许扣减销售额的账务处理为：按现行增值税制度规定企业发生相关成本费用允许扣减销售额的，发生成本费用时，按应付或实际支付的金额，借记“主营业务成本”“存货”“工程施工”等科目，贷记“应付账款”“应付票据”“银行存款”等科目。待取得合规增值税扣税凭证且纳税义务发生时，按照允许抵扣的税额，借记“应交税费——应交增值税（销项税额抵减）”或“应交税费——简易计税”科目（小规模纳税人应借记“应交税费——应交增值税”科目），贷记“主营业务成本”“存货”“工程施工”等科目。

### 问题3-11

**扣除土地价款计算销售额应当填报哪些申报表？**

**解析：**填报的申报表具体如下：

（1）扣除的土地价款，应当填报《增值税纳税申报表附列资料（三）（服务、不动产和无形资产扣除项目明细）》中的第2行“9%税率的项目”相关各列；

（2）扣除的土地价款，还应当填报《增值税纳税申报表附列资料（一）（本期销售情况明细）》第4行“9%税率”中的相关各列。

## 问题3-12

**房地产开发企业扣除土地价款时的台账管理有什么要求?**

**解析：**台账在企业管理过程中发挥着重要作用，主要表现在：（1）台账是企业规范管理的重要工具；（2）台账是企业管理的得力助手；（3）台账是企业创新的有效依据；（4）台账是提高企业工作执行力的实用工具；（5）台账是制度的积累，是规范的源头。

《房地产开发企业销售自行开发的房地产项目增值税征收管理暂行办法》第七条规定，房地产开发企业中的一般纳税人应建立台账登记土地价款的扣除情况，扣除的土地价款不得超过纳税人实际支付的土地价款。该条明确了房地产开发企业扣除土地价款时的台账管理要求。由于现行政策规定，土地价款并非一次性从销售额中全扣，而是随着销售额的确认逐步扣除，因此通过台账对各期土地价款扣除的具体情况进行记载，是很有必要的。

## 问题3-13

**房地产企业有无混合销售业务？混合销售如何确定?**

**解析：**

**1.混合销售的演变**

《中华人民共和国增值税暂行条例实施细则》（以下简称《增值税暂行条例实施细则》）第五条规定，一项销售行为如果涉及货物又涉及非增值税应税劳务，为混合销售行为。除该实施细则第六条规定外，从事货物的生产、批发或者零售的企业、企业性单位和个体工商户的混合销售行为，视为销售货物，应当缴纳增值税。其他单位和个人的混合销售行为，视为销售非增值税应税劳务，不缴纳增值税。所称从事货物的生产、批发或者零售的企业、企业性单位和个体工商户，包括以从事货物的生产、批发或者零售为主，并兼营非增值税应税劳务的单位和个体工商户在内。增值税和原营业税暂行条例及其实施细则中有关混合销售的概念是一致的。

《营业税改征增值税试点实施办法》第四十条规定：一项销售行为如果既涉及服务又涉及货物，为混合销售。从事货物的生产、批发或者零售的单位和个体工商户的混合销售行为，按照销售货物缴纳增值税；其他单位和个体工商户的混合销售行为，按照销售服务缴纳增值税。所称从事货物的生产、批发或者零售的单位和个体工商户，包括以从事货物的生产、批发或者零售为主，并兼营销售服务的单位和个体工商户在内。营业税全部改征增值税后，没有“非增值税应税劳务”。

财税〔2016〕36号文件删除了混合销售定义中的相关表述，定义中的其他内容基本相同。营改增后，已不存在既涉及货物又涉及非增值税应税劳务的概念。因此，财税〔2016〕36号文件修改了混合销售的表述，明确了处理原则。

**2.混合销售行为的确定**

从财税〔2016〕36号文件关于混合销售行为的定义可知，确定混合销售行为成立的标准是一项销售行为是否既涉及服务又涉及货物。混合销售行为成立的行为标准有两点：一是其销售行为必须是一项；二是该项行为必须既涉及服务又涉及货物，其“货物”是指增值税暂行条例中规定的有形动产，包括电力、热力和气体；服务是指属于改征范围的交通运输服务、建筑服务、金融保险服务、邮政服务、电信服务、现代服务、生活服务等。在确定混合销售是否成立时，其行为标准中的上述两点必须同时存在。如果一项销售行为只涉及销售服务，不涉及货物，这种行为就不是混合销售行为；反之，如果涉及销售服务和涉及货物的行为不是存在于一项销售行为之中，这种行为也不是混合销售行为。

这里对混合销售行为的规定沿用了增值税和营业税有关混合销售的管理，即只有当一项销售行为既涉及服务又涉及货物时，才认定为混合销售行为。从事货物的生产批发零售的单位和个体工商户的混合销售行为，按照销售货物缴纳增值税，其他单位或个体工商户的混合销售行为，按照销售服务缴纳增值税。

由于房地产企业没有“货物”概念，因此房地产企业没有混合销售行为。

## 问题3-14

**房地产企业卖房送装修、送家电是否属于增值税上的混合销售？是否需要视同销售缴纳增值税？**

**解析：**举例说明如下：

［**例**］某房地产开发公司为加大销售力度，于近期推出一项促销方案，规定凡是在促销期间与其签订购房合同的客户，均可配送价值2 500元的冰箱1台。该公司优惠期间共实现销售收入1 500万元并按此开具销售不动产专用发票，同时送出冰箱100台，价值25万元。为此，该公司财务人员以此种情况在税法上应作为混合销售行为向税务部门计算缴纳增值税72.62万元［（1 500+25）/（1+5%）×5%］。但作为增值税主管机关的税务部门认为企业上述政策理解有误，售房与赠送冰箱属于兼营行为。计税依据应分别确定适用税率，分别缴纳。为此，该公司财务人员对上述的征税依据提出政策咨询。

**分析：**

（1）混合销售的认定。

《营业税改征增值税试点实施办法》第四十条规定：“一项销售行为如果既涉及服务又涉及货物，为混合销售。”

（2）视同销售的认定。

根据《增值税暂行条例实施细则》第四条的规定，单位或者个体工商户的下列行为，视同销售货物：①将货物交付其他单位或者个人代销；②销售代销货物；③设有两个以上机构并实行统一核算的纳税人，将货物从一个机构移送其他机构用于销售，但相关机构设在同一县（市）的除外；④将自产或者委托加工的货物用于非增值税应税项目（营改增后本条款自动废止）；⑤将自产、委托加工的货物用于集体福利或者个人消费；⑥将自产、委托加工或者购进的货物作为投资，提供给其他单位或者个体工商户；⑦将自产、委托加工或者购进的货物分配给股东或者投资者；⑧将自产、委托加工或者购进的货物无偿赠送其他单位或者个人。

根据《营业税改征增值税试点实施办法》第十四条规定，下列情形视同销售服务、无形资产或者不动产："（一）单位或者个体工商户向其他单位或者个人无偿提供服务，但用于公益事业或者以社会公众为对象的除外。（二）单位或者个人向其他单位或者个人无偿转让无形资产或者不动产，但用于公益事业或者以社会公众为对象的除外。（三）财政部和国家税务总局规定的其他情形。"

结论：这种行为不属于增值税上的混合销售行为，也不属于视同销售，因此不单独征收增值税。

房地产企业销售精装房屋，在买卖合同中注明的装修费，已经包含在房价里面，显然不是无偿的，不应当作为混合销售来处理，也不应当视同销售缴纳增值税。买房送家电的营销方式和买房送装修的道理是一样的，类似酒店送免费早餐，无须视同销售缴纳增值税。

## 问题3–15

**兼营业务销售额如何确定？应注意什么问题？**

**解析：**举例说明如下：

［**例**］一试点纳税人既有不动产销售业务，又有经纪代理业务（两项业务不属于混合销售），如果该纳税人能够分别核算上述两项应税行为的销售额，则销售不动产适用9%的增值税税率，提供经纪代理服务适用6%的增值税税率；如果试点纳税人没有分别核算上述两项应税行为的销售额，则销售不动产和提供经纪代理服务均从高适用9%的增值税税率。

### 1.政策规定

《营业税改征增值税试点实施办法》第三十九条规定："纳税人兼营销售货物、劳务、服务、无形资产或者不动产，适用不同税率或者征收率的，应当分别核算适用不同税率或者征收率的销售额；未分别核算的，从高适用税率。”

该条规定了纳税人提供适用不同税率或者征税率的销售货物、劳务、服务、无形资产或者不动产（即兼营行为）的税收处理原则。即：应当分别核算销售额，未分别核算的，从高适用税率。

**2. 应注意的问题**

（1）兼营行为是销售货物或应税服务不同时发生在同一业务上的行为，且从事的服务与某一项销售货物并无直接的联系和从属关系。

（2）对于纳税人的兼营行为，应分别核算各自业务的销售额，未分别核算的，不得享受免税和减税。

（3）兼营行为适用不同的税率。应分别核算适用不同税率或者征收率的销售额，未分别核算的，从高适用税率。

**3. 兼营行为同混合销售的区别**

兼营行为同混合销售的区别在于：混合销售行为强调的是一项销售行为既涉及服务又涉及货物；兼营行为则是指纳税人兼营销售货物、劳务、服务、无形资产或者不动产的行为，各应税项目不在同一项销售行为中同时发生。

## 问题3–16

**销售折扣销售额如何确定？**

**解析：**针对销售折让、中止、退回等业务情形，《营业税改征增值税试点实施办法》明确了相关规定，其中第三十二条规定：纳税人适用一般计税方法的，因销售折让、中止、退回，而退还给购买方的增值税额，应当从当期的销项税额中扣减；因销售折让、中止、退回而收回的增值税额，应当从当期的进项税额中扣减。

**1. 商业折扣**

企业为促进商品销售而在商品价格上给予的价格扣除，属于商业折扣。

**2. 销售折扣票据管理**

（1）《营业税改征增值税试点实施办法》第四十二条规定：纳税人发生销售折

让、中止、退回等情形的，应当按照国家税务总局的规定开具红字增值税专用发票。

（2）《营业税改征增值税试点实施办法》第四十三条规定：纳税人发生应税行为，将价款和折扣额在同一张发票上分别注明的，以折扣后的价款为销售额，未在同一张发票上分别注明的，以价款为销售额，不得扣减折扣额。

**3. 应注意的情形**

（1）在销售折让、中止、退回等业务情形下，《营业税改征增值税试点实施办法》强调了发票管理的要求，一种情形是开具红字发票，另一种情形是将价款和折扣额在同一张票上分别注明。在这里提醒纳税人注意以下两种情况：

①开具红字增值税专用发票的情况。按照《国家税务总局关于纳税人折扣折让行为开具红字增值税专用发票问题的通知》（国税函〔2006〕1279号）的规定，纳税人在销售货物并向购买方开具增值税专用发票后，由于购货方在一定时间内累计购买货物达到一定数量，或者由于市场价格下降等原因，给予购货方相应的价格优惠或补偿等折扣、折让行为，销货方可按现行《增值税专用发票使用规定》开具红字增值税专用发票。

②将价款和折扣额在同一张发票上分别注明的情况。按照《国家税务总局关于印发〈增值税若干具体问题的规定〉的通知》（国税发〔1993〕154号）的规定，如果销售额和折扣额是在同一张发票上分别注明的，可以按折扣后的余额作为销售额计算增值税；如果将折扣额另开发票，不论其在财务上如何处理，均不得从销售额中减除折扣额。同时，《国家税务总局关于折扣额抵减增值税应税销售额问题通知》（国税函〔2010〕56号）明确，“销售额和折扣额在同一张发票上分别注明”是指销售额和折扣额在同一张发票上的“金额”栏分别注明的，可按折扣后销售额征收增值税。未在同一张发票“金额”栏注明折扣额，而仅在发票的“备注”栏注明折扣额的，折扣额不得从销售额中减除。

（2）根据《营业税改征增值税试点实施办法》的规定，未按照规定开具红字增值税专用发票的，需按照该办法第三十二条和第三十六条规定扣减销项税额或者销售额。这说明，如果纳税人没有按照规定开具红字增值税专用发票，则其退还给购买方的增值税额不允许从当期的销项税额中扣减。如果适用简易计税方法计税，则不允许从当期的销售额中扣减。

## 问题3-17

**“买一赠一”促销销售额如何确定？**

**解析：**

**1.“买一赠一”的增值税法律依据**

《增值税暂行条例实施细则》的规定：根据《增值税暂行条例实施细则》第四条规定，将自产、委托加工或购买的货物无偿赠送他人，作为视同销售货物来计算增值税。

地方性规定：

（1）《河南省国家税务局营改增问题快速处理机制专期十二》问题四的解释：根据《增值税暂行条例实施细则》规定，将自产、委托加工或购进的货物无偿赠送其他单位或个人应视同销售。但保险公司销售保险时，附带赠送客户的促销品，如刀具、加油卡等货物的“赠”是有偿的，是以买保险为前提的，如果购买者没有买保险，不可能获得赠品，赠品的价格是包含在保费中的。因此，不应做视同销售处理。

（2）《湖北省国家税务局营改增政策执行口径第二辑》关于“房地产企业销售不动产的同时，无偿提供家具、家电等货物的征税问题”明确：“房地产企业销售不动产，将不动产与货物一并销售，且货物包含在不动产价格以内的，不单独对货物按照适用税率征收增值税。例如随精装房一并销售的家具、家电等货物，不单独对货物按17%税率征收增值税。房地产企业销售不动产时，在房价以外单独无偿提供的货物，应视同销售货物，按货物适用税率征收增值税。例如，房地产企业销售商品房时，为促销举办抽奖活动赠送的家电，应视同销售货物，按货物适用税率征收增值税。”

（3）《西安市国税局营改增问题答疑（三）》关于“房地产开发企业销售精装修房所含装饰、设备是否视同销售？”答复：“房地产开发企业销售精装修房，已在

《商品房买卖合同》中注明的装修费用（含装饰、设备等费用），已经包含在房价中，因此不属于税法中所称的无偿赠送，无须视同销售。”

**2.对房地产企业“买一赠一”促销政策的深入解读**

“买一赠一”营销模式实质上可以分为两类：一类是对购房成交客户的赠送，其实质为房价中已包括赠品价格，不符合增值税的无偿赠送规定，不应视同销售，不交增值税（这和“酒店向住宿的个人无偿提供早餐”是一个道理）；但目前各地规定不一，需要加强与主管税务机关的沟通；另一类是对购房非成交客户的赠送，符合增值税的无偿赠送规定，应交增值税。

第一类，对购房成交客户赠送模式的处理。该模式可以分为以下三种情况：

（1）赠送自行开发产品，如购房送车库，可如此处理：买房赠车库，此赠送的实质是房价中已包括赠品价格，不符合增值税上的无偿赠送规定，不是视同销售，应分别做购房与车库的销售处理，分别确认收入、分别结转主营业务成本、分别开具发票，应交增值税。

（2）赠送外购物品，如购房送空调，有两种处理方式：①赠品作为营销费用处理，此赠送的实质是房价中已包括赠品价格，不符合增值税上的无偿赠送规定，不应视同销售，不应交增值税；②赠品按兼营处理，增加赠品的经营范围，分别做购房与赠品的销售处理，分别确认收入、分别结转主营业务成本、分别开具发票，应交增值税。

（3）出售精装修房的模式处理：精装修房构成开发产品不可分割的部分，所销房价高于普通的毛坯房，应在销售合同中注明精装明细，按出售自行开发产品税率交增值税。

第二类，对购房非成交客户的赠品，如为促销活动中人人均送的小礼品，符合增值税上的无偿赠送规定，应视同销售交增值税。

## 问题3–18

**视同销售的情形有哪些？**

**解析：**《营业税改征增值税试点实施办法》第十四条规定：“下列情形视同销售

服务、无形资产或者不动产：

（一）单位或者个体工商户向其他单位或者个人无偿提供服务，但用于公益事业或者以社会公众为对象的除外。

（二）单位或者个人向其他单位或者个人无偿转让无形资产或者不动产，但用于公益事业或者以社会公众为对象的除外。

（三）财政部和国家税务总局规定的其他情形。”

特别提醒：增值税的视同销售≠企业所得税的视同销售。

## 问题3-19

**价格不具有合理性时销售额如何确定？**

**解析：**《营业税改征增值税试点实施办法》第四十四条规定：“纳税人发生应税行为价格明显偏低或者偏高且不具有合理商业目的的，或者发生本办法第十四条所列行为而无销售额的，主管税务机关有权按照下列顺序确定销售额：

（一）按照纳税人最近时期销售同类服务、无形资产或者不动产的平均价格确定。

（二）按照其他纳税人最近时期销售同类服务、无形资产或者不动产的平均价格确定。

（三）按照组成计税价格确定。组成计税价格的公式为：

组成计税价格=成本×（1+成本利润率）

成本利润率由国家税务总局确定。不具有合理商业目的，是指以谋取税收利益为主要目的，通过人为安排，减少、免除、推迟缴纳增值税税款，或者增加退还增值税税款。”

根据上述规定，纳税人发生应税行为价格明显偏低或者偏高且不具有合理商业目的的，销售额由主管税务机关按照视同销售规定的方法处理。提醒纳税人注意的是：不具有合理商业目的，是指以谋取税收利益为主要目的，通过人为安排，减少、免除、推迟缴纳增值税税款，或者增加退还增值税税款。所以，建议纳税人在发生经营业务时要注意考虑定价以合理的商业目的为前提。

税务机关对价格具有裁定权，首先是对价格的判断，其次是对商业目的的判定。所以，纳税人应该注意商业目的的合理性，并根据此目的确定销售价格，同时要注意税务机关确定销售额时的顺序，即第一种价格不能提供参考时，再参考第二种价格，所以，纳税人不要人为地确定选择顺序，以免出现税务风险。

## 问题 3–20

**融资租赁和融资性售后回租业务的销售额如何确定？**

**解析**：销售额的确定具体如下：

（1）经中国人民银行、银保监会或者商务部批准从事融资租赁业务的试点纳税人提供融资租赁服务，以取得的全部价款和价外费用，扣除支付的借款利息（包括外汇借款和人民币借款利息）、发行债券利息和车辆购置税后的余额为销售额。

（2）经中国人民银行、银保监会或者商务部批准从事融资租赁业务的试点纳税人，提供融资性售后回租服务，以取得的全部价款和价外费用（不含本金），扣除对外支付的借款利息（包括外汇借款和人民币借款利息）、发行债券利息后的余额为销售额。

现在有些企业会发生类似的业务，是否符合上述规定请纳税人参考执行。

## 问题 3–21

**融资租赁和融资性售后回租业务也是差额纳税吗？小规模纳税人转让不动产有无按差额纳税的情况？个人转让其购买的不动产如何计算缴纳增值税？**

**解析**：房地产企业按差额确认销售额的行为主要包括：（1）经纪代理服务，以取得的全部价款和价外费用，扣除向委托方收取并代为支付的政府性基金或者行政事业性收费后的余额为销售额。（2）融资租赁和融资性售后回租业务。

《纳税人转让不动产增值税征收管理暂行办法》（国家税务总局公告2016年第14号发布）第四条规定：小规模纳税人转让其取得的不动产，除个人转让其购买的住房外，按照以下规定缴纳增值税：（1）小规模纳税人转让其取得（不含自建）的不动产，以取得的全部价款和价外费用扣除不动产购置原价或者取得不动产时的作价后的余额为销售额，按照5%的征收率计算应纳税额。（2）小规模纳税人转让其自建的不动产，以取得的全部价款和价外费用为销售额，按照5%的征收率计算应纳税额。

《纳税人转让不动产增值税征收管理暂行办法》第五条规定：（1）个人转让其购买的住房，按照有关规定全额缴纳增值税的，以取得的全部价款和价外费用为销售额，按照5%的征收率计算应纳税额。（2）个人转让其购买的住房，按照有关规定差额缴纳增值税的，以取得的全部价款和价外费用扣除购买住房价款后的余额为销售额，按照5%的征收率计算应纳税额。

## 问题3–22

**不动产经营租赁的销售额如何确定？**

**解析：**根据《纳税人提供不动产经营租赁服务增值税征收管理暂行办法》（国家税务总局公告2016年第16号发布），相关政策规定如下：

**1.一纳税人出租营改增前取得的不动产**

（1）一纳税人出租其2016年4月30日前取得的不动产，可以选择适用简易计税方法，按照5%的征收率计算应纳税额。纳税人出租其2016年4月30日前取得的与机构所在地不在同一县（市）的不动产，应按照上述计税方法在不动产所在地预缴税款后，向机构所在地主管税务机关进行纳税申报。不动产所在地与机构所在地在同一县（市、区）的，纳税人向机构所在地主管税务机关申报纳税。

（2）一般纳税人出租其2016年4月30日前取得的不动产，适用一般计税方法计税，不动产所在地与机构所在地不在同一县（市、区）的，纳税人应按3%的预征率向不动产所在地主管税务机关预缴税款，向机构所在地主管税务机关纳税，不动产所在地与机构所在地在同一县（市、区）的，纳税人应向机构所在地主管税务机关申报纳税。

（3）一般纳税人出租其2016年5月1日后取得的不动产，适用一般计税方法计税，不动产所在地与机构所在地不在同一县（市、区）的，纳税人应按3%的预征率向不动产所在地主管税务机关预缴税款，向机构所在地主管税务机关申报纳税，不动产所在地与机构所在地在同一县（市、区）的，纳税人应向机构所在地主管税务机关申报纳税。

**2. 小规模纳税人出租不动产**

（1）单位和个体工商户出租不动产（不含个体工商户出租住房）按照5%的征收率计算应纳税额。

（2）个体工商户出租住房，按照5%的征收率减按1.5%计算应纳税额。

（3）其他个人出租不动产（不含住房），按照5%的征收率计算应纳税额，向不动产所在地主管税务机关申报纳税。

（4）其他个人出租住房，按照5%的征收率减按1.5%计算应纳税额，向不动产所在地主管税务机关申报纳税。

**3. 其他个人出租不动产**

（1）出租住房，按照下列公式计算应纳税额：

应纳税额=含税销售额÷（1+5%）×1.5%

（2）出租非住房，按照下列公式计算应纳税款：

应纳税额=含税销售额÷（1+5%）×5%

**4. 关于纳税地点的特殊规定**

纳税人出租的不动产所在地与其机构所在地在同一直辖市或计划单列市但不在同一县（市、区）的，由直辖市或计划单列市税务局决定是否在不动产所在地预缴税款。

**5. 关于出租不动产预缴税款的规定**

（1）纳税人出租不动产适用一般计税方法计税的，按照以下公式计算应预缴税款：

应预缴税款=含税销售额÷（1+9%）×3%

（2）纳税人出租不动产适用简易计税方法计税的（除个人出租住房外），按照以下公式计算应预缴税款：

应预缴税款=含税销售额÷（1+5%）×5%

（3）个体工商户出租住房，按照以下公式计算应预缴税款：

应预缴税款=含税销售额÷（1+5%）×1.5%

**案例分享**

## 扣除土地价款销售额与增值税的计算及会计处理

甲房地产开发企业为一般纳税人，对销售的自行开发的住宅小区A项目采用一般计税方法。房地产项目可供销售建筑面积10万平方米，取得土地时支付土地价款5 450万元，房屋建设单位成本4 000元/平方米。2019年4月销售房屋建筑面积2 000平方米，取得含税价款和价外费用1 744万元，均开具增值税普通发票。当月期初账面留抵税额50万元。相关的增值税和会计处理如下（增值税以外的税收处理略）：

1. 计算当期允许扣除的土地价款。

（1）单位建筑面积可扣除的土地价款=支付的土地价款/房地产项目可供销售建筑面积=5 450÷10=545（元/平方米）；

（2）当期允许扣除的土地价款=单位建筑面积可扣除的土地价款×当期销售房地产项目建筑面积=545×2 000=109（万元）。

2. 计算当期的销售额。

销售额=（全部价款和价外费用－当期允许扣除的土地价款）÷（1+9%）=（1 744–109）÷（1+9%）=1 500（万元）。

3. 计算当期增值税应纳税额。

（1）销项税额=1 500×9%=135（万元）；

（2）应纳税额=135–50=85（万元）。

4. 会计处理（单位：万元）。

（1）取得含税价款和价外费用 1 744 万元。

借：银行存款　　1 744

　贷：主营业务收入　　1 600

　　应交税费——应交增值税（销项税额）　　144

（2）结转成本。

借：主营业务成本　　800（0.4 × 2 000）

　贷：开发产品　　800

（3）扣除土地价款相应的允许抵扣的税额：

扣除土地价款后计算的销项税额 = 销售额 × 9%=1 500 × 9%=135（万元）；

扣除土地价款相应的允许抵扣的税额 = 扣除土地价款前计算的销项税额 – 扣除土地价款后计算的销项税额 =144–135=9（万元）。

扣除土地价款相应的允许抵扣的税额也可以按以下公式计算：

扣除土地价款相应的允许抵扣的税额

= 扣除土地价款前计算的销项税额 – 扣除土地价款后计算的销项税额

= 全部价款和价外费用 ÷（1+9%）× 9%–（全部价款和价外费用 – 当期允许扣除的土地价款）÷（1+9%）× 9%

=［全部价款和价外费用 –（全部价款和价外费用 – 当期允许扣除的土地价款）］÷（1+9%）× 9%

= 当期允许扣除的土地价款 ÷（1+9%）× 9%

=109 ÷（1+9%）× 9%

=100 × 9%

=9（万元）

对允许抵扣的税额的会计处理如下：

借：应交税费——应交增值税（销项税额抵减）　　9

　贷：主营业务成本　　9

验证：本月增值税应纳税额=本月会计核算的销项税额－账面留抵税额－允许抵扣的税额=144－50－9=85（万元）。与上面第3项计算的增值税应纳税额一致，说明会计处理正确。

5.填报增值税纳税申报表。

（1）《增值税纳税申报表附列资料（三）（服务、不动产和无形资产扣除项目明细）》相关行次的填报如下：

在第2行“9%税率的项目”中的各列：

在第1列“本期服务、不动产和无形资产价税合计额（免税销售额）”填“17 440 000”；

在第3列“本期发生额”填“1 090 000”；

在第4列“本期应扣除金额”填“1 090 000”；

在第5列“本期实际扣除金额”填“1 090 000”；

（2）《增值税纳税申报表附列资料（一）（本期销售情况明细）》相关行次的填报如下：

在第4行“9%税率”中：

在“开具其他发票”的第3列“销售额”和第4列“销项（应纳）税额”，分别填写“16 000 000”和“1 440 000”；

在“合计”的第9列“销售额”、第10列“销项（应纳）税额”和第11列“价税合计”，分别填写“16 000 000”、“1 440 000”和“17 440 000”；

在第12列“服务、不动产和无形资产扣除项目本期实际扣除金额”填写“1 090 000”；

在“扣除后”的第13列“含税（免税）销售额”和第14列“销项（应纳）税额”分别填写“16 350 000”和“1 350 000”。

（3）一般纳税人增值税纳税申报表主表相关行次的填报如下：

在“一般项目”“本月数”列各行中：

在第1行“（一）按适用税率计税销售额”填“17 440 000”；

在第3行"应税劳务销售额"填"17 440 000"；

在第11行"销项税额"填"1 350 000"；

在第13行"上期留抵税额"填"500 000"；

在第18行"实际抵扣税额"填"500 000"；

在第19行"应纳税额"填"850 000"。

混合销售行为中，也是以收取的全部价款和价外费用来计算缴纳增值税的。

**【知识链接】**

## 这10项税收台账你建立了吗？

1.发票登记簿。

《中华人民共和国发票管理办法》第二十七条至第二十九条规定：开具发票的单位和个人应当建立发票使用登记制度，设置发票登记簿，并定期向主管税务机关报告发票使用情况。

开具发票的单位和个人应当在办理变更或者注销税务登记的同时，办理发票和发票领购簿的变更、缴销手续。

开具发票的单位和个人应当按照税务机关的规定存放和保管发票，不得擅自损毁。已经开具的发票存根联和发票登记簿，应当保存5年。保存期满，报经税务机关查验后销毁。

2.加油站油品日销售台账。

《成品油零售加油站增值税征收管理办法》（国家税务总局令第2号）第七条规定：加油站必须按规定建立《加油站日销售油品台账》（以下简称台账）登记制度。加油站应按日登记台账，按日或交接班次填写，完整、详细地记录当日或本班次的加油情况，月终汇总登记《加油站月销售油品汇总表》。台账须按月装订成册，按会计原始账证的期限保管，以备主管税务机关检查。

3.不动产和不动产在建工程台账。

《不动产进项税额分期抵扣暂行办法》（国家税务总局公告2016年第15号发布）

虽全文废止，但台账仍然不能少。该办法第十三条规定：纳税人应建立不动产和不动产在建工程台账，分别记录并归集不动产和不动产在建工程的成本、费用、扣税凭证及进项税额抵扣情况，留存备查。

用于简易计税方法计税项目、免征增值税项目、集体福利或者个人消费的不动产和不动产在建工程，也应在纳税人建立的台账中记录。

4.房地产开发企业土地价款扣除台账。

《房地产开发企业销售自行开发的房地产项目增值税征收管理暂行办法》（国家税务总局公告2016年第18号发布）第七条规定：一般纳税人应建立台账登记土地价款的扣除情况，扣除的土地价款不得超过纳税人实际支付的土地价款。

5.建筑业企业预缴税款台账。

《纳税人跨县（市、区）提供建筑服务增值税征收管理暂行办法》（国家税务总局公告2016年第17号发布）第十条规定：对跨县（市、区）提供的建筑服务，纳税人应自行建立预缴税款台账，区分不同县（市、区）和项目逐笔登记全部收入、支付的分包款、已扣除的分包款、扣除分包款的发票号码、已预缴税款以及预缴税款的完税凭证号码等相关内容，留存备查。

6.购进固定资产加速折旧台账。

《国家税务总局关于进一步完善固定资产加速折旧企业所得税政策有关问题的公告》（国家税务总局公告2015年第68号）第六条规定：企业应将购进固定资产的发票、记账凭证等有关资料留存备查，并建立台账，准确反映税法与会计差异情况。

7.研发费用台账。

《财政部关于企业加强研发费用财务管理的若干意见》（财企〔2007〕194号）第二条规定：企业应当明确研发费用的开支范围和标准，严格审批程序，并按照研发项目或者承担研发任务的单位，设立台账归集核算研发费用。

《财政部、国家税务总局、科技部关于完善研究开发费用税前加计扣除政策的通知》（财税〔2015〕119号）第三条第1款规定：企业应按照国家财务会计制度要求，对研发支出进行会计处理；同时，对享受加计扣除的研发费用按研发项目设置辅助账，准确归集核算当年可加计扣除的各项研发费用实际发生额。企业在一个纳税年度内进行多项研发活动的，应按照不同研发项目分别归集可加计扣除的研发费用。

8.残疾人优惠政策台账。

《国家税务总局、民政部、中国残疾人联合会关于促进残疾人就业税收优惠政策征管办法的通知》（国税发〔2007〕67号）第五条第（二）款规定：税务机关和纳税人应当建立专门管理台账。在征管软件修改前，主管税务机关和纳税人都要建立专门管理台账，动态掌握纳税人年度退、减税限额及残疾人员变化等情况。

9.印花税应纳税凭证登记簿。

《印花税管理规程（试行）》（国家税务总局公告2016年第77号发布）第五条规定：纳税人应当如实提供、妥善保存印花税应纳税凭证（以下简称“应纳税凭证”）等有关纳税资料，统一设置、登记和保管《印花税应纳税凭证登记簿》（以下简称《登记簿》），及时、准确、完整记录应纳税凭证的书立、领受情况。

《登记簿》的内容包括：应纳税凭证种类、应纳税凭证编号、凭证书立各方（或领受人）名称、书立（领受）时间、应纳税凭证金额、件数等。

应纳税凭证保存期限按照《中华人民共和国税收征收管理法》（以下简称《税收征收管理法》）的有关规定执行。

《国家税务总局关于进一步加强印花税征收管理有关问题的通知》（国税函〔2004〕150号）第四条规定：根据《税收征收管理法》第三十五条规定和印花税的税源特征，为加强印花税征收管理，纳税人有下列情形的，地方税务机关可以核定纳税人印花税计税依据：（一）未按规定建立印花税应税凭证登记簿，或未如实登记和完整保存应税凭证的；……

10.合同能源管理项目有关资产辅助账。

《财政部、国家税务总局关于促进节能服务产业发展增值税、营业税和企业所得税政策问题的通知》（财税〔2010〕110号）第二条第（五）项规定：用能企业对从节能服务公司取得的与实施合同能源管理项目有关的资产，应与企业其他资产分开核算，并建立辅助账或明细账。

# 第4章 进项税额抵扣

Answers and Explanations to
Common Questions on VAT for Real Estate Companies
Practice, Accounting and Case Studies

【本章导读】

对许多读者来说，房地产行业的进项税额抵扣好像没有特殊的要求，其实在实际操作中，有许多盲点和误解。本章通过简单梳理进项税额抵扣的基本规定，重点从建立进项税额抵扣清单制度、购进农产品进项税额抵扣示例、不动产进项税额抵扣、固定资产改变用途等方面，来探讨房地产行业进项税额抵扣的注意事项。

问题4–1

**进项税额抵扣的相关规定有哪些?**

**解析：**进项税额，是指纳税人购进货物、加工修理修配劳务、服务、无形资产或者不动产，支付或者负担的增值税额。

《营业税改征增值税试点实施办法》（财税〔2016〕36号文件附件1）第二十四条规定："进项税额，是指纳税人购进货物、加工修理修配劳务、服务、无形资产或者不动产，支付或者负担的增值税额。"

第二十五条规定："下列进项税额准予从销项税额中抵扣：

（一）从销售方取得的增值税专用发票（含税控机动车销售统一发票，下同）上注明的增值税额。

（二）从海关取得的海关进口增值税专用缴款书上注明的增值税额。

（三）购进农产品，除取得增值税专用发票或者海关进口增值税专用缴款书外，按照农产品收购发票或者销售发票上注明的农产品买价和9%的扣除率计算的进项税额。计算公式为：进项税额=买价 × 扣除率。买价，是指纳税人购进农产品在农产品收购发票或者销售发票上注明的价款和按照规定缴纳的烟叶税。购进农产品，按照

《农产品增值税进项税额核定扣除试点实施办法》抵扣进项税额的除外。

（四）从境外单位或者个人购进服务、无形资产或者不动产，自税务机关或者扣缴义务人取得的解缴税款的完税凭证上注明的增值税额。”

## 问题4-2

**购入的免税农产品如何抵扣进项税额？**

**解析：**农产品扣除率的历次变更如下：

（1）2017年7月1日起，房地产企业从农业生产者购入免税农产品的抵扣率调整为11%。《财政部 国家税务总局关于简并增值税税率有关政策的通知》（财税〔2017〕37号）第二条规定，“纳税人购进农产品，按下列规定抵扣进项税额：除本条第（二）项规定外，纳税人购进农产品，取得一般纳税人开具的增值税专用发票或海关进口增值税专用缴款书的，以增值税专用发票或海关进口增值税专用缴款书上注明的增值税额为进项税额；从按照简易计税方法依照3%征收率计算缴纳增值税的小规模纳税人取得增值税专用发票的，以增值税专用发票上注明的金额和11%的扣除率计算进项税额；取得（开具）农产品销售发票或收购发票的，以农产品销售发票或收购发票上注明的农产品买价和11%的扣除率计算进项税额。”

（2）2018年5月1日起，房地产企业从农业生产者购入免税农产品的抵扣率调整为10%。《财政部 税务总局关于调整增值税税率的通知》（财税〔2018〕32号）第二条规定：“纳税人购进农产品，原适用11%扣除率的，扣除率调整为10%。”

（3）2019年5月1日起，房地产企业从农业生产者购入免税农产品的抵扣率调整为9%。《财政部 税务总局 海关总署关于深化增值税改革有关政策的公告》（财政部 税务总局 海关总署公告2019年第39号）第二条规定：“纳税人购进农产品，原适用10%扣除率的，扣除率调整为9%。纳税人购进用于生产或者委托加工13%税率货物的农产品，按照10%的扣除率计算进项税额。”

举例说明如下：

［**例**］某房地产企业，2019年9月从A专业合作社购得苗木一批，价值10万元，

取得普通发票；购买办公用品取得专用发票，金额1万元、税额0.3万元；取得施工单位开具的建筑服务增值税专用发票金额价税合计109万元。请计算2019年9月份该房地产企业进项税额。

**分析：**

从农业生产者购入免税农产品的抵扣率为9%，该项进项税额为：10×9%=0.9（万元）；

购买办公用品取得专用发票注明的进项税额为0.3万元；

建筑服务进项税额为：109/（1+9%）×9%=9（万元）；

2019年9月份该房地产企业进项税额合计为：0.9+0.3+9=10.2（万元）。

## 问题4–3

**不动产进项税额如何抵扣?**

**解析：**不动产，是指不能移动或者移动后会引起性质、形状改变的财产，包括建筑物、构筑物等。建筑物，包括住宅、商业营业用房、办公楼等可供居住、工作或者进行其他活动的建造物。构筑物，包括道路、桥梁、隧道、水坝等建造物。

增值税一般纳税人（以下称纳税人）2016年5月1日后取得并在会计制度上按固定资产核算的不动产，以及2016年5月1日后发生的不动产在建工程，在2019年4月1日之前，其进项税额应分2年从销项税额中抵扣，第一年抵扣比例为60%，第二年抵扣比例为40%。上述进项税额中，60%的部分于取得扣税凭证的当期从销项税额中抵扣；40%的部分为待抵扣进项税额，于取得扣税凭证的当月起第13个月从销项税额中抵扣。

购进时已全额抵扣进项税额的货物和服务，转用于不动产在建工程的，其已抵扣进项税额的40%部分，应于转用的当期从进项税额中扣减，计入待抵扣进项税额，并于转用的当月起第13个月从销项税额中抵扣。

取得的不动产，包括以直接购买、接受捐赠、接受投资入股以及抵债等各种形式取得的不动产。纳税人新建、改建、扩建、修缮、装饰不动产，属于不动产在建工程。房地产开发企业自行开发的房地产项目，融资租入的不动产，以及在施工现场修建的临时建筑物、构筑物，其进项税额不适用上述分2年抵扣的规定。[相关法规依据：《国家税务总局关于发布〈不动产进项税额分期抵扣暂行办法〉的公告》(国家税务总局公告2016年第15号，有效期至2019年3月31日。]

自2019年4月1日起，《营业税改征增值税试点有关事项的规定》(财税〔2016〕36号文件附件2)第一条第(四)项第1点、第二条第(一)项第1点停止执行，纳税人取得不动产或者不动产在建工程的进项税额不再分2年抵扣。此前按照上述规定尚未抵扣完毕的待抵扣进项税额，可自2019年4月税款所属期起从销项税额中抵扣。

## 问题4-4

**哪些进项税额不得抵扣?**

**解析：**

**1.基本政策规定**

《营业税改征增值税试点实施办法》第二十七条规定："下列项目的进项税额不得从销项税额中抵扣：

(一)用于简易计税方法计税项目、免征增值税项目、集体福利或者个人消费的购进货物、加工修理修配劳务、服务、无形资产和不动产。其中涉及的固定资产、无形资产、不动产，仅指专用于上述项目的固定资产、无形资产(不包括其他权益性无形资产)、不动产。纳税人的交际应酬消费属于个人消费。

(二)非正常损失的购进货物，以及相关的加工修理修配劳务和交通运输服务。

(三)非正常损失的在产品、产成品所耗用的购进货物(不包括固定资产)、加工修理修配劳务和交通运输服务。

(四)非正常损失的不动产，以及该不动产所耗用的购进货物、设计服务和建筑服务。

(五)非正常损失的不动产在建工程所耗用的购进货物、设计服务和建筑服务。纳税人新建、改建、扩建、修缮、装饰不动产，均属于不动产在建工程。

（六）购进的旅客运输服务、贷款服务、餐饮服务、居民日常服务和娱乐服务。[1]

（七）财政部和国家税务总局规定的其他情形。

本条第（四）项、第（五）项所称货物，是指构成不动产实体的材料和设备，包括建筑装饰材料和给排水、采暖、卫生、通风、照明、通讯、煤气、消防、中央空调、电梯、电气、智能化楼宇设备及配套设施。”

第二十八条规定：“不动产、无形资产的具体范围，按照本办法所附的《销售服务、无形资产或者不动产注释》执行。固定资产，是指使用期限超过12个月的机器、机械、运输工具以及其他与生产经营有关的设备、工具、器具等有形动产。非正常损失，是指因管理不善造成货物被盗、丢失、霉烂变质，以及因违反法律法规造成货物或者不动产被依法没收、销毁、拆除的情形。”

第二十九条规定：“适用一般计税方法的纳税人，兼营简易计税方法计税项目、免征增值税项目而无法划分不得抵扣的进项税额，按照下列公式计算不得抵扣的进项税额：不得抵扣的进项税额＝当期无法划分的全部进项税额 ×（当期简易计税方法计税项目销售额＋免征增值税项目销售额）÷ 当期全部销售额。主管税务机关可以按照上述公式依据年度数据对不得抵扣的进项税额进行清算。”

第三十条规定：“已抵扣进项税额的购进货物（不含固定资产）、劳务、服务，发生本办法第二十七条规定情形（简易计税方法计税项目、免征增值税项目除外）的，应当将该进项税额从当期进项税额中扣减；无法确定该进项税额的，按照当期实际成本计算应扣减的进项税额。”

第三十一条规定：“已抵扣进项税额的固定资产、无形资产或者不动产，发生本办法第二十七条规定情形的，按照下列公式计算不得抵扣的进项税额：不得抵扣的进项税额＝固定资产、无形资产或者不动产净值 × 适用税率。固定资产、无形资产或者不动产净值，是指纳税人根据财务会计制度计提折旧或摊销后的余额。”

第三十二条规定：“纳税人适用一般计税方法计税的，因销售折让、中止或者退

[1] 自 2019 年 5 月 1 日起，符合条件的旅客运输服务可以作为进项税额抵扣。

回而退还给购买方的增值税额，应当从当期的销项税额中扣减；因销售折让、中止或者退回而收回的增值税额，应当从当期的进项税额中扣减。”

第三十三条规定：“有下列情形之一者，应当按照销售额和增值税税率计算应纳税额，不得抵扣进项税额，也不得使用增值税专用发票：

（一）一般纳税人会计核算不健全，或者不能够提供准确税务资料的。

（二）应当办理一般纳税人资格登记而未办理的。”

**2.其他不得抵扣进项税额的情形**

走逃（失联）企业开具增值税专用发票。走逃（失联）企业，是指不履行税收义务并脱离税务机关监管的企业。走逃（失联）企业存续经营期间发生下列情形之一的，所对应属期开具的增值税专用发票列入异常增值税扣税凭证（以下简称“异常凭证”）范围：①商贸企业购进、销售货物名称严重背离的；生产企业无实际生产加工能力且无委托加工，或生产能耗与销售情况严重不符，或购进货物并不能直接生产其销售的货物且无委托加工的。②直接走逃失踪不纳税申报，或虽然申报但通过填列增值税纳税申报表相关栏次，规避税务机关审核比对，进行虚假申报的。增值税一般纳税人取得异常凭证，尚未申报抵扣或申报出口退税的，暂不允许抵扣或办理退税；已经申报抵扣的，一律先做进项税额转出；已经办理出口退税的，税务机关可按照异常凭证所涉及的退税额对该企业其他已审核通过的应退税款暂缓办理出口退税，无其他应退税款或应退税款小于涉及退税额的，可由出口企业提供差额部分的担保。经核实，符合现行增值税进项税额抵扣或出口退税相关规定的，企业可继续申报抵扣，或解除担保并继续办理出口退税。[相关法规依据：《国家税务总局关于走逃（失联）企业开具增值税专用发票认定处理有关问题的公告》（国家税务总局公告2016年第76号）。]

举例说明如下：

［**例**］某房地产企业为一般纳税人，2018年9月购入写字楼一层，主要用于办公，取得增值税专用发票金额1 000万元、税额100万元；其中，东边100平方米用途为职工食堂，已装修完毕，取得食堂装修的增值税专用发票金额100万元、税额10万元；购买食堂用具，取得增值税专用发票金额10万元、税额1.6万元；招待客人，购入酒

水取得增值税专用发票金额10万元、税额1.6万元；取得2015年开工的老项目的建筑服务增值税专用发票金额5 000万元、税额500万元，该项目选择简易计税方法。请计算2018年9月该企业的进项税额。

**分析：**

购入写字楼虽然部分用于职工福利，但是不是专门用于职工福利，可以抵扣进项税额100万元；

食堂装修及购买食堂用具为集体福利，其进项税额不得抵扣。

招待客人购入酒水为个人消费，其进项税额不得抵扣。

老项目的建筑服务为用于简易计税方法计税项目，其进项税额不得抵扣。

2018年9月该企业的进项税额为100万元。

## 问题4–5

**如何理解进项税额转出？**

**解析：**

### 1. 什么是进项税额转出

增值税进项税额转出是指将那些按税法规定不能抵扣，但购进时已作抵扣的进项税额如数转出。

《中华人民共和国增值税暂行条例》（以下简称《增值税暂行条例》）第十条规定，当纳税人购进的货物或接受的应税劳务不用于增值税应税项目，而是用于非应税项目、免税项目或用于集体福利、个人消费等情况时，其支付的进项税额就不能从销项税额中抵扣。实际工作中，经常存在纳税人当期购进的货物或应税劳务事先并未确定将用于生产或非生产经营，但其已在当期销项税额中进行了抵扣，当已抵扣进项税额的购进货物或应税劳务改变用途、用于非应税项目、免税项目、集体福利或个人消费等，购进货物发生非正常损失，在产品和产成品发生非正常损失时，应将购进货物或应税劳务的进项税额从当期发生的进项税额中扣除，在会计处理中记入“进项税额转出”科目。

**2. 进项税额的相关规定**

《营业税改征增值税试点实施办法》第三十条规定，纳税人已抵扣进项税额的购进货物（不含固定资产）、劳务、服务，发生该办法第二十七条规定情形（简易计税方法计税项目、免征增值税项目除外）的，应当将该进项税额从当期进项税额中扣减；无法确定该进项税额的，按照当期实际成本计算应扣减的进项税额。

对于能够确定的进项税额，如购进后直接发生非正常损失的，应将相应的进项税额直接从当期进项税额中扣减。

对于无法确定的进项税额，如非正常损失的在产品，应按照该在产品成本计算对应的各类进项税额从当期进项税额中扣减。

**3. 正确理解进项税额转出**

非应税项目、免税项目、集体福利或个人消费等，购进货物发生非正常损失，在产品和产成品发生非正常损失等都是不能抵扣的项目，这些项目一旦发生，应将购进货物或应税劳务的进项税额从当期发生的进项税额中扣除，在会计处理中记入"进项税额转出"科目（证明一点：只有外购才有进项税额转出）。

（1）进项税额转出主要是针对已经做进项税额抵扣的情况而言的。企业在实际经营过程中，由于经营情况复杂，有时会先抵扣进项税额，然后又发生不得抵扣进项税额的情形，例如，将购进货物申报抵扣后又将其分配给本单位员工作为福利，为了保证扣税一致，就必须规定相应的进项税额应当从已申报的进项税额中予以扣减。无法确定的进项税额，则统一按照当期实际成本扣减。

（2）特定情况下已抵扣的进项税额必须转出：

①纳税人购进的货物及在产品、产成品发生非正常损失。

②纳税人购进的货物或应税劳务改变用途，如用于非应税项目、免税项目或集体福利与个人利益。

上述两种情况已经抵扣的进项税额之所以要转出，是因为原购进货物或应税劳务不能产生增值税销项税额，已抵扣的进项税额失去了抵扣的来源，《营业税改征增值税试点实施办法》又强调了已抵扣进项税额的固定资产、无形资产或者不动产要按比例计算不得抵扣的进项税额。

（3）进项税额要不要转出要看有没有抵扣。

进项税额不得抵扣，不一定就要转出，是否要转出，需要看进项税额有没有抵扣，主要涉及一个时间差导致用途改变的问题。比如，企业购进一批材料，当时在符合各种抵扣条件下做了进项税额抵扣，但在月末盘点的时候，发现该批材料因为管理不善丢失了，那么这批材料就变成了不得抵扣进项税额的材料，但是当初购买的时候并不知道会发生这个情况，属于非正常损失，因此要把这笔进项税额转出。

问题4–6

**固定资产改变用途后进项税额转出如何计算?**

**解析**：根据《国家税务总局关于深化增值税改革有关事项的公告》（国家税务总局公告2019年第14号）的规定，已抵扣进项税额的不动产，发生非正常损失，或者改变用途，专用于简易计税方法计税项目、免征增值税项目、集体福利或者个人消费的，按照下列公式计算不得抵扣的进项税额，并从当期进项税额中扣减：

不得抵扣的进项税额＝已抵扣进项税额 × 不动产净值率

不动产净值率＝（不动产净值 ÷ 不动产原值）× 100%

按照规定不得抵扣进项税额的不动产，发生用途改变，用于允许抵扣进项税额项目的，按照下列公式在改变用途的次月计算可抵扣进项税额：

可抵扣进项税额＝增值税扣税凭证注明或计算的进项税额 × 不动产净值率

举例说明如下：

［**例**］某纳税人购进一台搅拌机为100万元，增值税专用发票上进项税额为13万元，按5年计提折旧（无残值），使用12个月后用于本企业牧场建设，属于免征增值税项目。36个月后牧场建设完成，搅拌机又用于国内建筑业务中。应如何做进项税额核算？

**分析：**

购进时进项税额为13万。使用12个月后用于牧场建设：

不得抵扣的进项税额=13×（100–100/5）/100=10.40（万元）；

36个月后，又用于国内建筑业务（发生用途改变，用于允许抵扣进项税额的应税项目），在用途改变的次月计算：

不动产净值率=（不动产净值 ÷ 不动产原值）×100%

此时的不动产净值=（100–20+10.40）–（100–20+10.40）/4×3=22.6（万元）；

此时的不动产原值，笔者认为应该取用于牧场建设时的账面价值，为：（100–20+10.40）=90.4（万元）；

不动产净值率=22.6/90.4=25%；

可抵扣进项税额=增值税扣税凭证注明或计算的进项税额 × 不动产净值率=13.6×25%=3.4（万元）。

## 问题4–7

**哪些特殊抵扣凭证允许抵扣进项税额?**

**解析：**

**1.过路过桥费**

根据《财政部 国家税务总局关于租入固定资产进项税额抵扣等增值税政策的通知》（财税〔2017〕90号），自2018年1月1日起，纳税人支付的道路、桥、闸通行费，按照以下规定抵扣进项税额：

（1）纳税人支付的道路通行费，按照收费公路通行费增值税电子普通发票上注明的增值税额抵扣进项税额。2018年1月1日至6月30日，纳税人支付的高速公路通行费，如暂未能取得收费公路通行费增值税电子普通发票，可凭取得的通行费发票（不含财政票据，下同）上注明的收费金额按照下列公式计算可抵扣的进项税额：

$$\text{高速公路通行费可抵扣进项税额}=\text{高速公路通行费发票上注明的金额}\div(1+3\%)\times 3\%$$

2018年1月1日至12月31日，纳税人支付的一级、二级公路通行费，如暂未能取得收费公路通行费增值税电子普通发票，可凭取得的通行费发票上注明的收费金额按照下列公式计算可抵扣进项税额：

$$\text{一级、二级公路通行费可抵扣进项税额}=\text{一级、二级公路通行费发票上注明的金额}\div(1+5\%)\times 5\%$$

（2）纳税人支付的桥、闸通行费，暂凭取得的通行费发票上注明的收费金额按照下列公式计算可抵扣的进项税额：

$$\text{桥、闸通行费可抵扣进项税额}=\text{桥、闸通行费发票上注明的金额}\div(1+5\%)\times 5\%$$

**2.旅客运输**

根据《财政部 税务总局 海关总署关于深化增值税改革有关政策的公告》（财政部 税务总局 海关总署公告2019年第39号）的相关规定，纳税人购进国内旅客运输服务，其进项税额允许从销项税额中抵扣。

纳税人未取得增值税专用发票的，暂按照以下规定确定进项税额：

（1）取得增值税电子普通发票的，为发票上注明的税额；

（2）取得注明旅客身份信息的航空运输电子客票行程单的，为按照下列公式计算进项税额：

$$\text{航空旅客运输进项税额}=(\text{票价}+\text{燃油附加费})\div(1+9\%)\times 9\%$$

（3）取得注明旅客身份信息的铁路车票的，为按照下列公式计算的进项税额：

$$\text{铁路旅客运输进项税额}=\text{票面金额}\div(1+9\%)\times 9\%$$

（4）取得注明旅客身份信息的公路、水路等其他客票的，按照下列公式计算进项税额：

公路、水路等其他旅客运输进项税额=票面金额 ÷（1+3%）× 3%

**3. 从非农业生产者小规模纳税人购进农产品并取得增值税专用发票**

根据《财政部 国家税务总局关于简并增值税税率有关政策的通知》（财税〔2017〕37号）的相关规定，纳税人购进农产品，从按照简易计税方法依照3%征收率计算缴纳增值税的小规模纳税人取得增值税专用发票的，以增值税专用发票上注明的金额和9%的扣除率计算进项税额。

扣除率的变化请参考问题4–2。

举例说明如下：

［**例**］某房地产公司2019年7月列支的差旅费中，过路过桥费2 000元，其中取得高速公路增值税电子发票1 000元、税额30元，取得财政票据1 000元，取得未注明旅客姓名的汽车票500元，注明旅客身份信息的铁路车票763元，购买苗木取得小规模纳税人开具的增值税专用发票金额10 000元、税额300元。请计算2019年7月该企业的进项税额。

**分析：**

取得高速公路增值税电子发票可抵扣进项税额30元；

取得财政票据的过路费不得抵扣进项税额；

未注明旅客姓名的汽车票的进项税额不得抵扣；

注明旅客身份信息的铁路车票可抵扣进项税额=763/（1+9%）× 9%=63（元）；

购买苗木取得增值税专用发票可抵扣进项税额=10 000 × 9%=900（元）；

2019年7月该企业的进项税额合计=30+63+900=993（元）。

## 问题4–8

**分期开发项目进项税额如何抵扣?**

**解析：**例如，房地产开发企业项目分期开发，一期按简易计税方法计税，二期、三期按一般计税方法计税，取得的进项税额既用于应税项目还用于免税项目，其进项税额如何抵扣？《房地产开发企业销售自行开发的房地产项目增值税征收管理暂行办法》（国家税务总局公告2016年第18号发布）规定，兼有一般计税、简易计税、免征增值税的房地产项目而无法划分不得抵扣的进项税额的，应以《建筑工程施工许可证》注明的建设规模为依据进行划分，不得抵扣的进项税额＝当期无法划分的全部进项税额×（简易计税、免税房地产项目建设规模÷房地产项目总建设规模）。

举例说明如下：

**［例］**某房地产企业2019年6月购入苗木一批，取得农业生产者开具的增值税普通发票，金额160万元，该批苗木同时用于2015年老项目和2018年新项目，该批苗木已在本月种植完毕，财务人员难以区分新老项目的使用数量。当月2015年老项目建筑面积30 000平方米、可售面积28 000平方米，2018年新项目建筑面积50 000平方米、可售面积48 000平方米。请计算2019年6月该企业的进项税额。

**分析：**

进项税额同时用于可抵扣和不可抵扣项目，又无法区分的，按比例计算可抵扣进项税额，注意计算的依据是建筑面积，而非可售面积。

2019年6月该企业的进项税额为：160×9%×50 000/（30 000+50 000）=9（万元）。

## 问题4–9

**增值税进项税额在什么时候抵扣?**

**解析：**房地产开发企业取得增值税发票，可以在申报期内通过国家税务总局各省、自治区、直辖市和计划单列市税务局确定并公布的增值税发票选择确认平台勾选在本期申报抵扣的发票。

《国家税务总局关于扩大小规模纳税人自行开具增值税专用发票试点范围等事项的公告》（国家税务总局公告2019年第8号）规定：自2019年3月1日起，将取消增值税发票认证的纳税人范围扩大至全部一般纳税人。一般纳税人取得增值税发票（包括增值税专用发票、机动车销售统一发票、收费公路通行费增值税电子普通发票，下同）后，可以自愿使用增值税发票选择确认平台查询、选择用于申报抵扣、出口退税或者代办退税的增值税发票信息。

《国家税务总局关于取消增值税扣税凭证认证确认期限等增值税征管问题的公告》（国家税务总局公告2019年第45号）规定：增值税一般纳税人取得的2017年1月1日及以后开具的增值税专用发票、海关进口增值税专用缴款书、机动车销售统一发票、收费公路通行费增值税电子普通发票，不再需要在360日内认证确认，已经超期的，也可以自2020年3月1日后，通过本省（自治区、直辖市和计划单列市）增值税发票综合服务平台进行用途确认。

增值税一般纳税人取得的2016年12月31日及以前开具的增值税专用发票、海关进口增值税专用缴款书、机动车销售统一发票，超过认证确认等期限，但符合相关条件的，仍可按照《国家税务总局关于逾期增值税扣税凭证抵扣问题的公告》（国家税务总局公告2011年第50号，国家税务总局公告2017年第36号、2018年第31号修改）、《国家税务总局关于未按期申报抵扣增值税扣税凭证有关问题的公告》（国家税务总局公告2011年第78号，国家税务总局公告2018年第31号修改）规定，继续抵扣其进项税额。

增值税一般纳税人取得海关进口增值税专用缴款书（以下简称海关缴款书）后如需申报抵扣或出口退税，按以下方式处理：（1）增值税一般纳税人取得仅注明一个缴款单位信息的海关缴款书，应当登录本省（自治区、直辖市）增值税发票选择确认平台（以下简称选择确认平台）查询、选择用于申报抵扣或出口退税的海关缴款书信息。通过选择确认平台查询到的海关缴款书信息与实际情况不一致或未查询到对应信息的，应当上传海关缴款书信息，经系统稽核比对相符后，纳税人登录选择确认平台查询、选择用于申报抵扣或出口退税的海关缴款书信息。（2）增值税一般纳税人取得注明两个缴款单位信息的海关缴款书，应当上传海关缴款书信息，经系统稽核比对相符后，纳税人登录选择确认平台查询、选择用于申报抵扣或出口退税的海关缴款书信息。

## 问题4-10

**增值税留抵税款除了留待下期抵扣还有哪些用途?**

**解析:** 增值税进项税款的期末留抵一般情况下均留待以后的属期抵减销项税款，此外符合条件的还可以留抵抵欠及留抵退税。

**1. 留抵抵欠**

按照《国家税务总局关于增值税一般纳税人用进项留抵税额抵减增值税欠税问题的通知》(国税发〔2004〕112号)、《国家税务总局关于增值税进项留抵税额抵减增值税欠税有关处理事项的通知》(国税函〔2004〕1197号)的规定，对纳税人因销项税额小于进项税额而产生期末留抵税额的，应以期末留抵税额抵减增值税欠税。纳税人既有增值税留抵税额，又欠缴增值税而需要抵减的，应由县(含)以上税务机关填开《增值税进项留抵税额抵减增值税欠税通知书》。抵缴的欠税包含呆账税金及欠税滞纳金。抵减欠缴税款时，应按欠税发生时间逐笔抵扣，先发生的先抵。此外，根据《国家税务总局关于增值税一般纳税人将增值税进项留抵税额抵减查补税款欠税问题的批复》(国税函〔2005〕169号)，稽查查补税款也可以使用留抵税款抵减。

**2. 留抵退税**

根据财政部 税务总局 海关总署公告2019年第39号，自2019年4月1日起，试行增值税期末留抵税额退税制度。

(1)同时符合以下条件的纳税人，可以向主管税务机关申请退还增量留抵税额:

①自2019年4月税款所属期起，连续六个月(按季纳税的，连续两个季度)增量留抵税额均大于零，且第六个月增量留抵税额不低于50万元;

②纳税信用等级为A级或者B级;

③申请退税前36个月未发生骗取留抵退税、出口退税或虚开增值税专用发票情形的;

④申请退税前36个月未因偷税被税务机关处罚两次及以上的;

⑤自2019年4月1日起未享受即征即退、先征后返(退)政策的。

（2）所称增量留抵税额，是指与2019年3月底相比新增加的期末留抵税额。（4月1日以后设立的企业，该数值为0。）

（3）纳税人当期允许退还的增量留抵税额，按照以下公式计算：

允许退还的增量留抵税额＝增量留抵税额 × 进项构成比例 × 60%

进项构成比例，为2019年4月至申请退税前一税款所属期内已抵扣的增值税专用发票（含税控机动车销售统一发票）、海关进口增值税专用缴款书、解缴税款完税凭证注明的增值税额占同期全部已抵扣进项税额的比重。

（4）纳税人应在增值税纳税申报期内，向主管税务机关申请退还留抵税额。

（5）纳税人出口货物劳务、发生跨境应税行为，适用免抵退税办法的，办理免抵退税后，仍符合该公告规定条件的，可以申请退还留抵税额；适用免退税办法的，相关进项税额不得用于退还留抵税额。

（6）纳税人取得退还的留抵税额后，应相应调减当期留抵税额。按照规定再次满足退税条件的，可以继续向主管税务机关申请退还留抵税额，但上述第（1）项第①点规定的连续期间不得重复计算。

## 问题4–11

**增值税专用发票抵扣联丢失的怎么办？**

**解析：**根据《国家税务总局关于增值税发票综合服务平台等事项的公告》（国家税务总局公告2020年第1号）的规定，纳税人同时丢失已开具增值税专用发票或机动车销售统一发票的发票联和抵扣联，可凭加盖销售方发票专用章的相应发票记账联复印件，作为增值税进项税额的抵扣凭证、退税凭证或记账凭证。纳税人丢失已开具增值税专用发票或机动车销售统一发票的抵扣联，可凭相应发票的发票联复印件，作为增值税进项税额的抵扣凭证或退税凭证；纳税人丢失已开具增值税专用发票或机动车销售统一发票的发票联，可凭相应发票的抵扣联复印件，作为记账凭证。

## 问题4-12

**如何设计一个便于操作的房地产项目一般计税方法增值税进项税额抵扣清单？**

**解析：**房地产项目一般计税方法增值税进项税额抵扣清单可参考表4-1。

表4-1　房地产项目一般计税方法增值税进项税额抵扣清单（参考）

**一、土地征用及拆迁补偿费**

| 序号 | 项　目 | 能否抵扣 | 抵扣凭证 | 税率 | 备注 |
|---|---|---|---|---|---|
| 1 | 土地出让金 | | 省级以上（含省级）财政部门监制的财政票据 | | 可抵扣销售额 |
| 2 | 取得转让的土地使用权 | 是 | 增值税专用发票 | 9% | |
| 3 | 土地转让费 | 否 | | | |
| 4 | 拆迁补偿安置费 | 是 | | | 可抵扣销售额 |
| 5 | 交易佣金 | 否 | | | |
| 6 | 契税 | 否 | | | |
| 7 | 其他规费等 | 否 | | | |

说明：从政府取得土地使用权、向土地管理部门直接支付的土地出让金，虽不能取得增值税专用发票，但根据国家税务总局公告2016年第18号的规定，支付的土地价款，在计算缴纳增值税时，允许在计算销售额时从全部价款和价外费用中扣除。

**二、前期工程费**

| 序号 | 项　目 | 能否抵扣 | 抵扣凭证 | 税率 | 备注 |
|---|---|---|---|---|---|
| 1 | 工程勘探勘测费 | 能 | 增值税专用发票 | 6% | |
| 2 | 设计费 | 能 | 增值税专用发票 | 6% | |
| 3 | 围挡施工费 | 能 | 增值税专用发票 | 9% | |
| 4 | 彩板房购置费 | 能 | 增值税专用发票 | 13% | |
| 5 | 场地平整费 | 能 | 增值税专用发票 | 9% | |
| 6 | 地质勘查费 | 能 | 增值税专用发票 | 6% | |
| 7 | 消防技术服务费 | 能 | 增值税专用发票 | 6% | |
| 8 | 防雷技术检测费 | 能 | 增值税专用发票 | 6% | |
| 9 | 施工图审查费 | 能 | 增值税专用发票 | 6% | |

| | | | | | |
|---|---|---|---|---|---|
| 10 | 制图晒图费 | 能 | 增值税专用发票 | 6% | |
| 11 | 招标代理费 | 能 | 增值税专用发票 | 6% | |
| 12 | 施工图设计费 | 能 | 增值税专用发票 | 6% | |
| 13 | 人防易地建设费 | 否 | | | |
| 14 | 报建报批费 | 否 | | | |

说明：

1.此处列示了房地产项目开发前期工程费中主要项目的增值税抵扣情况。

2.人防费用，如自建，其建设工程取得的材料、建筑劳务等进项税额可以抵扣；如不建设人防设施，缴纳的人防易地建设费，不能进行增值税进项税额抵扣。

3.向政府部门缴纳的报批报建费，一般能够取得行政事业单位的收费凭证，无法取得增值税专用发票，不能进行增值税进项税额抵扣。

**三、建安工程进度款**

| 序号 | 项　目 | 能否抵扣 | 抵扣凭证 | 税率 | 备注 |
|---|---|---|---|---|---|
| 1 | 基础工程费 | 能 | 增值税专用发票 | 9% | |
| 2 | 桩基检测费 | 能 | 增值税专用发票 | 6% | |
| 3 | 主体建安工程费 | 能 | 增值税专用发票 | 9% | |

说明：如果存在清包工工程，能够取得3%的进项税额发票。

**四、建安工程材料款**

| 序号 | 项　目 | 能否抵扣 | 抵扣凭证 | 税率 | 备注 |
|---|---|---|---|---|---|
| 1 | 混凝土 | 能 | 增值税专用发票 | 13% | |
| 2 | 钢材 | 能 | 增值税专用发票 | 13% | |
| 3 | 水泥 | 能 | 增值税专用发票 | 13% | |
| 4 | 木材 | 能 | 增值税专用发票 | 13% | |
| 5 | 装饰材料 | 能 | 增值税专用发票 | 13% | |
| 6 | 电气材料 | 能 | 增值税专用发票 | 13% | |
| 7 | 给排水材料 | 能 | 增值税专用发票 | 13% | |

**五、外委工程费**

| 序号 | 项　目 | 能否抵扣 | 抵扣凭证 | 税率 | 备注 |
|---|---|---|---|---|---|
| 1 | 门窗工程 | 能 | 增值税专用发票 | 13%，9% | |
| 2 | 公共部位精装修费 | 能 | 增值税专用发票 | 13%，9% | |
| 3 | 室内精装修费 | 能 | 增值税专用发票 | 13%，9% | |

| | | | | | |
|---|---|---|---|---|---|
| 4 | 室内暖电气工程费 | 能 | 增值税专用发票 | 9% | |
| 5 | 室内设备及安装费 | 能 | 增值税专用发票 | 13%，9% | |
| 6 | 弱电系统费用 | 能 | 增值税专用发票 | 9% | |
| 7 | 营销设施建造费 | 能 | 增值税专用发票 | 9% | |

说明：

1.门窗、电梯、空调、玻璃幕墙等工程，一般属于混合销售行为，如果供应商以生产、批发、零售为主，则应取得13%的增值税专用发票；如果以安装服务、施工为主，则应取得9%的增值税专用发票；如果分别签订供货和安装两份合同，则供货合同取得13%的发票，安装取得9%的发票。

2.对于公共部位精装修和室内精装修，装修工程取得9%的增值税专用发票；装饰材料单独签订购买合同，则应取得13%的增值税专用发票。

**六、基础设施费**

| 序号 | 项　目 | 能否抵扣 | 抵扣凭证 | 税率 | 备注 |
|---|---|---|---|---|---|
| 1 | 室外给排水系统费 | 能 | 增值税专用发票 | 9% | |
| 2 | 室外供电工程 | 能 | 增值税专用发票 | 9% | |
| 3 | 室外采暖系统费 | 能 | 增值税专用发票 | 9% | |
| 4 | 室外燃气系统费 | 能 | 增值税专用发票 | 9% | |
| 5 | 室外消防系统费 | 能 | 增值税专用发票 | 9% | |
| 6 | 室外智能化系统费 | 能 | 增值税专用发票 | 9% | |
| 7 | 室外通讯工程 | 能 | 增值税专用发票 | 9% | |
| 8 | 排水排污工程 | 能 | 增值税专用发票 | 9% | |
| 9 | 室外照明工程 | 能 | 增值税专用发票 | 9% | |
| 10 | 园林景观工程费 | 能 | 增值税专用发票 | 9% | |
| 11 | 楼体泛光夜景照明 | 能 | 增值税专用发票 | 9% | |
| 12 | 标识系统 | 能 | 增值税专用发票 | 9% | |
| 13 | 建筑小品 | 能 | 增值税专用发票 | 9% | |
| 14 | 道路及广场建设费 | 能 | 增值税专用发票 | 9% | |
| 15 | 围墙建造费 | 能 | 增值税专用发票 | 9% | |
| 16 | 环卫设施工程 | 能 | 增值税专用发票 | 9% | |
| 17 | 室外零星工程 | 能 | 增值税专用发票 | 9% | |

说明：如果存在甲供材料，甲供材料部分一般能够取得13%的增值税专用发票。

**七、公共配套设施费**

| 序号 | 项　目 | 能否抵扣 | 抵扣凭证 | 税率 | 备注 |
|---|---|---|---|---|---|
| 1 | 独立车库 | 能 | 增值税专用发票 | 9% | |
| 2 | 物业、设备用房 | 能 | 增值税专用发票 | 9% | |
| 3 | 配套设施 | 能 | 增值税专用发票 | 13%，9% | |

说明：公共配套设施属于工程建筑的，应取得9%的增值税专用发票；属于购买材料设备的，应取得13%的增值税专用发票。

**八、一般费用**

| 序号 | 项　目 | 能否抵扣 | 抵扣凭证 | 税率 | 备注 |
|---|---|---|---|---|---|
| 1 | 职工薪酬 | 否 | | | |
| 2 | 福利费 | 否 | | | |
| 3 | 社会保险费 | 否 | | | |
| 4 | 办公用品及设备 | 能 | 增值税专用发票 | 13% | |
| 5 | 差旅费 | 能 | 增值税专用发票 | 3%，6%，9% | 住宿费、国内旅客运输服务可以抵扣 |
| 6 | 业务招待费 | 否 | | | |
| 7 | 车辆修理费、油料费 | 能 | 增值税专用发票 | 13% | |
| 8 | 车辆保险费 | 能 | 增值税专用发票 | 6% | |
| 9 | 车辆过路过桥费 | 能 | 通行费发票 | 3%，5% | |
| 10 | 停车费 | 能 | 增值税专用发票 | 9%，5% | |
| 9 | 通信费 | 能 | 增值税专用发票 | 9%，6% | 电信服务商自动分配 |
| 10 | 折旧费 | 否 | | | |
| 11 | 工会经费 | 否 | | | |
| 12 | 物业费 | 能 | 增值税专用发票 | 6% | |
| 13 | 水电费 | 能 | 增值税专用发票 | 13%，3% | |
| 14 | 会议费 | 能 | 增值税专用发票 | 13%，6% | |
| 15 | 资料费、文印费 | 能 | 增值税专用发票 | 13% | |
| 16 | 报刊订阅费 | 能 | 增值税专用发票 | 13% | |
| 17 | 图书资料费 | 能 | 增值税专用发票 | 13% | |
| 18 | 广告宣传费 | 能 | 增值税专用发票 | 13%，6% | |

| | | | | | |
|---|---|---|---|---|---|
| 19 | 审计费 | 能 | 增值税专用发票 | 6% | |
| 20 | 财务、法律咨询费 | 能 | 增值税专用发票 | 6% | |

说明：

1. 差旅费包括差旅人员的吃、住、行费用。其中，餐饮费用属于交际应酬费，其进项税额不得抵扣；机票、船票、车票等属于旅客服务费用，纳税人购进国内旅客运输服务，其进项税额允许从销项税额中抵扣。纳税人取得增值税专用发票的，以发票上注明的税额为进项税额。纳税人未取得增值税专用发票的，暂按照3%或者9%确定进项税额；住宿费允许按照6%抵扣进项税额；

2. 车辆维修费的进项税额允许按照13%抵扣，油料费的进项税额允许按照13%抵扣。

3. 车辆过路过桥费，暂凭取得的通行费发票上注明的收费金额按照下列公式计算可抵扣的进项税额：

高速公路通行费可抵扣进项税额＝高速公路通行费发票上注明的金额 ÷（1+3%）× 3%；

一级公路、二级公路、桥、闸通行费可抵扣进项税额＝一级公路、二级公路、桥、闸通行费发票上注明的金额 ÷（1+5%）× 5%。

4. 停车费，属于不动产租赁服务，一般纳税人出租其2016年4月30日后取得的不动产，选择适用一般计税方法，其进项税额允许按照9%进行抵扣；一般纳税人出租其2016年4月30日前取得的不动产，可以选择适用简易计税方法，按照5%的征收率计算应纳税额，允许增值税额按照5%抵扣。

5. 通信费，包括办公电话、网络使用服务费、传真收发费。其中基础电信服务的进项税额允许按照9%抵扣，增值电信服务的进项税额允许按照6%抵扣。

6. 水电费，其中从自来水公司可以取得增值税专用发票，只能抵扣3%的进项税额。从其他水厂购买的水，取得增值税专用发票，可抵扣13%的进项税额。电网公司直接开具的电费，其增值税进项税额允许按照13%可以抵扣。

7. 会议费包括会场租赁费、会场办公用品、住宿餐饮费。其中会场租赁费允许按照6%进行抵扣；会场办公用品允许按照13%进行抵扣；住宿费允许按照6%进行抵扣；餐饮费不得抵扣。

8. 广告宣传费包括印刷费、广告费、宣传费、展览费、条幅展示牌等材料费用、广告制作代理费。印刷费的进项税额允许按照13%进行抵扣；广告宣传费的进项税额允许按照6%进行抵扣；广告制作代理费的进项税额允许按照6%进行抵扣，条幅、展示牌、礼品、纪念品等材料，进项税额允许按照13%进行抵扣。

**九、借款费用**

| 序号 | 项　目 | 能否抵扣 | 抵扣凭证 | 税率 | 备注 |
|---|---|---|---|---|---|
| 1 | 借款利息支出 | 否 | | | |
| 2 | 与借款相关的手续费、咨询费和顾问费 | 否 | | | |
| 3 | 银行手续费 | 能 | 增值税专用发票 | 6% | 办理转账、汇款时发生的手续费都可以抵扣，要向银行索取增值税专用发票 |
| 4 | 保函手续费 | 能 | 增值税专用发票 | 6% | |
| 5 | 开户手续费 | 能 | 增值税专用发票 | 6% | |
| 6 | 账户管理费 | 能 | 增值税专用发票 | 6% | |
| 7 | 网银管理费 | 能 | 增值税专用发票 | 6% | |

**十、资产购置**

| 序号 | 项　目 | 能否抵扣 | 抵扣凭证 | 税率 | 备注 |
|---|---|---|---|---|---|
| 1 | 房屋建筑物 | 能 | 增值税专用发票 | 9% | |
| 2 | 增值税税控系统 | 能 | 增值税专用发票 | 全额抵扣 | 税控专用设备等 |
| 3 | 办公用固定资产 | 能 | 增值税专用发票 | 13% | |
| 4 | 软件 | 能 | 增值税专用发票 | 13% | |

说明：

1.房地产开发企业涉及的固定资产、无形资产，凡专用于简易计税项目、免税项目、集体福利或个人消费项目的，其进项税额不允许抵扣；兼用于应税项目和不允许抵扣项目的，该进项税额准予全部抵扣。

2.增值税税控系统，允许按照购买金额全额从应纳增值税中扣除。

**问题4–13**

**新老项目相应的共同成本进项税额如何划分？**

同一房地产开发公司，既有新项目也有老项目，老项目选择简易计税方法，相应的共同成本进项税额如何划分？因为房地产开发产品销售周期一般比较长，按销售额划分实际操作比较困难，还有一些新建的公建配套设施，成本分摊到新旧项目，进项税额如何划分？

**解析：**根据《营业税改征增值税试点实施办法》第三十四条规定，简易计税方法的应纳税额，不得抵扣进项税额。若同一房地产开发公司，既有新项目也有老项目而分别适用一般计税方法和简易计税方法的，应将进项税额进行划分。对于无法划分不得抵扣进项税额的，根据《营业税改征增值税试点实施办法》第二十九条的规定计算不得抵扣的进项税额。

**问题4–14**

**购入在建工程取得的发票是否可以作为进项税额抵扣依据？**

**解析：**购入不动产在建工程取得的发票可以抵扣，其进项税额在2019年4月1日之前应按照有关规定分2年从销项税额中抵扣，第一年抵扣比例为60%，第二年抵扣比例为40%。2019年4月1日之后一次性抵扣。

## 问题4–15

**房地产开发企业增值税进项税额在什么时候抵扣?**

**解析：**（1）房地产企业销售自行开发的房地产项目，收到预收款时应当预缴增值税，按照3%的预征率预缴增值税。在预缴增值税的同时，按照预缴的增值税相应缴纳城市维护建设税及教育费附加。

如果一般纳税人的房地产企业取得进项税额，应当在纳税义务发生时间，以当期销售额和9%的适用税率计算当期销项税额，扣除进项税额后，再抵减已预缴税款后，向主管税务机关申报纳税。即在交房时或产权转移时抵扣进项税额。抵扣申报纳税人为本月1日前360天，按季申报纳税人为本季度首月1日的前360天。纳税人通过增值税发票税控开票软件登录本省（自治区、直辖市）增值税查询平台，查询选择用于申报抵扣或出口退税的增值税发票信息。

（2）从海关取得的海关进口增值税专用缴款书上注明的增值税额。

根据当前税法规定，进口环节的增值税是由海关代征的，纳税人在进口货物办理报关进口手续时，需向海关申报缴纳进口增值税并从海关取得完税证明，纳税人进口货物取得的属于增值税扣税范围的海关进口增值税专用缴款书，应自开具之日起360天内向主管税务关报送海关完税凭证抵扣清单（电子数据）申请稽核比对，逾期未申请的，其进项税额不予抵扣。对稽核比对结果为相符的海关缴款书，纳税人应在税务机关提供稽核比对结果的当月纳税申报期内申报抵扣，逾期的，其进项税额不予抵扣。

## 案例分享

**阳光房地产企业综合业务进项税额的计算**

阳光房地产企业于2016年1月竞得土地30 000平方米用于商品房开发，其中一期项目2016年2月开始建设，占地15 000平方米，建筑面积30 000平方米；二期项目2017年1月开始建设，占地15 000平方米，建筑面积36 000平方米。2018年10月第一期项目交付客户，但仍有在售房屋。该企业一期项目选择简易计税方法计算缴纳增值税，二期项目选择一般计税方法计算缴纳增值税。

2019年1月：取得增值税专用发票，注明一期项目工程款1 000万元，税额100万元，二期项目工程款5 000万元，税额500万元；

购买冰箱用于职工食堂，取得增值税专用发票，金额4 000元，税额640元；

销售部门支付广告费取得增值税专用发票，金额55万元，税额3.3万元；

工程部门购买办公用品，取得增值税专用发票，金额3万元，税额0.9万元；

购置办公楼，取得增值税专用发票，金额5 000万元，税额500万元；

2019年4月：管理部门支付差旅费，其中住宿费3 180元，取得增值税专用发票注明税额180元，实名列车票1 090元，餐费1 000元；

向花卉市场非农业生产者购进苗木30 000元，取得增值税普通发票，注明税额900元；

招待供应商，支付住宿费3 180元，取得增值税专用发票注明税额180元，餐费2 000元；

装修购置的办公楼，支付装修工程费2 000万元，税额180万元，取得增值税专用发票。

因仓库保管不善，有少量水泥长期未使用报废，账面价值5万元，入账时取得专用发票注明税额0.85万元。

假设没有其他业务，请计算该房地产企业2019年1月、4月的进项税额。

**分析：**

2019年1月：

（1）支付的工程款中，一期项目采取简易计税方法，因此，其进项税额不能抵扣，二期项目的进项税额500万元可以抵扣；

（2）用于职工福利购进商品的进项税额不能抵扣，因此给食堂购买冰箱的进项税额不能抵扣；

（3）销售部门支付的广告费，一期、二期项目均受益，由于一期项目采用简易计税方法，不能抵扣进项税额，在无法区分的情况下，按建筑规模计算可以抵扣的进项税额，即：3.3/（30 000+36 000）×36 000=1.8（万元）；

（4）工程部门购买的办公用品取得进项税额，由于一期项目已完工，受益对象为二期项目，因此可以全额抵扣进项税额0.9万元；

（5）购买办公楼取得的进项税额500万元，应分两年抵扣，在2019年1月可以抵扣：500×60%=300（万元）。1月份进项税额共计：500+1.8+0.9+300=802.7（万元）。

2019年4月：

（1）管理部门支付的住宿费进项税额可以扣除180元，实名列车票可以扣除进项税额：1 090/（1+9%）×9%=90（元）；

（2）向非农业生产者购入苗木未取得增值税专用发票，不得抵扣进项税额；

（3）招待费支出不得抵扣进项税额；

（4）装修办公楼的进项税额全额抵扣180万元；

（5）保管不善造成的非正常损失的进项税额要做转出处理，转出进项税额0.85万元；

（6）2019年4月1日之前待抵扣的不动产进项税额于本月一次性抵扣，购买办公楼待抵扣进项税额为：500×0.4=200（万元），于本月抵扣。4月份进项税额共计：0.018+0.009+180−0.85+200=379.177（万元）。

**【知识链接】**

## 房地产开发企业营改增后不能抵扣的15种发票及8种补救方法

营改增后，增值税发票的处理逐渐成为众多企业与财会人员关注的重点。我们整理了比较全面的关于营改增增值税发票的抵扣问题，希望能对大家有帮助。

## 一、营改增后15种发票不能抵扣

1.票款不一致不能抵扣。

《国家税务总局关于加强增值税征收管理若干问题的通知》（国税发〔1995〕192号）规定："购进货物或应税劳务支付货款、劳务费用的对象。纳税人购进货物或应税劳务，支付运输费用，所支付款项的对象，必须与开具抵扣凭证的销货单位、提供劳务的单位一致，才能够申报抵扣进项税额，否则不予抵扣。"

例如机械生产企业从XX钢料生产企业购进钢料一批，通过YY货运公司运输。如果从XX钢料生产企业、YY货运公司取得了抵扣凭证，那么支付钢料款和运输费用的对象必须分别为XX钢料生产企业、YY货运公司。如果两者不一致，凭证就无法抵扣。

2.对开发票不能抵扣。

对开发票是指购货方在发生销售退回时，为了规避开红字发票的麻烦，由退货企业再开一份销售专用发票视同购进后又销售给了原生产企业的行为。

许多纳税人认为，用发票对开这种方法解决销货退回问题只是把这批不符合质量要求的货物又"卖回"了销货方，并不造成购销双方的税款流失，因为退货方已将这张发票做了账务处理，也计提了销项税金，不存在少缴或逃缴税款问题；对于供货一方来说，也只是拿这张进项发票抵顶了原来应计提的销项税金，同样也不存在偷逃税款的问题。

用发票对开解决销货退回问题，其实质是将退货看作对销货方的一种重新销售，法律并无禁止，不禁止即视为不违法；用发票对开形式解决销货退回问题，从操作目的上看，购销双方并不存在偷逃税款的主观故意，从实质上看也不造成税款流失的客观结果。

然而，纳税人的上述认识是错误的！

首先，在发生销售退回时，如果未按规定开具红字专用发票，实行对开发票有可能增加税收负担。

事实上，《增值税暂行条例实施细则》第十一条规定，企业如果发生销货退回行为，应按规定开具红字发票，如果不按规定开具红字发票，重开发票的增值税额将不得从销项税额中抵减，因此会被重复计税，增加税收负担。

其次，对开发票将面临税务机关的处罚。

纳税人如果未按规定开具红字发票，税务机关在有足够证据的情况下，可责令限期改正，没收非法所得，可以并处10 000元以下的罚款。违反发票管理法规，如果导致其他单位或者个人未缴、少缴或者骗取税款，税务机关还将没收非法所得，甚至处未缴、少缴或者骗取的税款一倍以下的罚款！

再次，没有货物往来的发票对开可能被视为虚开发票。增值税专用发票对开，由于没有货物购销或者没有提供或接受应税劳务，符合“虚开增值税专用发票”的特征，极有可能被认定为虚开增值税专用发票，如果情节严重，还有可能被追究刑事责任。

最后，对开发票还会让企业多缴纳印花税而增加税收负担，或者因少缴纳企业所得税而面临税务稽查风险。

回销给售货方如果书立合同，需要缴纳印花税，按购销金额的万分之三贴花，对比销货退回的正常处理，实在是增加了不必要的税收负担。想想如果不按时缴纳，还可能受到处罚……

发票对开，虽然对增值税没有影响，却会影响企业所得税的计算。

所得税的计算中有许多费用扣除项目是以销售收入为基础的。比如企业发生的与生产经营活动有关的业务招待费支出，按照发生额的60%扣除，但最高不得超过当年销售（营业）收入的0.5%，企业发生的符合条件的广告费和业务宣传费支出不超过当年销售（营业）收入15%的部分准予扣除。如果企业按虚增后的销售收入计算费用扣除，就会造成多扣除、少计应税所得的结果。因此会加大企业被税务稽查的风险。

3.没有销售清单不能抵扣。

没有供应商开具销售清单而开具了“材料一批”、汇总运输发票、办公用品和劳动保护用品的发票不能抵扣。

《增值税专用发票使用规定》(国税发〔2006〕156号文件印发)第十二条规定:一般纳税人销售货物或者提供应税劳务可汇总开具专用发票。汇总开具专用发票的,同时使用防伪税控系统开具《销售货物或者提供应税劳务清单》,并加盖财务专用章或者发票专用章。因此,那些没有供应商开具销售清单而开具的“材料一批”、汇总运输发票、办公用品和劳动保护用品的发票,不可以抵扣进项税额。也就是说,开具“材料一批”、汇总运输发票、办公用品和劳动保护用品的发票,如果想抵扣进项税额,就必须有销售清单!

4.集体福利或个人消费的专用发票不得抵扣。

购进用于集体福利或个人消费的货物或者应税劳务以及随之发生的运输费、销售免税货物的运输费用,其进项税额不得从销项税额中抵扣,已申报抵扣的应做进项税额转出处理。但购进既用于增值税应税项目也用于集体福利或者个人消费的使用期限超过12个月的机械、机器、运输工具以及其他与生产经营有关的设备、工具、器具等固定资产,其进项税额允许抵扣。

想必大家都知道,购进货物如果用于企业职工福利,专用发票是不能用来抵扣的,比如饮水机、饮用水、微波炉,若是为企业员工集体福利而买,就不能抵扣。

但同一种物品,如果规定的使用用途不同,凭证就有可能从不能抵扣变为可以抵扣。例如,一家报社,如果购买的电视机安装在单位职工宿舍里,或者职工餐厅,那就是职工的一项福利,不能抵扣。如果购买的电视机用在采访工作中,专门为体育新闻采访部门购买,便于体育记者收看球赛直播来写新闻稿,那就是为了新闻产品的生产,这就可以抵扣。

2014年交通运输业和部分现代服务业营改增以后,以企业名义购买的进口豪华轿车,只要是企业生产经营使用的,也可于企业抵扣。

5.非正常损失材料发票不得抵扣。

发生非正常损失的材料和运输费用中含有的进项税额不得抵扣,例如工地上被盗的钢材、水泥。根据《营业税改征增值税试点实施办法》第十条第(二)项规定,非正常损失的购进货物及相关的加工修理修配劳务和交通运输业服务的进项税额不得从销项税额中抵扣。

第十条第（三）项规定，非正常损失的在产品、产成品所耗用的购进货物（不包括固定资产）、加工修理修配劳务或者交通运输业服务的进项税额不得从销项税额中抵扣。

6. 2009年前按2%征收的固定资产不能抵扣。

销售2009年之前购置的固定资产按简易2%征收，这个2%不能作为进项税抵扣。这样规定的主要原因是2009年之前固定资产的增值税发票是不能抵扣的，要按发票总额计入固定资产成本。而现在固定资产是可以抵扣进项税的，为了减轻销售企业的纳税负担，就可以减按2%缴纳增值税。

7. 固定资产发生以下三种情况的不能抵扣。

纳税人已抵扣进项税额的固定资产发生以下三项所列情形的，应在当月按下列公式计算不得抵扣的进项税额：

不得抵扣的进项税额=固定资产净值×适用税率

（1）用于免征增值税项目、集体福利或者个人消费的购进货物或者应税劳务；

（2）非正常损失的购进货物及相关的应税劳务；

（3）非正常损失的在产品、产成品所耗用的购进货物或者应税劳务。

所称固定资产净值，是指纳税人按照财务会计制度计提折旧后计算的固定资产净值。

8. 与小规模纳税人相关的四种进项税额不允许抵扣。

（1）增值税小规模纳税人购进货物取得的发票不允抵扣进项税额。

（2）增值税一般纳税人在以小规模纳税人身份经营期（新开业申请增值税一般纳税人认定受理审批期间除外）购进的货物或者应税劳务取得的增值税发票，其进项税额不允许抵扣。

（3）增值税一般纳税人在认定批准的月份（新开业批准为增值税一般纳税人的除外）取得的增值税发票不允许抵扣进项税额。

（4）增值税一般纳税人从小规模纳税人购进货物或者应税劳务取得的普通发票

（购进农产品除外）不允许抵扣进项税额。

9.以下三种情况，票据无法通过有关部门认证的不能抵扣。

（1）增值税一般纳税人购进货物或者应税劳务，取得增值税专用发票、海关进口增值税专用缴款书、农产品收购发票和农产品销售发票不符合法律、行政法规或国务院财政、税务主管部门有关规定的，其进项税额不允许从销项税额中抵扣。

（2）辅导期增值税一般纳税人取得的增值税专用发票抵扣联、海关进口增值税专用缴款书交叉稽核比对没有返回比对结果或比对不符的，其进项税额不允许抵扣。

（3）实行海关进口增值税专用缴款书“先比对后抵扣”管理办法的增值税一般纳税人取得进口增值税专用缴款书稽核比对不符的，其进项税额不允许抵扣。

虽然专用发票有无法认证、纳税人识别号不符以及发票代码、号码不符等情形之一的，其进项税额不允许抵扣，但购买方可要求销售方重新开具专用发票，重新认证通过后在规定时间内仍可申报抵扣。

10.以下五种减免税相关情况不能抵扣。

（1）购进免税货物取得增值税抵扣凭证（向国有粮食企业购进免税粮食除外），其进项税额不允许抵扣。

（2）购进用于免征增值税项目的货物或者应税劳务以及随之发生的运输费、销售免税货物的运输费用，其进项税额不得从销项税额中抵扣，已申报抵扣的应做进项税额转出处理。但购进既用于增值税应税项目也用于免征增值税项目的使用期限超过12个月的机械、机器、运输工具以及其他与生产经营有关的设备、工具、器具等固定资产，其进项税额允许抵扣。

（3）纳税人在免税期内购进用于免税项目的货物或者应税劳务取得的增值税扣税凭证，一律不得抵扣。

（4）免税货物恢复征税后，收到该项货物免税期间的增值税抵扣凭证注明的进项税额不允许抵扣。

（5）进口货物减免的进口环节增值税税款以及与周边国家易货贸易进口环节减征的增值税税款，不得作为进口货物的进项税额抵扣。

11.作废及停止抵扣期间的增值税发票不能抵扣。

（1）取得作废增值税抵扣凭证，其进项税额不允许抵扣。

（2）纳税人在停止抵扣进项税额期间所购进货物或应税劳务的进项税额，不得结转到经批准准许抵扣进项税额时抵扣。

（3）增值税一般纳税人在停止抵扣进项税额期间发生的全部进项税额，包括在停止抵扣期间取得的进项税额、上期留抵税额，不得在恢复抵扣进项税额资格后进行抵扣。

12.未申请办理一般纳税人认定手续的不能抵扣。

增值税纳税人年应税销售额超过小规模纳税人标准，未申请办理一般纳税人认定手续的，按销售额依照增值税税率计算应纳税额，不允许抵扣进项税额。

这里的增值税纳税人不包括年应税销售额超过小规模纳税人标准的其他个人、非企业性单位、不经常发生应税行为的企业；年应纳税销售额包括申报销售额、稽查查补销售额、纳税评估调整销售额、税务机关代开发票销售和免税销售额。但稽查查补销售额和纳税评估调整销售额计入查补税款申报当月的销售额，不计入税款所属期销售额。

同时，增值税一般纳税人会计核算不健全，或者不能够提供准确税务资料的，按销售额依照增值税税率计算应纳税额，其取得的进项税额也不允许抵扣。

13.购进货物退回或折让收回的已支付增值税进项税额不能抵扣。

增值税一般纳税人因购进货物退回或者折让而收回的已支付的增值税进项税额，应从发生购进货物退回或折让当期的进项税额中扣减。

14.增值税劳务划分不清的无法抵扣。

一般纳税人兼营免税项目而无法划分不得抵扣的进项税额的，按下列公式计算不得抵扣的进项税额：

不得抵扣的进项税额＝当月无法划分的全部进项税额 × 当月免税项目销售额 ÷ 当月全部销售额、营业额合计

## 二、无法抵扣发票的8种补救办法

方法一：专用发票“抵扣联”无法认证的，其进项税额不允许抵扣，但可用

“发票联”到主管税务机关认证，将“发票联”复印件作为抵扣联留存备查。

方法二：增值税一般纳税人将取得的专用发票“抵扣联”丢失的，其进项税额不允许抵扣。但如果丢失前已认证相符，可用“发票联”复印件作为“抵扣联”留存备查；如果丢失前未认证，可用“发票联”到主管税务机关认证，将“发票联”复印件留存备查。

方法三：增值税一般纳税人将取得的专用发票的“发票联”和“抵扣联”全部丢失的，其进项税额不允许抵扣。但在丢失前已认证相符的，购买方可凭销售方提供的相应“记账联”复印件及销售方所在地主管税务机关出具的《丢失增值税专用发票已报税证明单》，经购买方主管税务机关审核同意后，作为增值税进项税额的抵扣凭证抵扣进项税；如果丢失前未认证，购买方可凭销售方提供的相应“记账联”复印件到主管税务机关进行认证，认证相符的凭“记账联”复印件及销售方所在地主管税务机关出具的《丢失增值税专用发票已报税证明单》，经购买方主管税务机关机关审核同意后，作为增值税进项税额的抵扣凭证抵扣进项税额。

方法四：增值税一般纳税人丢失海关缴款书的，其进项税额不允许抵扣。但可在自开具之日起180日内，凭报关地海关出具的相关已完税证明，向主管税务机关提出抵扣申请，经稽核比对无误后作为进项税额进行抵扣。

方法五：增值税一般纳税人取得失控专用发票的，其进项税额不允许抵扣。但如果经税务机关按非正常户登记失控专用发票后，一般纳税人又向税务机关申请防伪税控报税的，其主管税务机关可以通过防伪税控报税子系统的逾期报税功能受理报税。经查属于销售方已申报并缴纳税款的，可由销售方主管税务机关出具书面证明，并通过协查系统回复购买方主管税务机关，该失控发票可作为购买方抵扣增值税进项税额的凭证。

方法六：发生经认证，专用发票有无法认证、纳税人识别号不符以及发票代码、号码不符等情形之一的，其进项税额不允许抵扣。但购买方可要求销售方重新开具专用发票，重新认证通过后在规定时间内申报抵扣。

方法七：经认证，专用发票有重复认证、密文有误或纳税人识别号有误或专用发票所列密文解译后与明文不一致时，其发票暂不得作为增值税进项税额的抵扣凭证，待税务机关查明原因，核实无误后再申报抵扣。

方法八：善意取得发票的抵扣。购货方与销售方存在真实的交易，销售方使用的是其所在省（自治区、直辖市和计划单列市）的专用发票，专用发票注明的销售方名称、印章、货物数量、金额及税额等全部内容与实际相符，且没有证据表明购货方知道销售方提供的专用发票是以非法手段获得的，对购货方不以偷税或者骗取出口退税论处。

但应按有关规定不予抵扣进项税款或者不予出口退税；购货方已经抵扣的进项税款或者取得的出口退税，应依法追缴。

购货方能够重新从销售方取得防伪税控系统开出的合法、有效专用发票的，或者取得手工开出的合法、有效专用发票且取得了销售方所在地税务机关已经或者正在依法对销售方虚开专用发票行为进行查处证明的，购货方所在地税务机关应依法准予抵扣进项税款或者出口退税。

如有证据表明购货方在进项税款得到抵扣、或者获得出口退税前知道该专用发票是销售方以非法手段获得的，对购货方应按《国家税务总局关于纳税人取得虚开的增值税专用发票处理问题的通知》（国税发〔1997〕134号）和《国家税务总局关于〈国家税务总局关于纳税人取得虚开的增值税专用发票处理问题的通知〉的补充通知》（国税发〔2000〕182号）的规定处理。

资料来源：李建军.房地产开发企业营改增操作实务［M］.2版.上海：立信会计出版社，2018：191.

## 房地产企业选择简易计税方法应注意的三个事项

据不完全统计，目前有40多个简易计税项目。一般纳税人可能同时存在一般计税项目和简易计税项目，纳税人选择简易计税方法应注意什么？下面以房地产企业为例进行分析。

1.税负高低由业务模式决定。

简易计税方法一经选择，36个月内不得变更。如果纳税人前期选择了一般计税方法，后期想选择简易计税方法，应如何处理？因为房地产企业同一期项目下是可以选择简易计税的，但是由于某种原因未进行简易征收备案，直接按一般计税方法处理了。对此，各地税务机关要求不一致，有的税务机关要求将项目前期一般计税的发票全部冲红后，纳税申报时再将整个项目按简易计税方法计税；有的税务机关要求企业将简易计税的项目申请备案后，项目剩余期间才可按照简易计税方法计税。选择一般计税方法，土地、建安成本等对应的进项税额是可以抵扣的；选择简易计税方法，土地、建安成本等对应的进项税额不可以抵扣。很多房地产企业的房地产项目都是集团内企业自建，然后再卖给集团内企业，这时就需要考虑采用一般计税方法了。综合上述分析，企业适用简易计税方法还是一般计税方法，哪个税负低，要根据企业具体业务模式而定。

2.发票开具要求有差异。

（1）无论纳税人选择一般计税方法还是简易计税方法，没有规定不能开具增值税专用发票的，都可以开具增值税专用发票。

（2）接受方属于一般纳税人，取得对方使用简易计税方法开具的增值税专用发票，如符合规定，可以抵扣进项税额。

（3）一般纳税人适用简易计税方法，开具增值税普通发票和增值税专用发票，适用的征收率不变，都是3%或5%。

（4）即使是适用简易计税方法的房地产企业，也应尽量取得增值税专用发票。因为简易计税仅针对销售部分，即使需要做进项税额转出，转出时间上也有一定的滞后性。同时，项目建成后的自持部分属于自建，而自建不动产的进项税额是可以抵扣的。此时，该房产不论是计入固定资产，还是计入投资性房地产，都可一次性抵扣。

（5）不能开具增值税专用发票的3种情形。

①增值税一般纳税人的单采血浆站销售非临床用人体血液选择简易计税方法。

②纳税人销售旧货，按简易办法依据3%征收率减按2%征收增值税。其可以放弃减税，按照简易办法依照3%征收率缴纳增值税，并可以开具增值税专用发票。

③纳税人销售自己使用过的固定资产，适用按简易办法依据3%或减按2%的征收率。

（6）选择简易计税方法，计算增值税销售额时，应以取得的全部价款和价外费用为销售额，不得扣除对应的地价款。

3.分期开发项目抵扣进项要合规。

房地产开发企业项目分期开发，一期按简易计税方法计税，二期、三期按一般计税方法计税。这种情形下，进项税额如何抵扣？《房地产开发企业销售自行开发的房地产项目增值税征收管理暂行办法》规定，兼有一般计税、简易计税、免征增值税的房地产项目而无法划分不得抵扣的进项税额的，应以《建筑工程施工许可证》注明的建设规模为依据进行划分，不得抵扣的进项税额＝当期无法划分的全部进项税额×（简易计税、免税房地产项目建设规模÷房地产项目总建设规模）。

必须强调的是，同一个企业，如果能准确判定进项税额专用于一般计税项目还是简易计税项目，则该进项税额要么全部抵扣，要么不予抵扣，不需要划分。纳税人购入（租入）固定资产、无形资产（不包括其他权益性无形资产）、不动产的进项税额，如果既用于一般计税方法的项目又用于简易计税方法的项目，则不需要划分，全部准予抵扣。

房地产企业采用简易计税方法，按照规定不允许抵扣的进项税额如何处理？纳税人可以选择认证或不认证。但是，笔者建议认证，因为认证可以对增值税专用发票进行真伪辨别，也不会形成滞留票，只是纳税申报时要记得做进项税额转出处理。若选择不认证，则视同普通发票进行账务处理。

例如，某房地产企业存在一期、二期、三期项目，其中，一期为营改增前的项目，选择简易计税方法；二期、三期，为营改增后的项目，适用一般计税方法。一期的项目按规定简易计税，不得抵扣进项税额。二期、三期的项目则采用一般计税方法，准予抵扣。在此情况下，管理人员的差旅费、行政部购买办公用品等都可以抵扣进项税额。但为避免涉税风险，应注意做好备查台账，比如出差是为一期、二期还是三期项目应标注清楚。购买的行政办公用品，则可以全额抵扣，不用区分。

实践中，很多企业财税人员对无论是一期项目、二期项目、还是三期项目的差旅费、办公费、固定资产等直接全部不抵扣了，这是没必要的。因为，即使分不清归属于哪一期项目的支出，还可以按比例抵扣。

资料来源：周正强.房企选择简易计税应注意三个事项［N］.中国税务报，2018-10-12（B3）.

# 第5章 应纳税额计算及申报

Answers and Explanations to
Common Questions on VAT for Real Estate Companies
Practice, Accounting and Case Studies

【本章导读】

本章以房地产企业的营改增政策要点为指引，以日常经营管理过程中的核心财税业务案例为线索，用翔实的会计分录解读政策，以真实的纳税申报界面展示相应业务如何准确填报申报表，讲清楚每一个数据的数据源，讲清楚3个钩稽关系，包括：纳税申报主表中的每一个数据和附表上每一个数据之间的钩稽关系；销项税额和已经开具发票的金额之间的钩稽关系；进项税额和已取得的扣税凭证上进项税额之间的钩稽关系。通过本章的学习，能够系统轻松地掌握房地产企业简易计税方法和一般计税方法涉及的不动产销售增值税的纳税申报（含预缴申报）。

问题5–1

**增值税一般纳税人会计报税流程、步骤是什么？**

**解析：**一般纳税人每月的1~15号是申报纳税时间（如遇法定节假日或双休日可顺延，以税务机关发布为准），申报的具体流程为：

（1）抄报税：一般纳税人在征期内可以通过登录“增值税税控系统”进行网上抄报或者携带税控盘或金税盘（以下简称税控设备）到办税厅抄报。

抄税就是把上月通过税控设备开出的发票电子数据全部记入发票IC卡，在本月通过税控系统联网上传或者到办税服务厅，然后报税务部门、读入税务部门的电脑系统中，以此作为纳税人计算税额的依据。一般抄了税后才能报税，而且抄过税后才能开具本月的发票，相当于将一个月开出的销项税结清一下。抄税和报税是两个流程，统称为抄报税，税控设备IC卡是购买发票、开具发票和抄税用的。

①购发票时，通过电子税务局申请或者持税控设备IC卡和发票领购簿准购证去

税务局办税服务厅办理，发票购买回来后，将税控设备通过USB接口连接电脑，IC卡插入读卡器，将数据读入防伪税控开票软件，以便开具发票时使用。

②开发票时，首先将IC卡插入读卡器，税控设备通过USB接口连接电脑，然后进入开票系统进行开具发票的操作。需要注意的是，电子版的发票与打印的发票必须是同一张发票。

③进项发票的认证。如果纳税人购货时取得了增值税发票，月末前可通过电子税务局进行勾选认证，或持发票的抵扣联到办税服务厅去税务局进行认证。

④抄税。次月月初，纳税人将税控设备连接电脑并启动税控系统，在联网状态下可自动上传数据进行抄税，若因未及时抄税导致税控设备被锁，则需持税控设备到办税服务厅解锁并抄税。月度终了，根据当地税务局规定的抄税时限（一般是次月的1~5日），将本月已经开具使用的发票信息抄入IC卡，然后打印出纸质报表并加盖公章，持IC卡和报表去税务局大厅进行抄税。

⑤报税。待财务决算做完后，纳税人可通过电子税务局进行纳税申报表的填写、审核、报税、缴款等的操作，报完税后，进行申报表的打印，包括主表和附表。此项操作都是在纳税人机器的“增值税一般纳税人纳税申报电子信息采集系统”软件中完成的，进销项发票的填写可以在网上完成，既快又准确。季度末，将本季度的申报表主表报送到税务局。

（2）增值税专用发票抵扣认证：一般纳税人可以通过电子税务局使用“抵扣联信息采集系统”进行网上发票勾选认证操作或者携带增值税专用发票抵扣联到办税服务厅办理。

（3）纳税申报：一般纳税人登录电子税务局网上申报软件进行网上申报。成功后可通过税库银联网扣缴税款。若申报失败，需根据提示的失败原因修改申报数据，然后再次“提交申报”。

（4）清卡或反写：申报成功后，纳税人需要再次登录税控系统进行清卡或反写。提醒大家要及时查询截止日期，确认是否成功。

以上流程仅针对一般纳税人的增值税申报，如要申报其他税费，需根据纳税人自身业务和电子税务局待办事项中办税软件分配的应申报税种来填写不同种类的申报表。

## 问题 5-2

**房地产开发企业一般纳税人增值税纳税申报表填写的注意事项有哪些?**

房地产开发企业一般纳税人增值税纳税申报表填写的程序是什么?纳税申报表及其附列资料包括哪些?主表与附表数据之间存在怎样的钩稽关系?销项税额与已经开具发票的金额之间、进项税额和已取得的扣税凭证上进项税额之间存在怎样的钩稽关系?

**解析:**一般纳税人按照如图 5-1 所示的顺序填写增值税纳税申报表。

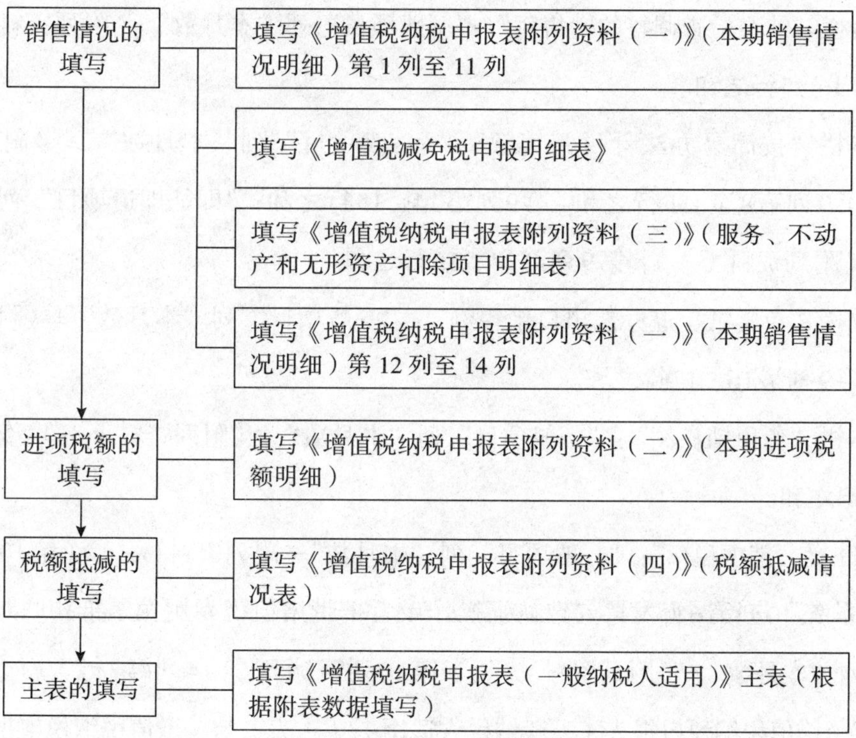


图 5-1　一般纳税人增值税纳税申报表的填写顺序

### 1. 增值税一般纳税人必须上报的纳税申报表及附列资料

包括:《增值税纳税申报表（一般纳税人适用）》（主表）、《增值税纳税申报表附列资料（一）》（本期销售情况明细）、《增值税纳税申报表附列资料（二）》（本期进项税额明细）、《增值税纳税申报表附列资料（三）》（服务、不动产和无形资产扣除项目明细)、《增值税纳税申报表附列资料(四)》(税额抵减情况表)、《增值税减免税申报明细表》、《资产负债表》、《利润表》。

**2.增值税一般纳税人纳税申报表的表间钩稽关系**

(1)《增值税纳税申报表(一般纳税人适用)》(主表)与《增值税纳税申报表附列资料(一)》(本期销售情况明细)(以下简称《附列资料(一)》)之间的钩稽关系如下:

第1栏“(一)按适用税率计税销售额”:“一般项目”列“本月数”=《附列资料(一)》第9列第1至5行之和-第9列第6、7行之和;“即征即退项目”列“本月数”=《附列资料(一)》第9列第6、7行之和。

第4栏“纳税检查调整的销售额”:“一般项目”列“本月数”=《附列资料(一)》第7列第1至5行之和。

第5栏“按简易办法计税销售额”:“一般项目”列“本月数”≥《附列资料(一)》第9列第8至13b行之和-第9列第14、15行之和;“即征即退项目”列“本月数”≥《附列资料(一)》第9列第14、15行之和。

第7栏“免、抵、退办法出口销售额”:“一般项目”列“本月数”=《附列资料(一)》第9列第16、17行之和。

第8栏“免税销售额”:“一般项目”列“本月数”=《附列资料(一)》第9列第18、19行之和。

第11栏“销项税额”:“一般项目”列“本月数”=《附列资料(一)》(第10列第1、3行之和-第10列第6行)+(第14列第2、4、5行之和-第14列第7行);“即征即退项目”列“本月数”=《附列资料(一)》第10列第6行+第14列第7行。

(2)《增值税纳税申报表(一般纳税人适用)》(主表)与《增值税纳税申报表附列资料(二)》(本期进项税额明细)(以下简称《附列资料(二)》)之间的钩稽关系如下:

第12栏“进项税额”:“一般项目”列“本月数”+“即征即退项目”列“本月数”=《附列资料(二)》第12栏“税额”。

第14栏“进项税额转出”:“一般项目”列“本月数”+“即征即退项目”列“本月数”=《附列资料(二)》第13栏“税额”。

第16栏“按适用税率计算的纳税检查应补缴税额”：“一般项目”列“本月数”≤《附列资料（一）》第8列第1至5行之和+《附列资料（二）》第19栏。

（3）《增值税纳税申报表附列资料（一）》（本期销售情况明细）与《增值税纳税申报表附列资料（三）》（服务、不动产和无形资产扣除项目明细）（以下简称《附列资料（三）》）之间的钩稽关系如下：

第12列“服务、不动产和无形资产扣除项目本期实际扣除金额”：营业税改征增值税的纳税人，服务、不动产和无形资产有扣除项目的，按《附列资料（三）》第5列对应各行次数据填写，其中本列第5栏等于《附列资料（三）》第5列第3行与第4行之和；服务、不动产和无形资产无扣除项目的，本列填写“0”。其他纳税人不填写。

（4）《增值税纳税申报表附列资料（三）》（服务、不动产和无形资产扣除项目明细）与《增值税纳税申报表附列资料（一）》（本期销售情况明细）之间的钩稽关系如下：

第1列“本期服务、不动产和无形资产价税合计额（免税销售额）”：本列各行次等于《附列资料（一）》第11列对应行次，其中本列第3行和第4行之和等于《附列资料（一）》第11列第5栏。

**3.房地产开发企业一般纳税人填写申报表的顺序**

（1）销售情况的填写。

第一步：填写《增值税纳税申报表附列资料（一）》（本期销售情况明细）第1至11列。

第二步：填写《增值税纳税申报表附列资料（三）》（服务、不动产和无形资产扣除项目明细）。（有差额扣除项目的纳税人填写。）

第三步：填写《增值税纳税申报表附列资料（一）》（本期销售情况明细）第12至14列。（有差额扣除项目的纳税人填写。）

第四步：填写《增值税减免税申报明细表》。（有减免税业务的纳税人填写。）

（2）进项税额的填写。

第五步：填写《增值税纳税申报表附列资料（二）》（本期进项税额明细）。

（3）税额抵减的填写。

第六步：填写《增值税纳税申报表附列资料（四）》（税额抵减情况表）。（有税额抵减业务的纳税人填写。）

第七步：填写《增值税减免税申报明细表》。

（4）主表的填写。

第八步：填写《增值税纳税申报表（一般纳税人适用）》。（根据附表数据填写主表。）

最后，企业本期的销项税额，是根据本期在税控系统中开出的全部发票的金额合计计算得来的；本期进项税额，是本期认证抵扣的税额合计计算而来的。

## 问题5-3

**高速公路通行费和一级公路、二级公路、桥、闸通行费应如何抵扣进项税额？如何进行账务处理？填写哪张申报表的哪一栏？**

**解析：**

**1.政策规定**

根据《财政部 国家税务总局关于租入固定资产进项税额抵扣等增值税政策的通知》（财税〔2017〕90号）第七条规定，自2018年1月1日起，纳税人支付的道路、桥、闸通行费，按照以下规定抵扣进项税额：

（1）纳税人支付的道路通行费，按照收费公路通行费增值税电子普通发票上注明的增值税额抵扣进项税额。

2018年1月1日至6月30日，纳税人支付的高速公路通行费，如暂未能取得收费公路通行费增值税电子普通发票，可凭取得的通行费发票（不含财政票据，下同）上注明的收费金额按照下列公式计算可抵扣的进项税额：

$$\text{高速公路通行费可抵扣进项税额}=\text{高速公路通行费发票上注明的金额}\div(1+3\%)\times 3\%$$

2018年1月1日至12月31日，纳税人支付的一级、二级公路通行费，如暂未能取得收费公路通行费增值税电子普通发票，可凭取得的通行费发票上注明的收费金额按照下列公式计算可抵扣进项税额：

$$\frac{\text{一级、二级公路}}{\text{通行费可抵扣进项税额}}=\frac{\text{一级、二级公路}}{\text{通行费发票上注明的金额}}\div(1+5\%)\times5\%$$

（2）纳税人支付的桥、闸通行费，暂凭取得的通行费发票上注明的收费金额按照下列公式计算可抵扣的进项税额：

$$\frac{\text{桥、闸通行费}}{\text{可抵扣进项税额}}=\frac{\text{桥、闸通行费}}{\text{发票上注明的金额}}\div(1+5\%)\times5\%$$

所称通行费，是指有关单位依法或者依规设立并收取的过路、过桥和过闸费用。

**2. 实用解读**

（1）政策期限。

2018年1月1日至12月31日执行。2019年1月1日后开具的纸质通行费发票，只有过桥、过闸费用还能计算抵扣进项税额，其他以通行费电子普通发票抵扣进项税额，这一点要特别注意。

（2）可抵扣凭证。

通行费发票必须是合并后新的税务局监制的发票，不能是财政部门监（印）制的财政票据。也就是说，取得财政票据收费公路通行费不能计算抵扣进项税额。

（3）可抵扣进项税额的计算方法分两种。

①高速公路通行费可抵扣进项税额=高速公路通行费发票上注明的金额÷（1+3%）×3%；

②一级公路、二级公路、桥、闸通行费可抵扣进项税额=一级公路、二级公路、桥、闸通行费发票上注明的金额÷（1+5%）×5%。

（4）抵扣实务。

①纸质票据上要有发票专用章，财政票据不可以抵扣。

②2019年后通行费电子普通发票可以抵扣，纸质通行费发票只有过桥、过闸费用可以继续计算抵扣，但是不能抵扣不代表不能入账，这一点需要注意区分。

③增值税一般纳税人支付道路、桥、闸通行费，按照政策规定，以取得的通行费发票（不含财政票据）上注明的收费金额计算的可抵扣进项税额，填入申报表——

国家税务总局公告2019年第15号附件1中《增值税纳税申报表附列资料（二）》（本期进项税额明细）第8栏“其他”。

纳税人支付道路、桥、闸通行费涉税规定一览见表5–1。

表5–1　纳税人支付道路、桥、闸通行费涉税规定一览表

<table>
<tr><th colspan="2">通行费种类</th><th>可抵扣发票</th><th>具体要求</th><th>实施日期</th><th>认证方式</th><th>进项税额计算</th></tr>
<tr><td rowspan="3">公路通行费</td><td rowspan="2">办理了ETC或者用户卡的用户</td><td>通行费电子发票</td><td>左上角标识“通行费”字样，且税率栏次显示适用税率或征收率</td><td>2018年1月1日起</td><td>勾选确认</td><td>票面税额</td></tr>
<tr><td>通行费发票</td><td>不含财政票据</td><td>高速公路通行费：2018年1月1日至6月30日；<br>一级、二级公路通行费：2018年1月1日至12月31日</td><td>计算抵扣</td><td rowspan="2">高速公路通行费可抵扣进项税额=高速公路通行费发票上注明的金额÷（1+3%）×3%<br>一级、二级公路通行费可抵扣进项税额=一级、二级公路通行费发票上注明的金额÷（1+5%）×5%</td></tr>
<tr><td>现金用户</td><td>通行费发票</td><td>不含财政票据</td><td>高速公路通行费：2018年1月1日至6月30日；<br>一级、二级公路通行费：2018年1月1日至12月31日</td><td>计算抵扣</td></tr>
<tr><td colspan="2">桥、闸通行费</td><td>通行费发票</td><td>不含财政票据</td><td>2016年5月1日起</td><td>计算抵扣</td><td>桥、闸通行费可抵扣进项税额=桥、闸通行费发票上注明的金额÷（1+5%）×5%</td></tr>
</table>

## 问题5–5

**行程单、动车票等能抵扣进项税额吗？如何填写增值税纳税申报表？**

**解析：**举例说明如下：

［**例**］某企业为增值税一般纳税人，2019年4月购进按规定允许抵扣的国内旅客运输服务。取得1份增值税专用发票，金额20 000元，税额1 800元；取得1份增值税

电子普通发票，金额8 000元，税额720元；取得1张注明旅客身份信息的航空运输电子客票行程单，票价2 200元，民航发展基金50元，燃油附加费120元；取得5张注明旅客身份信息的铁路车票，票面金额合计2 180元；取得15张注明旅客身份信息的公路、水路等其他客票，票面金额合计5 150元。

**分析**：申报表填写如下：

根据《财政部 税务总局 海关总署关于深化增值税改革有关政策的公告》（财政部 税务总局 海关总署公告2019年第39号）第六条规定，纳税人购进国内旅客运输服务，其进项税额允许从销项税额中抵扣。

取得增值税专用发票的，可抵扣的进项税额为发票上注明的税额，即1 800元；

取得增值税电子普通发票的，可抵扣进项税额为发票上注明的税额，即720元；

取得注明旅客身份信息的航空运输电子客票行程单的，按照下列公式计算进项税额：

航空旅客运输进项税额=（票价+燃油附加费）÷（1+9%）×9%=（2 200+120）÷（1+9%）×9%=191.56（元）；

需要注意，民航发展基金不作为计算进项税额的基数。

取得注明旅客身份信息的铁路车票的，按照下列公式计算进项税额：

铁路旅客运输进项税额=票面金额÷（1+9%）×9%=2 180÷（1+9%）×9%=180（元）。

取得注明旅客身份信息的公路、水路等其他客票的，按照下列公式计算进项税额：

公路、水路等其他旅客运输进项税额=票面金额÷（1+3%）×3%=5 150÷（1+3%）×3%=150（元）。

（1）《附列资料（二）》第2行“其中：本期认证相符且本期申报抵扣”：

本行“份数”列填1份；

本行“金额”列填20 000元；

本行“税额”列填1 800元；

《附列资料（二）》第8b行“其他”：

本行“份数”列填22份；

本行“金额”列=8 000+（2 200+120）÷（1+9%）+2 180÷（1+9%）+5 150÷

（1+3%）=17 128.44（元）；

本行“税额”列=720+191.56+180+150=1 241.56（元），本行填写企业取得的除增值税专用发票以外的其他扣税凭证允许抵扣的进项税额。

《附列资料（二）》第10行“（四）本期用于抵扣的旅客运输服务扣税凭证”：

本行“份数”列填23份；

本行“金额”列=20 000+17 128.44=37 128.44（元）；

本行“税额”列=1 800+1 241.56=3 041.56（元），本行填写企业本月允许抵扣的所有国内旅客运输服务进项税额。

该企业2019年4月（税款所属期）《附列资料（二）》的填报如表5-2所示。

**表5-2　增值税纳税申报表附列资料（二）**

（本期进项税额明细）

税款所属时间：2019年4月1日至2019年4月30日

纳税人名称：（公章）　　　　金额单位：元至角分

| 一、申报抵扣的进项税额 | | | | |
|---|---|---|---|---|
| 项　目 | 栏次 | 份数 | 金额 | 税额 |
| （一）认证相符的增值税专用发票 | 1=2+3 | 1 | 20 000 | 1 800 |
| 其中：本期认证相符且本期申报抵扣 | 2 | 1 | 20 000 | 1 800 |
| 前期认证相符且本期申报抵扣 | 3 | | | |
| （二）其他扣税凭证 | 4=5+6+7+8a+8b | 22 | 17 128.44 | 1 241.56 |
| 其中：海关进口增值税专用缴款书 | 5 | | | |
| 农产品收购发票或者销售发票 | 6 | | | |
| 代扣代缴税收缴款凭证 | 7 | | —— | |
| 加计扣除农产品进项税额 | 8a | —— | —— | |
| 其他 | 8b | 22 | 17 128.44 | 1 241.56 |
| （三）本期用于购建不动产的扣税凭证 | 9 | | | |
| （四）本期用于抵扣的旅客运输服务扣税凭证 | 10 | 23 | 37 128.44 | 3 041.56 |
| （五）外贸企业进项税额抵扣证明 | 11 | —— | —— | |
| 当期申报抵扣进项税额合计 | 12=1+4+11 | 23 | 37 128.44 | 3 041.56 |
| …… | | | | |

（2）该企业2019年4月（税款所属期）主表的填报如表5-3所示。

## 5-3　增值税纳税申报表

（一般纳税人适用）

根据国家税收法律法规及增值税相关规定制定本表。纳税人不论有无销售额，均应按税务机关核定的纳税期限填写本表，并向当地税务机关申报。

税款所属时间：自2019年4月1日至2019年4月30日　　填表日期：　年　月　日　金额单位：元至角分

| | | | | | | | |
|---|---|---|---|---|---|---|---|
| 纳税人识别号 | | | | 所属行业： | | | |
| 纳税人名称 | （公章） | 法定代表人姓名 | | 注册地址 | | 生产经营地址 | |
| 开户银行及账号 | | 登记注册类型 | | | | 电话号码 | |

| 项　目 | | 栏次 | 一般项目 | | 即征即退项目 | |
|---|---|---|---|---|---|---|
| | | | 本月数 | 本年累计 | 本月数 | 本年累计 |
| 销售额 | （一）按适用税率计税销售额 | 1 | | | | |
| | 其中：应税货物销售额 | 2 | | | | |
| | 应税劳务销售额 | 3 | | | | |
| | 纳税检查调整的销售额 | 4 | | | | |
| | （二）按简易办法计税销售额 | 5 | | | | |
| | 其中：纳税检查调整的销售额 | 6 | | | | |
| | （三）免、抵、退办法出口销售额 | 7 | | | — | — |
| | （四）免税销售额 | 8 | | | — | — |
| | 其中：免税货物销售额 | 9 | | | — | — |
| | 免税劳务销售额 | 10 | | | — | — |
| 税款计算 | 销项税额 | 11 | | | | |
| | 进项税额 | 12 | 3 041.56 | | | |
| | 上期留抵税额 | 13 | | | | — |
| | 进项税额转出 | 14 | | | | |
| | 免、抵、退应退税额 | 15 | | | — | — |
| | 按适用税率计算的纳税检查应补缴税额 | 16 | | | — | — |
| | 应抵扣税额合计 | 17=12+13−14−15+16 | 3 041.56 | — | | — |
| | 实际抵扣税额 | 18（如17<11，则为17，否则为11） | | | | |
| | 应纳税额 | 19=11−18 | | | | |
| | 期末留抵税额 | 20=17−18 | 3 041.56 | | | — |
| | 简易计税办法计算的应纳税额 | 21 | | | | |
| | 按简易计税办法计算的纳税检查应补缴税额 | 22 | | | — | — |
| | 应纳税额减征额 | 23 | | | | |
| | 应纳税额合计 | 24=19+21−23 | | | | |
| | | …… | | | | |

## 问题5–6

**填制和申报准备工作主要包括哪些?**

**解析:** 增值税申报表的填制和申报准备工作主要包括:资料准备、数据整理、文书制作和报送安排等,各个工作环节应关注的事项如下:

(1)资料准备阶段应关注项目交易资料和会计资料的准备。还应关注纳税人预缴税款、销项税额、进项税额、税收优惠、特殊计税等事项,并取得有关材料。

(2)数据整理阶段应关注房地产项目基本情况、计税方法、销售额、销项税额、进项税额、税款缴纳的评价,以及上一税款所属期增值税申报表和期末留抵税额退税申请资料。

(3)文书制作阶段应关注增值税申报表的填报是否按税法规定执行。

(4)报送安排阶段应关注申报程序、申报资料归档和申报方式。

## 问题5–7

**营改增后在增值税方面是否存在税会差异?**

甲房地产开发企业为一般纳税人,其开发的东方明珠项目占地60 000平方米,该地块通过招拍挂取得,土地出让协议金额9 000万元已一次性转账支付给当地国土资源部门并取得合法非税收据,容积率1.3,建筑面积为78 000平方米,总可售面积75 000平方米。依规划分三个子项目(水晶阁、金钻阁、翡翠阁),企业2019年1月已完工第一个项目水晶阁,该项目还有部分存量房在2019年出售,即出售现房。5月份出售水晶阁项目商品房10套1 000平方米,取得首付款300万元,余款银行按揭在6月份到账700万元,并交付房子。第二个项目金钻阁于2018年10月1日动工,2019年8月1日取得预售许可证,当月金钻阁项目预售1 000平方米,取得首付款1 000万元,第三个项目翡翠阁于2019年9月1日立项并开工。

请分析甲房地产开发企业2019年5月至8月税收处理与会计处理的差异。

**解析:** 营改增后应关注账面收入确认金额与增值税申报表中销售额确认的差异。

**1. 计算预缴税款金额与会计预收账款入账金额不一致**

例如，2019年5月份出售已完工水晶阁项目商品房1 000平方米首付款（未交付），会计处理为（单位：万元，下同）：

借：银行存款　　300

　贷：预收账款——水晶阁　　300

税法的预收款包括分期取得的预收款（首付+按揭+尾款）、全款取得的预收款。定金属于预收款，诚意金、认筹金和订金不属于预收款。房地产开发企业收到预收款时，未达到纳税义务发生时间，只开具不征税的普通发票（零税率），应按照销售额的3%预缴增值税，填报《增值税纳税申报表附列资料（四）》（税额抵减情况表）。根据《营业税改征增值税试点实施办法》（财税〔2016〕36号文件附件1）第四十五条规定，只有建筑企业和提供租赁服务，纳税义务发生时间为收到预收款的当天，收到预收款的当天不是房地产企业销售不动产的纳税义务发生时间，而此前《中华人民共和国营业税暂行条例实施细则》规定，销售不动产收到预收款的纳税义务发生时间为收到预收款的当天。可见销售不动产的增值税纳税义务发生时间与营业税纳税义务发生时间相比，政策发生了重大变化。

《房地产开发企业销售自行开发的房地产项目增值税征收管理暂行办法》（国家税务总局公告2016年第18号发布）第十条规定，一般纳税人采取预收款方式销售自行开发的房地产项目，应在收到预收款时按照3%的预征率预缴增值税。

第十一条规定，应预缴税款按照以下公式计算：

应预缴税款=预收款 ÷（1+适用税率或征收率）× 3%

会计处理为：

借：银行存款　　300

　贷：预收账款——水晶阁　　300（会计入账含税）

下月15日内按照3%的预征率向主管税务机关预缴税款：300 ÷（1+9%）=275.23（万元）（不含税）；275.23 × 3%=8.26（万元）。会计处理为：

借：应交税费——预交增值税　　　　　　　　　　　　8.26

　　贷：银行存款　　　　　　　　　　　　　　　　　　8.26

填报《增值税纳税申报表附列资料（四）》（税额抵减情况表）和《增值税纳税申报表（一般纳税人适用）》。

等到交房确认收入时再还原。由于出售的是现房，按揭款到位后要开票并及时办理过户手续。

5月份的预收款价税分离：300 ÷ 1.09=275.23（万元）；

税款：275.23 × 9%=24.77（万元）。

会计处理为：

借：预收账款——水晶阁　　　　　　　　　　　　24.77

　　贷：应交税费——应交增值税（销项税额）　　　　　24.77

**2. 税法确认的销售额小于会计确认**

一般纳税人计税销售额允许扣除土地价款，为此需要做纳税调整。

《房地产开发企业销售自行开发的房地产项目增值税征收管理暂行办法》第十四条规定，一般纳税人销售自行开发的房地产项目适用一般计税方法计税的，应按照《营业税改征增值税试点实施办法》第四十五条规定的纳税义务发生时间，以当期销售额和11%（现为9%）的适用税率计算当期应纳税额，抵减已预缴税款后，向主管税务机关申报纳税。未抵减完的预缴税款可以结转下期继续抵减。

第四条规定，房地产开发企业中的一般纳税人（以下简称一般纳税人）销售自行开发的房地产项目，适用一般计税方法计税，按照取得的全部价款和价外费用，扣除当期销售房地产项目对应的土地价款后的余额计算销售额。销售额的计算公式如下：

$$销售额=（全部价款和价外费用-当期允许扣除的土地价款）\div（1+9\%）$$

第五条规定，当期允许扣除的土地价款按照以下公式计算：

$$\text{当期允许扣除的土地价款}=\left(\text{当期销售房地产项目建筑面积}\div\text{房地产项目可供销售建筑面积}\right)\times\text{支付的土地价款}$$

当期销售房地产项目建筑面积，是指当期进行纳税申报的增值税销售额对应的建筑面积。房地产项目可供销售建筑面积，是指房地产项目可以出售的总建筑面积，不包括销售房地产项目时未单独作价结算的配套公共设施的建筑面积。

支付的土地价款，是指向政府、土地管理部门或受政府委托收取土地价款的单位直接支付的土地价款。

第六条规定，在计算销售额时从全部价款和价外费用中扣除土地价款，应当取得省级以上（含省级）财政部门监（印）制的财政票据。

在本案例中，已预售1 000平方米的：

销售额 =（1 000−9 000 × 1 000 ÷ 75 000）÷（1+9%）=（1 000−120）÷（1+9%）=807.34（万元）；

应交增值税 =807.34 × 9%− 认证后可以抵扣的进项税额 − 已按3% 预交的8.26万元 =72.66− 认证后可以抵扣的进项税额 −8.26万元 =A 万元。

根据上述暂行办法计算的销项税额与会计核算的销项税额是不一致的，会计核算的销项税额会大于暂行办法计算的销项税额，该差额得再按《增值税会计处理规定》（财会〔2016〕22号文件印发）中试点纳税人差额征税的会计处理，依该房地产企业在2019年4月30日后未出售的存量房的可售面积计算可抵扣土地价款的“营改增抵减的销项税额”。

营改增抵减的销项税额 =（9 000 × 1 000 ÷ 75 000）÷（1+9%）× 9%=9.91（万元）。会计处理为：

借：应交税费——应交增值税——销项税额抵减　　9.91

　贷：开发产品成本　　9.91

**3.服务业纳税人（如物业公司）加计抵减业务也存在税会差异**

财政部 税务总局 海关总署公告2019年第39号（以下简称39号公告）第七条规定：自2019年4月1日至2021年12月31日，允许生产、生活性服务业纳税人按照当期可抵扣进项税额加计10%，抵减应纳税额（以下称加计抵减政策）。具体如下：

“（一）本公告所称生产、生活性服务业纳税人，是指提供邮政服务、电信服务、现代服务、生活服务（以下称四项服务）取得的销售额占全部销售额的比重超过50%的纳税人。四项服务的具体范围按照《销售服务、无形资产、不动产注释》（财税〔2016〕36号印发）执行。”

“（三）纳税人应按照现行规定计算一般计税方法下的应纳税额（以下称抵减前的应纳税额）后，区分以下情形加计抵减：

1.抵减前的应纳税额等于零的，当期可抵减加计抵减额全部结转下期抵减；

2.抵减前的应纳税额大于零，且大于当期可抵减加计抵减额的，当期可抵减加计抵减额全额从抵减前的应纳税额中抵减；

3.抵减前的应纳税额大于零，且小于或等于当期可抵减加计抵减额的，以当期可抵减加计抵减额抵减应纳税额至零。未抵减完的当期可抵减加计抵减额，结转下期继续抵减。”

问题分析1：如何计提10%的比例？

当期可抵减加计抵减额=上期末加计抵减额余额+当期计提加计抵减额-当期调减加计抵减额。

示例1：Y物业公司2019年4月的进项税额为10万元，无进项税额转出，也无其他不得抵扣的进项税额。

当期计提加计抵减额=10万元×10%=1万元；

当期可抵减加计抵减额=0+1万元-0=1万元。

问题分析2：如何进行抵减计算？

纳税人应按照现行规定计算一般计税方法下的应纳税额（以下称抵减前的应纳税额）后，区分以下3种情形加计抵减：

（1）抵减前的应纳税额等于零的，当期可抵减加计抵减额全部结转下期抵减；

示例2：如Y物业公司2019年4月当期销项税额为8万元，进项税额为10万元，应纳税额为0，上述示例1中的加计抵减额1万元，当期不得抵减，结转下期。

（2）抵减前的应纳税额大于零，且大于当期可抵减加计抵减额的，当期可抵减加计抵减额全额从抵减前的应纳税额中抵减；

示例3：如Y物业公司2019年4月当期销项税额为12万元，进项税额为10万元，应纳税额为2，上述示例1中的加计抵减额1万元，当期可全额抵减，当期应纳税额1万元=销项税额12万元－进项税额10万元－加计抵减额1万元。

（3）抵减前的应纳税额大于零，且小于或等于当期可抵减加计抵减额的，以当期可抵减加计抵减额抵减应纳税额至零。未抵减完的当期可抵减加计抵减额，结转下期继续抵减。

示例4：如Y物业公司2019年4月当期销项税额为10.5万元，进项税额为10万元，应纳税额为0.5万元，上述示例1中的加计抵减额1万元，当期可抵减0.5万元，余下0.5万元结转下期继续抵减。当期应纳税额=销项税额10.5万元－进项税额10万元－加计抵减额0.5万元=0万元。

39号公告规定，不得抵减的情形包括有：按照现行规定不得从销项税额中抵扣的进项税额，不得计提加计抵减额；已计提加计抵减额的进项税额，按规定做进项税额转出的，应在进项税额转出当期，相应调减加计抵减额；纳税人出口货物劳务、发生跨境应税行为不适用加计抵减政策，其对应的进项税额不得计提加计抵减额；纳税人兼营出口货物劳务、发生跨境应税行为且无法划分不得计提加计抵减额的进项税额，按照以下公式计算：

$$\text{不得计提加计抵减额的进项税额}=\text{当期无法划分的全部进项税额}\times\text{当期出口货物劳务和发生跨境应税行为的销售额}\div\text{当期全部销售额}$$

《财政部 税务总局关于明确生活性服务业增值税加计抵减政策的公告》（财政部 税务总局公告2019年第87号，以下简称87号公告）规定，2019年10月1日至2021年12月31日，允许生活性服务业纳税人按照当期可抵扣进项税额加计15%，抵减应纳税额（以下称加计抵减15%政策）。

结合39号公告和87号公告规定，我们可以得出如下结论：2019年10月1日至2021年12月31日期间，邮政服务、电信服务、现代服务业纳税人按照当期可抵扣进项税额加计10%抵减应纳税额，生活服务业纳税人按照当期可抵扣进项税额加计15%。

87号公告明确：

（1）2019年9月30日前设立的纳税人，自2018年10月至2019年9月期间的销售额（经营期不满12个月的，按照实际经营期的销售额）符合上述规定条件的，自2019年10月1日起适用加计抵减15%政策。

（2）2019年10月1日后设立的纳税人，自设立之日起3个月的销售额符合上述规定条件的，自登记为一般纳税人之日起适用加计抵减15%政策。

（3）纳税人确定适用加计抵减15%政策后，当年内不再调整，以后年度是否适用，根据上年度销售额计算确定。

生活性服务业纳税人应按照当期可抵扣进项税额的15%计提当期加计抵减额。按照现行规定不得从销项税额中抵扣的进项税额，不得计提加计抵减额；已按照15%计提加计抵减额的进项税额，按规定做进项税额转出的，应在进项税额转出当期，相应调减加计抵减额。计算公式如下：

当期计提加计抵减额＝当期可抵扣进项税额 ×15%

当期可抵减加计抵减额＝上期末加计抵减额余额＋当期计提加计抵减额－当期调减加计抵减额

［例］某生活服务业一般纳税人，适用15%加计抵减政策。2019年10月，销项税额为150万元，可抵扣进项税额100万元，进项税额转出10万元，上期结转的加计抵减额余额5万元。无其他涉税事项。该纳税人当期应如何计算缴纳增值税？

**分析：**

当期计提加计抵减额＝当期可抵扣进项税额 ×15%=100×15%=15（万元）；

当期调减加计抵减额=10×15%=1.5（万元）；

当期可抵减加计抵减额＝上期末加计抵减额余额＋当期计提加计抵减额－当期调减加计抵减额=5+15−1.5=18.5（万元）；

抵减前的应纳税额=150−100−10=40（万元）；

抵减后的应纳税额=40−18.5=22.5（万元）。

在会计处理上，纳税人应单独核算加计抵减额的计提、抵减、调减、结余等变动情况。根据《企业会计准则第16号——政府补助》和《企业会计准则第14号——收入》，此次政策规定的抵减应纳税额属于与企业经营相关，但不属于企业与客户之间交易对价的补价，故不能作为企业收入进行核算，应当适用政府补助准则予以规范。

假设某符合条件的现代服务业企业当期进项税额100万元，可以计提加计抵减额10万元。这10万元可以抵减销项税额，但是要与进项税额分开核算，建议新设会计科目“应交税费——增值税加计抵减”。那么，这10万元贷方如何处理？建议做政府补助，记入“其他收益”科目。

对于不动产经营租赁销售额的确认原则、方法，需要关注会计处理与增值税在收入确认上的差异。具体程序如下：

（1）确认存在税会差异的事项，整理相关差异数据；

（2）确认会计核算资料的差异数据、计量差异数据，依据税收规定分析、评价、确认税收金额；

（3）确认存在税会差异的事项应填制的工作底稿，整理有关工作底稿的相关资料。

## 问题5-8

**一份交给税务局的免税情况说明该怎么写?**

**解析：**首先要介绍本企业所属行业、主营业务以及具体业务，再根据所属行业的税收优惠政策（标明）以及该项主营业务或产品的税收优惠政策（标明）进行陈述，具体可根据不同的项目提出申请。我们来看某房地产企业关联企业苗木园林公司经营花草树木请求减免税的申请：

**××××请求减免增值税与所得税的申请**

国家税务总局××税务局：

您好！

本公司成立于××年，（经营情况介绍）根据《中华人民共和国增值税暂行条例》第十五条规定，农业生产者销售的自产农产品属于免征增值税范围，本公司从事的种植在《农业产品征税范围注释》中属于注释所列的农业产品。根据《中华人民共和国企业所得税法实施条例》第八十六条规定："企业所得税法第二十七条第（一）项规定的企业从事农、林、牧、渔业项目的所得，可以免征、减征企业所得税。"

今特向贵局请求给予减免本公司××年度的增值税与所得税的照顾。特此请示，望批准为感。

××××公司

××年××月××日

以上内容仅供参考。

## 问题5-9

**增值税的计税方法有哪几种？**

**解析：**增值税的计税方法，包括一般计税方法和简易计税方法。

一般纳税人应纳税额的计算公式为：应纳税额=当期销项税额－当期进项税额，销项税额=销售额 × 适用税率。

小规模纳税人应纳税额的计算公式为：应纳税额=销售额 × 征收率。含税销售额的换算公式为：不含税销售额=含税销售额 ÷（1+征收率）。

当期销项税额小于当期进项税额不足抵扣时，其不足部分可以结转下期继续抵扣。

举例说明如下：

［**例1**］2019年5月份某房地产开发企业一般纳税人发生如下业务：

（1）销售自行开发的房地产项目，选择一般计税方法，开具增值税专用发票取得收入111万元，当期允许扣除的土地价款为22.2万元；以预收款方式取得二期项目房屋预售款33.3万元；

（2）销售2016年4月30日前自行开发的房地产项目，选择按简易计税方法，开具增值税普通发票取得收入52.50万元；

（3）向个人出租2016年4月30日前自建的房地产收取租金12.6万元；

（4）购买混凝土价值20万元（不含税），取得的增值税专用发票上的进项税金为0.6万元，全部用于简易计税方法的房地产老项目；

（5）支付建筑商的建筑费用，价税合计88.8万元（其中66.6万元用于一般计税方法，22.2万元用于简易计税方法），取得的专用发票上的进项税金为7.33万元；

（6）取得建筑材料价税合计11.7万元，取得的专用发票上的进项税金为1.346万元，当月已全部领用，且无法准确划分用于一般计税方法与简易计税方法。当期的房地产总项目规模为196.8万元；

（7）购买防伪税控设备支付490元，支付一年的设备维护费330元，均取得专用发票。

**分析：**

1.政策难点提示。

（1）房地产开发企业中的一般纳税人（以下简称一般纳税人）销售自行开发的房地产项目，适用一般计税方法计税，按照取得的全部价款和价外费用，扣除当期销售房地产项目对应的土地价款后的余额计算销售额。销售额的计算公式如下：销售额=（全部价款和价外费用－当期允许扣除的土地价款）÷（1+9%）。但采取简易计税方法的房地产老项目不得扣除土地价款。

（2）一般纳税人以预收款方式销售自行开发的不动产，采取简易计税方法的房地产老项目，按5%的征收率进行申报纳税。

（3）房地产企业出租2016年4月30日前取得的不动产，按5%的征收率计算应纳税额。

（4）一般纳税人销售自行开发的房地产项目，兼有一般计税方法计税、简易计税方法计税、免征增值税的房地产项目而无法划分不得抵扣的进项税额的，应以《建筑工程施工许可证》注明的“建设规模”为依据进行划分。

不得抵扣的进项税额=当期无法划分的全部进项税额×（简易计税、免税房地产项目建设规模÷房地产项目总建设规模）。

（5）一般纳税人销售自行开发的房地产项目，采取一般计税方法或简易计税方法时，收取的预售款已预缴的税款，在该项目纳税义务时间发生时才进行扣减。

2.计算分析。

（1）销项税额：（1 110 000−222 000）/（1+9%）×9%+525 000/（1+5%）×5%+126 000/（1+5%）×5%=104 321.1（元）。

采取一般计税方法的房地产项目扣除土地价款后计算销项税额；采取简易计税方法的房地产老项目按5%的征收率申报纳税。

（2）进项税额：666 000/（1+9%）×9%+13 460−13 460×（52.5/196.8）=64 860.3（元）。

能明确划分用于简易计税方法的进项税额不得抵扣；无法划分不得抵扣的进项税额的，应以《建筑工程施工许可证》注明的“建设规模”为依据进行划分。

（3）应纳税额：104 321.1−64 860.3−（490+330）=38 640.8（元）。

支付的税控设备及技术维护费可全额扣减当期应纳税额。

3.申报表填写步骤。

本案例涉及的申报表有：增值税纳税申报表《附列资料（一）》《附列资料（二）》《附列资料（三）》《附列资料（四）》，增值税减免税申报明细表，增值税纳税申报表（主表）。

第一步，填写《附列资料（一）》（本期销售情况明细）：

第4行：第1列：1 018 348.62；第2列：91 651.38；第9列：1 018 348.62；第10列：91 651.38；第11列：1 110 000，第12列：222 000，第13列：888 000，第14列：73 321.10。

第9b行：第3列：620 000；第4列：31 000；第9列：620 000；第10列：31 000；第11列：651 000，第12列：0，第13列：651 000，第14列：31 000。

第二步，填写《附列资料（二）》（本期进项税额明细）：

第1行：金额：1 118 218.72，税额：92 781.28；

第2行：金额：1 118 218.72，税额：92 781.28；

第12行：金额：1 118 218.72，税额：92 781.28；

第13行：税额：27 920.98；

第17行：税额：27 920.98。

第三步，填写《附列资料（三）》（服务、不动产和无形资产扣除项目明细）：

第2行：第1列：1 110 000；第2列：0；第3列：222 000；第4列：222 000；第5列：222 000；第6列：0。

第四步，填写《附列资料（四）》（税额抵减情况表）：

第1行：第1列：0；第2列：820；第3列：820；第4列：820；第5列：0。

第4行：第1列：0；第2列：9 165.14；第3列：0；第4列：0；第5列：9 165.14。

第五步，填写《增值税预缴税款表》：

第2行：第1列：333 000；第2列：0；第3列：3%；第4列：9 165.14。

第六步，填写《增值税纳税申报表（一般纳税人适用）》：

第1行：814 678.90；第5行：620 000；第11行：73 321.10；第12行：92 781.28；第14行：27 920.98；第17，18行：64 860.3；第19行：8 460.8；第21行：31 000；第23行：820；第24行：38 640.8；第34行：38 640.8。

［**例2**］某房地产企业，增值税一般纳税人，2019年5月发生下列业务：

（1）销售自行开发的适用一般计税方法的房产，取得收入4 440万元（含税），开具增值税专用发票，对应土地价款1 500万元；

（2）销售自行开发的适用简易计税方法的房产，取得收入1 050万元（含税），开具增值税普通发票；

（3）当期收取预收款111万元，适用于一般计税项目，向购房方开具增值税普通发票。

（4）购买电梯一部，用于建设中的房地产项目，取得增值税专用发票，票面金额100万元，税额13万元。

（5）向地产项目建设方支付建筑款1 030万元，该项目采用简易计税方法，取得增值税专用发票，票面金额1 000万元，税额30万元。

（6）支付各类配套工程费用2 220万元（含税），增值税专用发票上注明税额

183.3万元。

（7）购进钢筋水泥117万元（含税），取得增值税专用发票上注明税额13.5万元；支付法律咨询费21.2万元（含税），取得增值税专用发票上注明税额1.2万元；业务用车开展经营过程中取得高速公路通行费电子发票51.5万元。

（8）购进白酒一箱用于宴请，取得增值税专用发票，票面金额0.1万元，税额0.013万元。

（9）购买税控盘，支付820元。

上述业务取得的增值税专用发票均已认证相符。

**分析：**综合上述业务，该企业2019年6月增值税申报表填写情况如下：

1.填写《增值税纳税申报表附列资料（一）》（本期销售情况明细）。

业务1中，一般计税方法销售房产，取得含税销售收入4 440万元，则不含税收入为40 733 944.95元，销项税额3 666 055.05元。其对应的土地价款可以从销售收入中扣除。业务1中其允许扣除的土地价款为1 500万元，则扣除后含税销售收入为2 940万元，对应销项税额2 427 522.94元。上述数字分别填写在《附列资料（一）》第4行第1、2和9~14列次。

业务2中，销售自行开发的适用简易计税方法的房产，取得收入1 050万元，开具增值税普通发票，换算成不含税销售额为1 000万元，税款50万元，简易计税方法无差额扣除项目。将上述金额填写在《附列资料（一）》第9b行对应列次。

业务3中，收取适用于一般计税项目的预收款111万元，开具增值税普通发票，不含税金额1 018 348.62元，税额91 651.38元。

根据国家税务总局公告2016年第18号的规定，房地产开发企业收到预收款时并未发生纳税义务，应按照3%预征率预缴增值税。该企业需预缴税款：1 110 000÷（1+9%）×3%=30 550.46（元）。

该笔预缴税款需在申报前填写《增值税预缴申报表》，向税务机关办理预缴申报。

正式纳税申报时，如纳税人预收款开具的为收据，则不需在《附列资料（一）》中反映；如开具发票，为保证票表比对的一致性，使纳税人能够顺利申报，需填写

《附列资料(一)》,具体如下:

将预收款的开票数据金额1 018 348.62元、税额91 651.38元,填入《附列资料(一)》第4行第3、4列。同时在《附列资料(一)》第4行第5、6列分别填写-1 018 348.62元、-91 651.38元,用相应负数进行冲减,相当于该笔预收款仅预缴税款,未在当期申报纳税。以后月份纳税人收到全部价款后,在纳税义务发生的当月,应在未开票收入栏次填入相应正数,冲减前期填报的未开票发票栏次负数金额,将前期负数冲减的预收款在纳税义务发生当月全额申报缴纳税款,同时根据最后一次发票开具情况填写对应栏次。具体到本业务,如果该企业7月份收到全部价款1 000万元(不含税),先开具红字发票金额1 018 348.62元,冲减之前开具发票1 018 348.62元(不含税),再开具蓝字发票1 000万元,冲减后该笔销售收入发票金额为8 981 651.38元,同时,在未开具发票栏次填写未开票收入1 018 348.62元(不含税),冲减前期未开具发票-1 018 348.62元,处理后当期申报纳税销售额为全部收入1 000万元。

2.填写《增值税纳税申报表附列资料(三)》(服务、不动产和无形资产扣除项目明细)。

业务1中,该企业适用一般计税方法销售房产,取得全部收入4 440万元,其中允许扣除对应的土地出让金价款1 500万元,在填写完《附列资料(一)》后将扣除情况填写在《附列资料(三)》(服务、不动产和无形资产扣除项目明细)中。

3.填写《增值税纳税申报表附列资料(二)》(本期进项税额明细)。

纳税人取得的专用发票,不论是否允许抵扣,均应先进行认证,再根据不同情形相应填写《附列资料(二)》。

业务4、5、6、7中,取得的专用发票本期认证相符且按规定允许抵扣进项税额,按取得专用发票的份数、金额、税额合计填写《附列资料(二)》第1栏、第2栏。金额合计为:100+1 000+2 036.7+103.5+20=3 260.2(万元),进项税额为:13+30+183.3+13.5+1.2=241(万元)。

业务7中,高速公路通行费电子发票51.5万元,允许抵扣的进项税额为:$51.5/1.03 \times 0.03=1.5$(万元),应填写在第4栏、第8栏“其他”。

业务8中，纳税人交际应酬属于个人消费，其增值税进项税额不得抵扣，由于购进时即确定不能抵扣，因此不应填写《附列资料（二）》“一、申报抵扣的进项税额”相关栏次，而应填写“三、待抵扣进项税额”相关栏次，所以，应将业务8的进项税额填入第26栏、第27栏、第28栏。

业务9中，购进税控设备，可以全额抵减增值税税款，不得作为扣税凭证再抵扣进项税额，不应填写《附列资料（二）》“一、申报抵扣的进项税额”相关栏次，而应填写“三、待抵扣进项税额”相关栏次，因此，将业务9的进项税额填入第26栏、第27栏、第28栏。

本期所有认证相符的专用发票，不论是否申报抵扣进项税额，均应填写第35栏。

4.填写《增值税纳税申报表附列资料（四）》（税额抵减情况表）。

业务9中，购进税控设备全额抵减增值税填写在本表第1栏。

业务3中，纳税人收取预收款已预缴税额30 550.46元，填入本表第4栏。

第1栏“增值税税控系统专用设备费及技术维护费”，还应填写《增值税减免税申报明细表》的第1栏、第2栏，该抵减金额反映在主表第23栏，不在主表第28栏反映。

5.填写《增值税减免税申报明细表》。

业务9中，购进的税控设备，符合增值税减免政策规定，应将对应金额填入《增值税减免税申报明细表》第1栏、第2栏。

该抵减金额应同时填写主表第23栏。

6.填写《增值税纳税申报表（一般纳税人适用）》（主表）。

（1）销售额部分：将业务1中扣除前的不含税销售额26 972 477.06元填在主表第1栏。业务2中，简易计税的销售额1 000万元填入主表第5栏。

（2）税款计算部分：将业务1中对应的销项税额2 427 522.94元［《附列资料（一）》第4行第14列］填入第11栏。将业务2中对应的应纳税额50万元［《附列资料（一）》第14列第9b栏］填入第21栏“简易计税办法计算的应纳税额”。将本期允许抵扣的进项税额，即《附列资料（二）》第12栏税额2 425 000元，填入主表第12栏。将业务8可全额抵减的税控设备金额820元填入第23栏。经过表内逻辑关系计算，当期主表第24栏“应纳税额合计”为501 702.94元。

（3）税款缴纳部分：将业务3预缴30 550.46元税款情况［对应《附列资料（四）》（税额抵减情况表）］填入主表第28行。经过表内逻辑关系计算，当期第34栏“本期应补（退）税额”为471 152.48元。注意：第28栏为当期可实际抵减税额，如果纳税人当期应纳税额较小而预缴税款较大，则应按较小值填写本栏，不足抵减部分通过《附列资料（四）》（税额抵减情况表）的期末余额结转至下期抵减。

## 问题5–10

**综合举例说明房地产企业增值税纳税申报表的填写。**

**解析：**增值税纳税申报相关文件包括：

（1）根据《国家税务总局关于全面推开营业税改征增值税试点后增值税纳税申报有关事项的公告》（国家税务总局公告2016年第13号），增值税一般纳税人（以下简称一般纳税人）纳税申报表及其附列资料包括：

①《增值税纳税申报表（一般纳税人适用）》；

②《增值税纳税申报表附列资料（一）》（本期销售情况明细）；

③《增值税纳税申报表附列资料（二）》（本期进项税额明细）；

④《增值税纳税申报表附列资料（三）》（服务、不动产和无形资产扣除项目明细）；一般纳税人销售服务、不动产和无形资产，在确定服务、不动产和无形资产销售额时，按照有关规定可以从取得的全部价款和价外费用中扣除价款的，需填报《增值税纳税申报表附列资料（三）》。其他情况不填写该附列资料；

④《增值税纳税申报表附列资料（四）》（税额抵减情况表）；

⑤《增值税纳税申报表附列资料（五）》（不动产分期抵扣计算表）；

⑥《固定资产（不含不动产）进项税额抵扣情况表》；

⑦《本期抵扣进项税额结构明细表》；

⑨《增值税减免税申报明细表》。

（2）根据《国家税务总局关于调整增值税纳税申报有关事项的公告》（国家税务总

局公告2017年第53号），废止国家税务总局公告2016年第13号附件1《固定资产（不含不动产）进项税额抵扣情况表》，废止《国家税务总局关于调整增值税纳税申报有关事项的公告》（国家税务总局公告2016年第27号）附件1《本期抵扣进项税额结构明细表》。

（3）《国家税务总局关于调整增值税纳税申报有关事项的公告》（国家税务总局公告2019年第15号）规定：

“一、根据国务院关于深化增值税改革的决定，修订并重新发布《增值税纳税申报表（一般纳税人适用）》《增值税纳税申报表附列资料（一）》《增值税纳税申报表附列资料（二）》《增值税纳税申报表附列资料（三）》《增值税纳税申报表附列资料（四）》。

二、截至2019年3月税款所属期，《国家税务总局关于全面推开营业税改征增值税试点后增值税纳税申报有关事项的公告》（国家税务总局公告2016年第13号）附件1中《增值税纳税申报表附列资料（五）》第6栏‘期末待抵扣不动产进项税额’的期末余额，可以自本公告施行后结转填入《增值税纳税申报表附列资料（二）》第8b栏‘其他’。

三、本公告施行后，纳税人申报适用16%、10%等原增值税税率应税项目时，按照申报表调整前后的对应关系，分别填写相关栏次。

四、修订后的《增值税纳税申报表（一般纳税人适用）》及其附列资料见附件1，相关填写说明见附件2。

五、本公告自2019年5月1日起施行，国家税务总局公告2016年第13号附件1中《增值税纳税申报表附列资料（五）》《国家税务总局关于营业税改征增值税部分试点纳税人增值税纳税申报有关事项调整的公告》（国家税务总局公告2016年第30号）、《国家税务总局关于调整增值税纳税申报有关事项的公告》（国家税务总局公告2017年第19号）、《国家税务总局关于调整增值税纳税申报有关事项的公告》（国家税务总局公告2018年第17号）同时废止。”

（4）关于对国家税务总局公告2019年第15号的解读：废止部分申报表附列资料：一是废止原《增值税纳税申报表附列资料（五）》；二是废止原《营改增税负分析测算明细表》。纳税人自2019年5月1日起无须填报上述两张附表。

（5）《财政部 国家税务总局关于租入固定资产进项税额抵扣等增值税政策的通

知》（财税〔2017〕90号）规定，“自2018年1月1日起，纳税人支付的道路、桥、闸通行费，按照以下规定抵扣进项税额：

（一）纳税人支付的道路通行费，按照收费公路通行费增值税电子普通发票上注明的增值税额抵扣进项税额。2018年1月1日至6月30日，纳税人支付的高速公路通行费，如暂未能取得收费公路通行费增值税电子普通发票，可凭取得的通行费发票（不含财政票据，下同）上注明的收费金额按照下列公式计算可抵扣的进项税额：高速公路通行费可抵扣进项税额=高速公路通行费发票上注明的金额 ÷（1+3%）×3%。2018年1月1日至12月31日，纳税人支付的一级、二级公路通行费，如暂未能取得收费公路通行费增值税电子普通发票，可凭取得的通行费发票上注明的收费金额按照下列公式计算可抵扣进项税额：一级、二级公路通行费可抵扣进项税额=一级、二级公路通行费发票上注明的金额 ÷（1+5%）×5%。

（二）纳税人支付的桥、闸通行费，暂凭取得的通行费发票上注明的收费金额按照下列公式计算可抵扣的进项税额：桥、闸通行费可抵扣进项税额=桥、闸通行费发票上注明的金额 ÷（1+5%）×5%。

（三）本通知所称通行费，是指有关单位依法或者依规设立并收取的过路、过桥和过闸费用。填入《增值税纳税申报表附列资料（二）》（本期进项税额明细）第8栏‘其他’。”

**案例分享**

### 房地产企业增值税纳税申报

B公司是一家主营房地产开发经营的企业（一般纳税人），机构所在地甲区，开发的A房地产项目在乙区。选择一般计税方法计税。已知，B公司为开发该项目，取得土地200 000平方米，土地出让金财政收据金额40 000万元；A项目总可售面积400 000平方米。2019年5月份，A项目尚未完工，取得预售收入20 000万元，对应的建筑面积20 000平方米。2019年6月份，就5月份预售的20 000万元房款确认收入，给业主开具了增值税专用发票；购进用于A项目的建材钢筋100万元，进项税额13万元。该月期初没有进项税额留抵。（说明：一般纳税人一般计税方法纳税申报，税率9%。）

一、5月份的财税处理

收到预售房款时，开具零税率增值税普通发票。会计处理为：

借：银行存款　　200 000 000

　贷：预收账款——未开票未计税房款　　200 000 000

注意：根据《营业税改征增值税试点实施办法》第四十五条规定，纳税义务发生时间，先开具发票的，为开具发票的当天。对于房地产企业预收款，现在很多地方政策规定不一，有的要求开具零税率发票，如山东省税务机关，简便易行。《山东省国税局全面推开营改增试点政策指引（六）》明确：营改增后，为保证不影响购房者正常业务办理，允许房地产开发企业在收到预收款时，向购房者开具增值税普通发票，在开具增值税普通发票时暂选择“零税率”开票，在发票备注栏单独备注“预收款”。开票金额为实际收到的预收款全款，待下个月申报期内通过《增值税预缴税款表》进行申报并按照规定预缴增值税。在申报当期增值税时，不再将已经预缴税款的预收款通过申报表进行体现，将来正式确认收入开具不动产销售发票时也不再进行红字冲回。

二、6月份的财税处理

营改增后，销售不动产的纳税义务较营业税纳税义务发生时间后移，收到预收款的当天不再是销售不动产的纳税义务发生时间。直到开票或产权发生转移或合同约定的交房日期，才确认纳税义务发生。但为了保证财政收入的均衡入库，《房地产开发企业销售自行开发的房地产项目增值税征收管理暂行办法》第十条、第十一条明确：一般纳税人采取预收款方式销售自行开发的房地产项目，应在收到预收款时按照3%的预征率预缴增值税。应预缴税款=预收款÷（1+适用税率或征收率）×3%。

B公司在次月（6月份）申报期之内，应按照3%的预征率，填报所属期为

5月份的《增值税预缴税款表》，在该表第2行的第1列填写200 000 000元，第2列填写0，第3列填写3%，第4列填写5 504 587.16元［200 000 000÷（1+9%）×3%］，向项目所在地乙区税务局预缴税款。因为没有开具发票，既无收入也无进项抵扣，所属期为5月份的《增值税纳税申报表（一般纳税人适用）》（略）为零申报，无须在第1行"按适用税率计税销售额"栏中填报预收的款项。

相关会计处理如下：

借：应交税费——应交增值税（已交税费）　　5 504 587.16

　贷：银行存款　　5 504 587.16

收到建材发票并验收入库时：

借：原材料　　1 000 000

　　应交税费——应交增值税（进项税额）　　130 000

　贷：银行存款　　1 130 000

将5月份预售的20 000万元房款确认收入并开具了增值税专用发票，金额183 486 238.53元，税额16 513 761.47元。200 000 000÷（1+9%）×9%=16 513 761.47（元）。

借：预收账款——未开票未计税房款　　200 000 000

　贷：主营业务收入　　183 486 238.53

　　　应交税费——应交增值税（销项税额）　　16 513 761.47

《房地产开发企业销售自行开发的房地产项目增值税征收管理暂行办法》第四条规定：房地产开发企业中的一般纳税人销售自行开发的房地产项目，适用一般计税方法计税，按照取得的全部价款和价外费用，扣除当期销售房地产项目对应的土地价款后的余额计算销售额。

销售额=（全部价款和价外费用－当期允许扣除的土地价款）÷（1+9%）。

允许扣除的土地价款：20 000÷200 000×400 000 000=40 000 000（元）；

土地价款所对应的税额：40 000 000÷（1+9%）×9%=3 302 752.29（元）。

会计处理如下：

借：应交税费——应交增值税（营改增抵减的销项税额）

3 302 752.29

贷：主营业务成本　　3 302 752.29

应交增值税=16 513 761.47–3 302 752.29–130 000–5 504 587.16=7 576 422.02（元）。

**注意：**①营改增政策明确的余额计税办法是“扣额法”，而增值税会计核算上使用的是“扣税法”。因为B公司向业主开票时，已经按发票上的销售额和税额在账目中记载，如果不做该笔分录，直接按应税收入抵扣土地价款后的余额计税，将导致账、表应缴税款数据有差异，即实际按报表正确交税后账面仍然有未交税款余额。

②将允许扣除的土地价款对应的税额冲减“主营业务成本”科目。

月末做如下会证分录：

借：应交税费——应交增值税（转出未交增值税）7 576 422.02

贷：应交税费——未交增值税　　7 576 422.02

相关报表的填报见表5-4、表5-5、表5-6和表5-7。

表5-4　增值税纳税申报表附列资料（四）

（税额抵减情况表）

税款所属时间：2019年9月1日至2019年6月30日

纳税人名称：（公章）B公司　　金额单位：元至角分

| 一、税额抵减情况 | | | | | | |
|---|---|---|---|---|---|---|
| 序号 | 抵减项目 | 期初余额 | 本期发生额 | 本期应抵减税额 | 本期实际抵减税额 | 期末余额 |
| | | 1 | 2 | 3=1+2 | 4≤3 | 5=3–4 |
| 1 | 增值税税控系统专用设备费及技术维护费 | | | | | |
| 2 | 分支机构预征缴纳税款 | | | | | |
| 3 | 建筑服务预征缴纳税款 | 5 405 405.41 | 0 | 5 405 405.41 | 5 405 405.41 | 0 |
| 4 | 销售不动产预征缴纳税款 | | | | | |
| 5 | 出租不动产预征缴纳税款 | | | | | |
| …… | | | | | | |

### 表5-5　增值税纳税申报表附列资料（二）

（本期进项税额明细）

税款所属时间：2019年6月1日至2019年6月30日

纳税人名称：（公章）　　　　　　　　　　　　　　　　　　　　　　　金额单位：元至角分

| 一、申报抵扣的进项税额 | | | | |
|---|---|---|---|---|
| 项　目 | 栏次 | 份数 | 金额 | 税额 |
| （一）认证相符的增值税专用发票 | 1=2+3 | 1 | 1 000 000 | 130 000 |
| 其中：本期认证相符且本期申报抵扣 | 2 | 1 | 1 000 000 | 130 000 |
| 前期认证相符且本期申报抵扣 | 3 | 0 | 0 | 0 |
| （二）其他扣税凭证 | 4=5+6+7+8a+8b | 0 | 0 | 0 |
| 其中：海关进口增值税专用缴款书 | 5 | | | |
| 农产品收购发票或者销售发票 | 6 | | | |
| 代扣代缴税收缴款凭证 | 7 | | —— | |
| 加计扣除农产品进项税额 | 8a | —— | —— | |
| 其他 | 8b | | | |
| （三）本期用于购建不动产的扣税凭证 | 9 | | | |
| （四）本期用于抵扣的旅客运输服务扣税凭证 | 10 | | | |
| （五）外贸企业进项税额抵扣证明 | 11 | —— | —— | |
| 当期申报抵扣进项税额合计 | 12=1+4+11 | 1 | 1 000 000 | 130 000 |
| …… | | | | |
| 四、其他 | | | | |
| 项　目 | 栏次 | 份数 | 金额 | 税额 |
| 本期认证相符的增值税专用发票 | 35 | | 1 000 000 | 130 000 |
| 代扣代缴税额 | 36 | —— | —— | |

### 表5-6　增值税纳税申报表附列资料（三）

（服务、不动产和无形资产扣除项目明细）

税款所属时间：2019年6月1日至2019年6月30日

纳税人名称：（公章）　　　　　　　　　　　　　　　　　　　　　　　金额单位：元至角分

| 项目及栏次 | | 本期服务、不动产和无形资产价税合计额（免税销售额） | 服务、不动产和无形资产扣除项目 | | | | |
|---|---|---|---|---|---|---|---|
| | | | 期初余额 | 本期发生额 | 本期应扣除金额 | 本期实际扣除金额 | 期末余额 |
| | | 1 | 2 | 3 | 4=2+3 | 5（5≤1且5≤4） | 6=4-5 |
| 13%税率的项目 | 1 | | | | | | |
| 9%税率的项目 | 2 | 200 000 000 | | 40 000 000 | 40 000 000 | 40 000 000 | 0 |
| …… | | | | | | | |

## 表5-7　增值税纳税申报表附列资料（一）

（本期销售情况明细）

税款所属时间：2019年6月1日至2019年6月30日

纳税人名称：（公章）　　　　金额单位：元至角分

| 项目及栏次 | | | | 开具增值税专用发票 | | 开具其他发票 | | 未开具发票 | | 纳税检查调整 | | 合计 | | | 服务、不动产和无形资产扣除项目本期实际扣除金额 | 扣除后 | |
|---|---|---|---|---|---|---|---|---|---|---|---|---|---|---|---|---|---|
| | | | | 销售额 | 销项（应纳）税额 | 销售额 | 销项（应纳）税额 | 销售额 | 销项（应纳）税额 | 销售额 | 销项（应纳）税额 | 销售额 | 销项（应纳）税额 | 价税合计 | | 含税（免税）销售额 | 销项（应纳）税额 |
| | | | | 1 | 2 | 3 | 4 | 5 | 6 | 7 | 8 | 9=1+3+5+7 | 10=2+4+6+8 | 11=9+10 | 12 | 13=11−12 | 14=13÷（100%+税率或征收率）×税率或征收率 |
| 一、一般计税方法计税 | 全部征税项目 | 13%税率的货物及加工修理修配劳务 | 1 | | | | | | | | | | | —— | —— | —— | —— |
| | | 13%税率的服务、不动产和无形资产 | 2 | | | | | | | | | | | | | | |
| | | 9%税率的货物及加工修理修配劳务 | 3 | | | | | | | | | | | —— | —— | —— | —— |
| | | 9%税率的服务、不动产和无形资产 | 4 | 183 486 238.53 | 16 513 761.47 | | | | | | | 183 486 238.53 | 16 513 761.47 | 200 000 000 | 40 000 000 | 160 000 000 | 13 211 009.17 |
| | | 6%税率 | 5 | | | | | | | | | | | | | | |
| | 其中：即征即退项目 | 即征即退货物及加工修理修配劳务 | 6 | —— | —— | —— | —— | —— | —— | —— | —— | | | —— | —— | | —— |
| | | 即征即退服务、不动产和无形资产 | 7 | —— | —— | —— | —— | —— | —— | —— | —— | | | | | | |

| | | | | | | | | | | | | | | | | | |
|---|---|---|---|---|---|---|---|---|---|---|---|---|---|---|---|---|---|
| 二、简易计税方法计税 | 全部征税项目 | 6%征收率 | 8 | | | | | | | — | — | | | — | — | — | — |
| | | 5%征收率的货物及加工修理修配劳务 | 9a | | | | | | | — | — | | | — | — | — | — |
| | | 5%征收率的服务、不动产和无形资产 | 9b | | | | | | | — | — | | | | | | |
| | | 4%征收率 | 10 | | | | | | | — | — | | | — | — | — | — |
| | | 3%征收率的货物及加工修理修配劳务 | 11 | | | | | | | — | — | | | — | — | — | — |
| | | 3%征收率的服务、不动产和无形资产 | 12 | | | | | | | — | — | | | | | | |
| | | 预征率　% | 13a | | | | | | | — | — | | | | | | |
| | | 预征率　% | 13b | | | | | | | — | — | | | | | | |
| | | 预征率　% | 13c | | | | | | | — | — | | | | | | |
| | 其中：即征即退项目 | 即征即退货物及加工修理修配劳务 | 14 | — | — | — | — | — | — | — | — | | | — | — | — | — |
| | | 即征即退服务、不动产和无形资产 | 15 | — | — | — | — | — | — | — | — | | | | | | |
| 三、免抵退税 | 货物及加工修理修配劳务 | | 16 | — | — | | — | | — | — | — | | — | — | — | — | — |
| | 服务、不动产和无形资产 | | 17 | — | — | | — | | — | — | — | | — | | | | — |
| 四、免税 | 货物及加工修理修配劳务 | | 18 | | | | — | | — | — | — | | — | — | — | — | — |
| | 服务、不动产和无形资产 | | 19 | — | — | | — | | — | — | — | | — | | | | — |

三、7月份的财税处理

《房地产开发企业销售自行开发的房地产项目增值税征收管理暂行办法》第十四条明确，一般纳税人销售自行开发的房地产项目适用一般计税方法计税的，以当期销售额和适用税率计算当期应纳税额，抵减已预缴税款后，向主管税务机关申报纳税。未抵减完的预缴税款可以结转下期继续抵减。

7月申报期应申报缴纳的税款为7 576 422.02元，按照《营业税改征增值税试点有关事项的规定》（财税〔2016〕36号文件附件2）第一条第（十）项的规定，向公司机构所在地甲区税务局纳税申报。7月份缴税做如下账务处理：

借：应交税费——未交增值税　　　　7 576 422.02

　贷：银行存款　　　　7 576 422.02

【知识链接】

## 纳税申报有期限，你按时申报了吗？

纳税申报期限是根据各个税种的特点确定的，各个税种的纳税期限因其征收对象、计税环节的不同而不尽相同，同一税种的申报期限也可能因为纳税人的经营情况不同、财务会计核算不同、应纳税额大小不等而不一样，可以分为按期申报纳税和按次申报纳税。按期纳税申报，是以纳税人发生纳税义务的一定期间为纳税申报期限，不能按期纳税申报的，实行按次申报纳税。纳税人、扣缴义务人如遇国家法定的公休假日，可以顺延申报。

纳税申报期限的最后一天是法定休假日的，以休假日的次日为期限的最后一天。

**一、增值税、消费税的申报期限**

增值税、消费税的纳税期限分别为1日、3日、5日、10日、15日或者1个月。纳税人的具体纳税期限，由主管税务机关根据纳税人应纳税额的大小分别核定；不能按照固定期限纳税的，可以按次纳税。

纳税人和扣缴义务人以1个月为一期纳税的，自期满之日起15日内申报纳税；以

5日、10日或者15日为一期纳税的，自期满之日起5日内预缴税款，于次月1日起15日内申报纳税；以1个季度为一期纳税的，自期满之日起15日内申报纳税。

新办企业第一次纳税申报的所属期为税务登记办理完毕的次月。

## 二、企业所得税及外商投资企业和外国企业所得税的申报期限

（1）企业所得税按年计算，分月或分季预缴。月份或季度终了后10日内申报并预缴税款，年度终了后45日内申报，4个月内汇算清缴。

（2）外商投资企业和外国企业所得税按年计算，分季预缴。季度终了后10日内申报并预缴税款，年度终了后4个月内申报，5个月内汇算清缴。

## 三、个人所得税的申报期限

个税申报期限根据申报方式按月、按季度、或者按年的不同期限也就有所不同，如果逾期未申报，需要补缴申报并交纳滞纳金。

1. 自行申报纳税的申报期限。

（1）年所得12万元以上的纳税人，在纳税年度终了后3个月内向主管税务机关办理纳税申报。

（2）个体工商户和个人独资、合伙企业投资者取得的生产、经营所得应纳的税款，分月预缴的，纳税人在每月终了后7日内办理纳税申报；分季预缴的，纳税人在每个季度终了后7日内办理纳税申报；纳税年度终了后，纳税人在3个月内进行汇算清缴。

（3）纳税人年终一次性取得对企事业单位的承包经营、承租经营所得的，自取得所得之日起30日内办理纳税申报：在1个纳税年度内分次取得承包经营、承租经营所得的，在每次取得所得后的次月7日内申报预缴，纳税年度终了后3个月内汇算清缴。

（4）从中国境外取得所得的纳税人，在纳税年度终了后30日内向中国境内主管税务机关办理纳税申报。

（5）除以上规定的情形外，纳税人取得其他各项所得须申报纳税的在取得所得的次月7日内向主管税务机关办理纳税申报。

（6）纳税人不能按照规定的期限办理纳税申报，需要延期的，按照《税收征收管

理法》第二十七条和《税收征收管理法实施细则》第三十七条的规定办理。

2.代扣代缴申报期限。

（1）扣缴义务人每月所扣的税款，应当在次月7日内缴入国库，并向主管税务机关报送《扣缴个人所得税报告表》、代扣代收税款凭证和包括每一纳税人姓名、单位、职务、收入、税款等内容的支付个人收入明细表以及税务机关要求报送的其他有关资料。

（2）扣缴义务人违反上述规定不报送或者报送虚假纳税资料的，一经查实，其未在支付个人收入明细表中反映的向个人支付的款项，在计算扣缴义务人应纳税所得额时不得作为成本费用扣除。

（3）扣缴义务人因有特殊困难不能按期报送《扣缴个人所得税报告表》及其他有关资料的，经县级税各机关批准，可以延期申报。

其他各税，分别按法定期限申报纳税。

## 房地产企业拿地、开发、预售、结转等环节如何进行增值税会计处理?

1.拿地。

以出让方式获取土地使用权为例，在《增值税会计处理规定》（财会〔2016〕22号文件印发）出台之前，对于取得土地使用权，是在计入成本时即进行价税分离，还是在销售房产时再从土地价款中剥离税费存在一定争议，但从权责发生制的角度考虑，应在取得土地使用权时即划分进项税额。《增值税会计处理规定》中对于这个问题做了进一步明确，提出了差额征税的账务处理方法，在此种方式下获得土地使用权时不涉及增值税专用发票的取得，故进项税额无法在此时核算，所以增值税税制下的会计核算和营业税税制下保持一致。账务处理如下：

借：开发成本——土地成本

贷：银行存款等

在一般计税方法下，以出让方式获取土地使用权支付的土地价款，在计算销售额时按规定的方式从全部价款和价外费用中扣除，账务处理在计算销项税额时进行。

2. 开发。

房地产企业开发项目所发生的成本支出基本都在“开发成本”下进行归集。根据《房地产开发企业会计制度》的规定，房地产开发企业的成本项目有六个，分别是土地征用及拆迁补偿费、前期工程费、基础设施费、建筑安装工程费、公共配套设施费、开发间接费用。在一般计税方法下，对于取得的增值税专用发票，进行认证后作为进项税额单独核算留抵。账务处理如下：

借：开发成本

　　应交税费——应交增值税（进项税额）

　贷：银行存款等

3. 预售。

《房地产开发企业销售自行开发的房地产项目增值税征收管理暂行办法》明确，采取预收款方式销售自行开发的房地产项目，应在收到预收款时按照3%的预征率预缴增值税，并在取得预收款的次月纳税申报期内向主管税务机关预缴税款。《增值税会计处理规定》明确，预缴增值税的科目有两个，分别是“应交税费——预交增值税”科目和“应交税费——简易计税”科目。前者核算一般纳税人转让不动产、提供不动产经营租赁服务、提供建筑服务、采用预收款方式销售自行开发的房地产项目等，以及其他按现行增值税制度规定应预缴的增值税额，后者核算一般纳税人采用简易计税方法发生的增值税计提、扣减、预缴、缴纳等业务。

4. 结转。

根据《房地产开发企业销售自行开发的房地产项目增值税征收管理暂行办法》第十四条、第十五条，一般纳税人销售自行开发的房地产项目适用一般计税方法计税的，应按照《营业税改征增值税试点实施办法》第四十五条规定的纳税义务发生时间，以当期销售额和适用税率计算当期应纳税额，抵减已预缴税款后，向主管税务机关申报纳税。未抵减完的预缴税款可以结转下期继续抵减。一般纳税人销售自行开发的房地产项目适用简易计税方法计税的，应按照《营业税改征增值税试点实施办法》规定的纳税义务发生时间，以当期销售额和适用征收率计算当期应纳税额，抵减已预缴税款后，向主管税务机关申报纳税。未抵减完的预缴税款可以结转下期继续抵减。从目前税收政策及增值税申报表填报规律来看，对房地产开发企业预缴税款的抵减是允许不同项目混合抵减的，也支持简易计税项目和一般计税项目混合抵减。

根据《增值税会计处理规定》，月度终了，企业应当将当月应交未交或多交的增值税自“应交增值税”明细科目转入“未交增值税”明细科目。房地产开发企业等在预缴增值税后，应直至纳税义务发生时方可从“应交税费——预交增值税”科目结转至“应交税费——未交增值税”科目。

在实际工作中，会存在新项目预售预缴增值税，老项目结转申报增值税，用新项目的预缴税款抵了老项目的实际申报税额，或相反的情况，必然会产生税会差异，因此，对于简易计税项目，无论是预缴还是申报，均在“应交税费——简易计税”科目中进行核算，对于一般计税项目，则将预缴税费记入“应交税费——预交增值税”科目，将结转的税费记入“应交税费——应交增值税（销项税额）”科目，同时，根据每期发生的税会差异实时进行账务调整，保持税会的一致性。

资料来源：夏祺.房地产企业增值税会计处理浅析［J］.居舍，2018（12）.

## 国家税务总局关于支持个体工商户复工复业等税收征收管理事项的公告

（国家税务总局公告2020年第5号）

为统筹推进新冠肺炎疫情防控和经济社会发展工作，支持个体工商户复工复业，贯彻落实相关税收政策，现就有关税收征收管理事项公告如下：

“一、增值税小规模纳税人取得应税销售收入，纳税义务发生时间在2020年2月底以前，适用3%征收率征收增值税的，按照3%征收率开具增值税发票；纳税义务发生时间在2020年3月1日至5月31日，适用减按1%征收率征收增值税的，按照1%征收率开具增值税发票。

二、增值税小规模纳税人按照《财政部 税务总局关于支持个体工商户复工复业增值税政策的公告》（2020年第13号，以下简称‘13号公告’）有关规定，减按1%征收率征收增值税的，按下列公式计算销售额：

销售额=含税销售额/（1+1%）

三、增值税小规模纳税人在办理增值税纳税申报时，按照13号公告有关规定，免征增值税的销售额等项目应当填写在《增值税纳税申报表（小规模纳税人适用）》及《增值税减免税申报明细表》免税项目相应栏次；减按1%征收率征收增值税的销售额应当填写在《增值税纳税申报表（小规模纳税人适用）》'应征增值税不含税销售额（3%征收率）'相应栏次，对应减征的增值税应纳税额按销售额的2%计算填写在《增值税纳税申报表（小规模纳税人适用）》'本期应纳税额减征额'及《增值税减免税申报明细表》减税项目相应栏次。

《增值税纳税申报表（小规模纳税人适用）附列资料》第8栏'不含税销售额'计算公式调整为：第8栏=第7栏÷（1+征收率）。

四、增值税小规模纳税人取得应税销售收入，纳税义务发生时间在2020年2月底以前，已按3%征收率开具增值税发票，发生销售折让、中止或者退回等情形需要开具红字发票的，按照3%征收率开具红字发票；开票有误需要重新开具的，应按照3%征收率开具红字发票，再重新开具正确的蓝字发票。

五、自2020年3月1日至5月31日，对湖北省境内的个体工商户、个人独资企业和合伙企业，代开货物运输服务增值税发票时，暂不预征个人所得税；对其他地区的上述纳税人统一按代开发票金额的0.5%预征个人所得税。

六、已放弃适用出口退（免）税政策未满36个月的纳税人，在出口货物劳务的增值税税率或出口退税率发生变化后，可以向主管税务机关声明，对其自发生变化之日起的全部出口货物劳务，恢复适用出口退（免）税政策。

出口货物劳务的增值税税率或出口退税率在本公告施行之日前发生变化的，已放弃适用出口退（免）税政策的纳税人，无论是否已恢复退（免）税，均可以向主管税务机关声明，对其自2019年4月1日起的全部出口货物劳务，恢复适用出口退（免）税政策。

符合上述规定的纳税人，可在增值税税率或出口退税率发生变化之日起［自2019年4月1日起恢复适用出口退（免）税政策的，自本公告施行之日起］的任意增值税纳税申报期内，按照现行规定申报出口退（免）税，同时一并提交《恢复适用出口退（免）税政策声明》（详见附件）。

七、本公告自2020年3月1日起施行。

特此公告。”

附件：恢复适用出口退（免）税政策声明（略）

国家税务总局

2020年2月29日

资料来源：http://www.chinatax.gov.cn/chinatax/n810341/n810755/c5145335/content.html，2020-03-06.

# 第 6 章 房地产增值税清算

Answers and Explanations to Common Questions on VAT for Real Estate Companies Practice, Accounting and Case Studies

【本章导读】

房地产行业因为新老项目交替、一般纳税人和小规模纳税人并存、税率变化等原因，一直是财税领域最为关注的行业之一。房地产开发企业采取预收款方式销售自行开发的房地产项目，由此产生了增值税的清算问题，本章将对这个问题进行深入的分析。

问题6-1

**房地产企业清算时点如何确认和界定？**

**解析：**房地产企业在开发产品过程中，呈现出独立项目、独立核算的特征。目前，对于房地产企业增值税清算问题，尚没有非常明确的规定。但出于企业项目结算的需要、税务机关清缴税款的责任，目前的普遍做法是参考土地增值税和企业所得税的清算规定，在满足一定条件的情况下，企业应自行开展项目的增值税清算，也可以由税务机关要求企业进行清算。

土地增值税方面，《土地增值税清算管理规程》（国税发〔2009〕91号文件印发）第九条规定，纳税人符合下列条件之一的，应进行土地增值税的清算：

“（一）房地产开发项目全部竣工、完成销售的；

（二）整体转让未竣工决算房地产开发项目的；

（三）直接转让土地使用权的。”

第十条规定，对符合以下条件之一的，主管税务机关可要求纳税人进行土地增值税清算：

“（一）已竣工验收的房地产开发项目，已转让的房地产建筑面积占整个项目可售建筑面积的比例在85%以上，或该比例虽未超过85%，但剩余的可售建筑面积已经出租或自用的；

（二）取得销售（预售）许可证满三年仍未销售完毕的；

（三）纳税人申请注销税务登记但未办理土地增值税清算手续的；

（四）省（自治区、直辖市、计划单列市）税务机关规定的其他情况。对前款所列第（三）项情形，应在办理注销登记前进行土地增值税清算。”

企业所得税方面，按《房地产开发经营业务企业所得税处理办法》（国税发〔2009〕31号文件印发）第六条、第七条的规定确认收入；习惯做法是以交房的时间确认收入，并以交房确认收入年度作为企业所得税的清算年度。

综合参考以上规定，笔者认为，在房地产开发项目全部竣工、完成销售或者整体转让未竣工决算房地产开发项目的情况下，是需要进行增值税清算的，这是企业项目独立核算的需要，更是税务机关对于房地产行业税收征收管理的重要一环。

## 问题6-2

**清算环节如何计算应交增值税?**

**解析：**根据《房地产开发企业销售自行开发的房地产项目增值税征收管理暂行办法》（国家税务总局公告2016年第18号发布）第四条规定，增值税计算公式如下：

$$\text{增值税计税销售额}=\frac{\text{全部价款和价外费用}-\text{当期允许扣除的土地价款}}{1+\text{适用税率}}$$

$$\begin{aligned}\text{应纳增值税}&=\text{销项税额}-\text{进项税额}-\text{已预缴税款}\\&=\text{当期销售额}\times\text{适用税率}-\text{进项税额}-\text{已预缴税款}\\&=\left(\text{全部价款和价外费用}-\text{当期允许扣除的土地价款}\right)\div\left(1+\text{适用税率}\right)\times\text{适用税率}-\text{进项税额}-\text{已预缴税款}\end{aligned}$$

## 问题6–3

**支付的土地价款如何确定？包括哪些内容？**

**解析：**

**1.“向政府部门支付的土地价款”的内容**

房地产开发企业中的一般纳税人销售其开发的房地产项目（选择简易计税方法的房地产老项目除外），以取得的全部价款和价外费用，扣除受让土地时向政府部门支付的土地价款后的余额为销售额。“向政府部门支付的土地价款”，包括土地受让人向政府部门支付的征地和拆迁补偿费用、土地前期开发费用和土地出让收益等。房地产开发企业中的一般纳税人销售其开发的房地产项目（选择简易计税方法的房地产老项目除外），在取得土地时向其他单位或个人支付的拆迁补偿费用也允许在计算销售额时扣除。纳税人按上述规定扣除拆迁补偿费用时，应提供拆迁协议、拆迁双方支付和取得拆迁补偿费用凭证等能够证明拆迁补偿费用真实性的材料。

**2. 扣除土地价款的条件**

房地产开发企业（包括多个房地产开发企业组成的联合体）受让土地向政府部门支付土地价款后，设立项目公司对该受让土地进行开发，同时符合下列条件的，可由项目公司按规定扣除房地产开发企业向政府部门支付的土地价款：（1）房地产开发企业、项目公司、政府部门三方签订变更协议或补充合同，将土地受让人变更为项目公司；（2）政府部门出让土地的用途、规划等条件不变的情况下，签署变更协议或补充合同时，土地价款总额不变；（3）项目公司的全部股权由受让土地的房地产开发企业持有。

## 问题6–4

**清算环节如何汇总前期已预缴税款？**

**解析：**房地产开发企业采取预收款方式销售所开发的房地产项目，在收到预收款时按照3%的预征率预缴增值税，待纳税义务发生时，再计算应纳税款，并可扣除已预缴的增值税税款。

企业可以通过两种方式汇总已预缴增值税金额：一是通过“应交税费——预交增值税”科目记载金额摘录，或者建立预缴税款台账对预缴税款进行管理。二是通过税务局获取相关数据，如在电子税务局查看增值税申报表，在部分省份的电子税务局还可以查到相关完税凭证。

预缴税款台账可以按模板（见表6-1）建立。

表6-1　预缴税款台账模板

| 序号 | 预缴日期 | 地区 | 购房人名称 | 项目名称 | 含税收入（元） | 预缴征收率 | 发票号码 | 开票日期 | 预缴的税种 | 已预交税款 | 预缴税款的完税凭证号码 | 备注 |
|---|---|---|---|---|---|---|---|---|---|---|---|---|
| 1 | | | | | | | | | | | | |
| 2 | | | | | | | | | | | | |
| 3 | | | | | | | | | | | | |
| 4 | | | | | | | | | | | | |
| 5 | | | | | | | | | | | | |

## 问题6-5

**测绘面积与合同面积的补差如何处理?**

**解析：**测绘面积与合同面积之间的差异，是设计与施工过程差异造成的，属于房地产行业较为常见的问题。2016年5月1日房地产行业营改增以来，对于测绘面积与合同面积差异的处理问题，各地税务机关都做出过解读，总结而言，就是要在发票和税款方面做出适当的处理。

《财政部 国家税务总局关于全面推开营业税改征增值税试点的通知》（财税〔2016〕36号）规定，试点纳税人发生应税行为，在纳入营改增试点之日前已缴纳营业税，营改增试点后因发生退款减除营业额的，应当向原主管地税机关申请退还已缴纳的营业税。试点纳税人纳入营改增试点之日前发生的应税行为，因税收检查等原因需要补缴税款的，应按照营业税政策规定补缴营业税。

最终测绘面积大于原销售面积的，按最终测绘面积计算的房款收入开具蓝字增值税普通发票，再按原发票收入开具红字增值税普通发票；最终测绘面积小于原销售面积的，按最终测绘面积计算的房款收入开具蓝字增值税普通发票，再按原发票收入开具红字增值税普通发票。

综上，房地产开发企业在交房时对面积差需要补开发票或开红字发票冲减的，如果营改增之前开具了营业税发票，营改增后可以开具增值税普通发票进行补缴或冲减。

## 问题6-6

**增值税清算与土地增值税清算的区别是什么?**

**解析：**增值税与土地增值税清算方面的区别主要在于两个方面：一是清算时间节点；二是清算计算方法。

在时间节点上，土地增值税有明确的时间节点规定，前文已介绍，根据国家税务总局印发的《土地增值税清算管理规程》第九条、第十条规定，税务机关和纳税人可以按文件执行。而增值税尚未有文件明确规定清算时间节点，约定俗成的做法是在房地产开发项目全部竣工、完成销售或者整体转让未竣工决算房地产开发项目的情况下，进行增值税清算。

在计算方式上，增值税计算应补缴税款的公式如下：

$$\text{应纳增值税}=\text{销项税额}-\text{进项税额}-\text{已预缴税款}$$

$$=\text{当期销售额}\times\text{适用税率}-\text{进项税额}-\text{已预缴税款}$$

$$=\left(\begin{matrix}\text{全部价款}\\\text{和价外费用}\end{matrix}-\begin{matrix}\text{当期允许扣除的}\\\text{土地价款}\end{matrix}\right)\div\left(1+\begin{matrix}\text{适用}\\\text{税率}\end{matrix}\right)\times\begin{matrix}\text{适用}\\\text{税率}\end{matrix}-\begin{matrix}\text{进项}\\\text{税额}\end{matrix}-\begin{matrix}\text{已预缴}\\\text{税款}\end{matrix}$$

土地增值税计算应交税款的公式如下：

$$\text{计税收入}=\text{全部价款和价外费用}/(1+9\%)$$

如果房地产企业通过出让方式取得土地使用权，土地增值税计税收入计算公式为：

$$计税收入=全部价款和价外费用-增值税销项税额$$

$$=\frac{全部价款}{和价外费用}-\left(\frac{全部价款}{和价外费用}-\frac{当期允许扣除的}{土地价款}\right)\div(1+9\%)\times 9\%$$

$$=\frac{全部价款}{和价外费用}\div(1+9\%)+\frac{当期允许扣除的}{土地价款}\div(1+9\%)\times 9\%$$

“当期允许扣除的土地价款”抵减的销项税额作为土地增值税的计税收入。

## 问题6–7

**清算应补缴增值税应如何执行？未按3%预征率预缴是否应缴纳滞纳金？**

**解析：**《房地产开发企业销售自行开发的房地产项目增值税征收管理暂行办法》第十条规定，一般纳税人采取预收款方式销售自行开发的房地产项目，应在收到预收款时按照3%的预征率预缴增值税；第二十八条规定，房地产开发企业销售自行开发的房地产项目，未按该办法规定预缴或缴纳税款的，由主管税务机关按照《税收征收管理法》及相关规定进行处理。

《税收征收管理法》第三十二条规定：“纳税人未按照规定期限缴纳税款的，扣缴义务人未按照规定期限解缴税款的，税务机关除责令限期缴纳外，从滞纳税款之日起，按日加收滞纳税款万分之五的滞纳金。”

第六十二条规定：“纳税人未按照规定的期限办理纳税申报和报送纳税资料的，或者扣缴义务人未按照规定的期限向税务机关报送代扣代缴、代收代缴税款报告表和有关资料的，由税务机关责令限期改正，可以处二千元以下的罚款；情节严重的，可以处二千元以上一万元以下的罚款。”

第六十三条规定：“纳税人伪造、变造、隐匿、擅自销毁账簿、记账凭证，或者在账簿上多列支出或者不列、少列收入，或者经税务机关通知申报而拒不申报或者进行虚假的纳税申报，不缴或者少缴应纳税款的，是偷税。对纳税人偷税的，由税务机关追缴其不缴或者少缴的税款、滞纳金，并处不缴或者少缴的税款百分之五十以上五倍以下的罚款；构成犯罪的，依法追究刑事责任。”

预缴和缴纳是同一意义吗？目前尚存在争议，但《房地产开发企业销售自行开发的房地产项目增值税征收管理暂行办法》已明文规定，房地产开发企业销售自行开发的房地产项目，未按该办法规定预缴或缴纳税款的，由主管税务机关按照《税收征收管理法》及相关规定进行处理。房地产企业如果未按期限预缴或缴纳税款，应该加收滞纳金。

因为补缴税款属于应加收滞纳金的情形，所以房地产开发企业需补缴税款应采取填入当期增值税纳税申报表的方式，在补缴税款的同时需要加收滞纳金。

**案例分享**

**福龙房地产开发公司东湖壹号项目的增值税清算**

某市区的福龙房地产开发公司（以下简称福龙公司）为增值税一般纳税人，销售自行开发的房地产项目东湖壹号，该项目《建筑工程施工许可证》注明开工日期是2017年1月1日，期间发生如下经营业务：

（1）2018年5月，采取预收款方式销售房屋，收到预收账款3 300万元，并已按规定预缴税款。

（2）2018年11月，东湖壹号全部房屋交付购买方使用，共收到销售房款39 000万元，已开具增值税发票，销售建筑面积为49 000平方米；东湖系列项目可供销售建筑面积为70 000平方米，该系列项目取得土地使用权支付土地出让金40 000万元，已取得土地出让金符合规定的有效凭证。

（3）共取得可抵扣的进项税额750万元，并已抵扣。

请对福龙公司东湖壹号项目增值税进行清算。

**分析：**

（1）《房地产开发企业销售自行开发的房地产项目增值税征收管理暂行办法》

第十条规定，一般纳税人采取预收款方式销售自行开发的房地产项目，应在收到预收款时按照3%的预征率预缴增值税；第十一条规定，应预缴税款按照以下公式计算：应预缴税款=预收款÷（1+适用税率）×3%，适用一般计税方法计税的，按照10%的适用税率计算。东湖壹号预收账款3 330万元应预缴增值税=3 300÷（1+10%）×3%=90（万元）。

（2）《营业税改征增值税试点实施办法》（财税〔2016〕36号文件附件1）第四十五条规定，“增值税纳税义务、扣缴义务发生时间为：（一）纳税人发生应税行为并收讫销售款项或者取得索取销售款项凭据的当天；先开具发票的，为开具发票的当天。取得索取销售款项凭据的当天，是指书面合同确定的付款日期；未签订书面合同或者书面合同未确定付款日期的，为服务、无形资产转让完成的当天或者不动产权属变更的当天”，又根据《房地产开发企业销售自行开发的房地产项目增值税征收管理暂行办法》的有关规定，由于福龙公司东湖壹号项目已交付使用，所有权已经发生转移，且已开具增值税发票，因此应当进行增值税清算。

（3）《房地产开发企业销售自行开发的房地产项目增值税征收管理暂行办法》第四条规定，房地产开发企业中的一般纳税人销售自行开发的房地产项目，适用一般计税方法计税，按照取得的全部价款和价外费用，扣除当期销售房地产项目对应的土地价款后的余额计算销售额。销售额的计算公式如下：

销售额=（全部价款和价外费用－当期允许扣除的土地价款）÷（1+10%）。

第五条规定，当期允许扣除的土地价款按照以下公式计算：

当期允许扣除的土地价款=（当期销售房地产项目建筑面积÷房地产项目可供销售建筑面积）×支付的土地价款。

所以，东湖壹号应补交增值税=[（全部价款和价外费用－当期允许扣除的土地价款）÷（1+适用税率）×适用税率]－可抵扣进项税额－已预缴税款=（39 000–40 000×49 000÷70 000）÷（1+10%）×10%–750–90=160（万元）。

【知识链接】

## 销售不动产纳税义务发生时间及开票问题

| 税务机关 | 政策口径 |
| --- | --- |
| 河北省税务局 | **关于全面推开营改增有关政策问题的解答（之二）**<br>九、关于房地产开发企业销售自行开发的不动产纳税义务发生时间问题<br>《营业税改征增值税试点实施办法》第四十五条规定，增值税纳税义务发生时间为："纳税人发生应税行为并收讫销售款项或者取得索取销售款项凭据的当天；先开具发票的，为开具发票的当天。"<br>可见，纳税人发生应税行为是纳税义务发生的前提。房地产公司销售不动产，以房地产公司将不动产交付给买受人的当天作为应税行为发生的时间。<br>交付时间，以《商品房买卖合同》上约定的交房时间为准；若实际交房时间早于合同约定时间的，以实际交付时间为准。<br>注意：以合同约定与实际交付孰先原则确定，却没有提实际晚交付的情形，其实这也很难防范征管风险，不利于税款的及时征收。 |
| 海南省税务局 | **建筑业和房地产开发业若干税收政策指引**<br>二、关于房地产开发企业销售自行开发的房地产项目税收征管问题<br>（一）增值税纳税义务发生时间<br>《营业税改征增值税试点实施办法》第四十五条规定，增值税纳税义务发生时间为：纳税人发生应税行为并收讫销售款项或者取得索取销售款项凭据的当天；先开具发票的，为开具发票的当天。收讫销售款项，是指纳税人销售服务、无形资产、不动产过程中或者完成后收到款项。取得索取销售款项凭据的当天，是指书面合同确定的付款日期；未签订书面合同或者书面合同未确定付款日期的，为服务、无形资产转让完成的当天或者不动产权属变更的当天。<br>根据上述规定，纳税人销售自行开发的房地产，收讫销售款项或者签订书面合同约定付款日期或开具发票，**满足此三个条件中任何一个条件即为发生纳税义务，应该按适用税率计算缴纳增值税。除上述情况外，其他时间收到的款项可视为预收款，按3%计算预缴增值税。**<br>省局2016年7月印发的《房地产业营改增税收政策指引》第五、六条相应废止。<br>注意：海南省的这个前后变化，从之前与大家相接近的理解，到现在"独创"新意的理解，源自财税〔2016〕36号文件之下的收款概念。我们知道，销售服务在应用上面的纳税义务发生时间上是没有问题的，也是为大家所接受的。但是销售不动产，我们认为，这是一个交付的实体，并不是一个有延续性的服务，因此出于征管需要，在服务过程中收到款项，约定为纳税义务发生，也是有相应的合理性的。 |

续表

| 税务机关 | 政策口径 |
| --- | --- |
| 海南省税务局 | 但是对于销售不动产，特别是对于房地产企业销售商品房来讲，其本身是交付实物，并不存在持续销售的过程，从预收款的角度，解决的是房地产企业的入库资金问题，所以，从发生应税行为的角度，我们以此作为判断收款即发生纳税义务发生时间，值得探讨。<br>对于预收款项的预缴税款而言，其纳税义务并没有发生，只是预缴的概念，是出于财政收入的考虑。而商品房销售多有贷款付款情形，销售方房子未销售出去，款项已收回了，这些钱用于购买服务或物料，土地价款也要在销售时才能扣除，此时如果判断为纳税义务发生，全额计算增值税销项税额，后续的巨大进项税额如何能够抵扣完呢？这就是技术与操作上的问题了。因此这个意见还是值得我们关注的。 |
| 北京市税务局 | **房地产业营改增税收指引**<br>纳税义务发生时间<br>一、纳税人销售、出租不动产，为发生应税行为并收讫销售款项或者取得索取销售款项凭据的当天；先开具发票的，为开具发票的当天。<br>收讫销售款项，是指纳税人销售、出租不动产过程中或者完成后收到款项。<br>取得索取销售款项凭据的当天，是指书面合同确定的付款日期；未签订书面合同或者书面合同未确定付款日期的，为不动产权属变更的当天。<br>二、纳税人提供租赁服务采取预收款方式的，其纳税义务发生时间为收到预收款的当天。 |
| 四川省税务局 | **解答营改增实务中热点问题**<br>2.房地产公司销售不动产纳税义务发生时间如何确定？<br>答：根据《营业税改征增值税试点实施办法》第四十五条规定：增值税纳税义务、扣缴义务发生时间为：纳税人发生应税行为并收讫销售款项或者取得索取销售款项凭据的当天；先开具发票的，为开具发票的当天。<br>因此，房地产公司销售不动产，以房地产公司将不动产**交付给买受人的当天作为应税行为的发生时间**。<br>注意：强调不动产交付行为完成当天，未强调合同约定之类的前提条件。 |
| 湖北省税务局 | **营改增政策执行口径第一辑**<br>21.关于房地产公司销售不动产纳税义务发生时间的问题<br>《营业税改征增值税试点实施办法》第四十五条规定，增值税纳税义务、扣缴义务发生时间为：纳税人发生应税行为并收讫销售款项或者取得索取销售款项凭据的当天；先开具发票的，为开具发票的当天。<br>纳税人发生应税行为是纳税义务发生的前提。房地产公司销售不动产，以房地产公司将不动产交付给买受人的当天作为应税行为发生的时间。<br>在具体交房时间的辨别上，以《商品房买卖合同》上约定的交房时间为准；若实际交房时间早于合同约定时间的，以实际交付时间为准。 |

续表

| 税务机关 | 政策口径 |
|---|---|
| 湖北省税务局 | 以交房时间作为房地产公司销售不动产纳税义务发生时间，主要是基于以下几点考虑：<br>一是可以解决税款预缴时间与纳税义务发生时间不明确的问题。<br>二是可以解决房地产公司销项税额与进项税额发生时间不一致造成的错配问题（如果按收到房屋价款作为纳税义务发生时间，可能形成前期销项税额大、后期进项税额大、长期留抵甚至到企业注销时进项税额仍然没有抵扣完毕的现象）。<br>三是可以解决从销售额中扣除的土地价款与实现的收入匹配的问题。<br>注意：这个解释比较清晰地给出了相应的意见出发点，易为大家所接受。 |
| 河南省税务局 | **营改增问题快速处理机制专期十三（房地产企业专期）**<br>问题四、房地产开发企业销售房地产项目纳税义务发生时间如何掌握？<br>答复：房地产企业销售房地产项目纳税义务发生时间为交付房地产项目并取得索取销售款项凭据的当天。<br>取得索取销售款项凭据的当天，是指书面合同确定的付款日期；未签订书面合同或者书面合同未确定付款日期的，为房地产项目权属变更的当天。 |
| 安徽省税务局 | **营改增热点难点问题（房地产）**<br>13.房地产公司销售不动产纳税义务发生时间如何确定？<br>答：增值税纳税义务确定的前提是纳税人是否已发生应税行为。对以买卖方式转让的不动产，应对照《商品房买卖合同》上约定的交房时间，房地产开发企业与购买方在合同约定的最迟交房时间之前完成房屋交付手续的，以**实际交付时间**作为纳税义务发生时间。<br>因房地产开发企业原因造成延迟交房的，以实际交房时间作为纳税义务发生时间；<br>因购买方原因未按合同约定完成不动产交付手续的，以合同约定的最迟交房时间作为纳税义务发生时间。<br>对以投资、分配利润、捐赠、抵债等方式转让的不动产，房地产开发企业应以不动产权属变更的当天作为纳税义务发生时间。<br>注意：安徽省税务局的理解更全面一些，而且对于房地产开发企业原因延迟交房的，规定以实际交房时间为纳税义务时间，突破了形式上的“保护税款征收”的优先观念，同时非买卖情形下以不动产权属变更作为纳税义务发生时间，也遵循了以纳税人的实际行为发生为前提的原则。 |
| 浙江省税务局 | 以下内容为非官方渠道取得，使用需谨慎，仅供参考：<br>十八、关于建筑服务和房地产业纳税义务时间问题<br>《营业税改征增值税试点实施办法》第四十五条规定，纳税人提供建筑服务采取预收款方式的，其纳税义务发生时间为收到预收款的当天。因此，我们建议建筑企业的纳税义务发生时间为收到预收款和建筑项目完工决算时间。<br>《营业税改征增值税试点实施办法》第四十五条规定，增值税纳税义务发生时间为：“纳税人发生应税行为并收讫销售款项或者取得索取销售款项凭据的当天；先开具发票的，为开 |

续表

| 税务机关 | 政策口径 |
|---|---|
| 浙江省税务局 | 具发票的当天”。取得索取销售款项凭据的当天，是指书面合同确定的付款日期；未签订书面合同或者书面合同未确定付款日期的，为服务、无形资产转让完成的当天或者不动产权属变更的当天。因此，我们建议房地产业纳税义务发生时间为**交房清算时间**。前期的预收款和全额款都属于预征税款范围。<br>注意：对于建筑项目以完工决算作为纳税义务发生时间，与建筑服务发生并结算款项有着本质的差异，这一观点并没有在财税〔2016〕36号文件中体现出来。房地产业的纳税义务发生时间按交房清算时间确定，这一点也是常规理解。 |
| 内蒙古自治区税务局 | **全面推开营改增政策答案参考二**<br>（九）关于房地产开发企业销售自行开发的不动产纳税义务发生时间问题。<br>《营业税改征增值税试点实施办法》第四十五条规定，增值税纳税义务发生时间为：“纳税人发生应税行为并收讫销售款项或者取得索取销售款项凭据的当天；先开具发票的，为开具发票的当天”。<br>纳税人发生应税行为是纳税义务发生的前提。房地产公司销售不动产，以房地产公司将不动产交付给买受人的当天作为应税行为发生的时间。交付时间，以《商品房买卖合同》上约定的交房时间为准；若实际交房时间早于合同约定时间的，以实际交付时间为准。 |
| 江西省税务局 | **再次解答营改增实务中的37个问题**<br>20.销售房地产项目纳税义务时间如何确认？<br>答：根据《营业税改征增值税试点实施办法》第四十五条规定，纳税人发生应税行为并收讫销售款项或者取得索取销售款项凭据的当天为纳税义务发生时间；先开具发票的，为开具发票的当天。<br>收讫销售款项，是指纳税人销售服务、无形资产、不动产过程中或者完成后收到款项。取得索取销售款项凭据的当天，是指书面合同确定的付款日期；未签订书面合同或者书面合同未确定付款日期的，为服务、无形资产转让完成的当天或者不动产权属变更的当天。<br>根据房地产项目销售特点，以房地产公司将不动产交付给买受人的当天作为应税行为发生的时间。具体交房时间以《商品房买卖合同》上约定的交房时间为准；若实际交房时间早于合同约定时间的，按实际交房时间为准。房地产开发企业销售房地产项目纳税义务发生之前收取的款项应作为预收款，按照规定预缴增值税。 |
| 宁夏回族自治区税务局 | **全面推开营改增政策指引（三）**<br>房地产开发企业销售自行开发的房地产项目纳税义务发生时间如何确定？在预收房款后按3%的预征率缴纳增值税时纳税义务是否发生？<br>答：房地产开发企业销售自行开发的房地产项目纳税义务发生时间为发生应税行为并收讫销售款项或者取得索取销售款项凭据的当天。房地产开发企业预收房款时纳税义务尚未发生，在总局进一步明确前，**暂按《商品房买卖合同》上约定**的交房时间为准；若实际交房时间早于合同约定时间的，以实际交房时间为准。<br>注意：明确“预收房款时纳税义务尚未发生”，这个规定的前提是基于应税行为未发生的考虑，因此也是合理之理解。 |

续表

| 税务机关 | 政策口径 |
| --- | --- |
| 湖南省税务局 | **营业税改征增值税政策指引之四**<br>一、房地产开发企业销售自行开发的房地产项目，其发生应税行为时间应如何确定？<br>根据《营业税改征增值税试点实施办法》规定，房地产开发企业销售自行开发的房地产项目，其发生应税行为的时间为销售合同约定的交房时间。若实际交房时间早于销售合同约定交房时间的，以实际交房时间为准；若实际交房时间晚于销售合同约定交房时间的，以销售合同约定的交房时间为准。 |

资料来源：税屋网，http：//www.shui5.cn/article/e3/110 675.html.

## 房地产开发企业预缴的增值税可以抵减当期应缴增值税吗?

目前存在两种观点：一种观点认为不能抵，一种观点认为可以抵。

### 一、认为不能抵的依据

1.《房地产开发企业销售自行开发的房地产项目增值税征收管理暂行办法》第十四条、第十五条、第二十二条规定，纳税人销售自行开发的房地产项目，无论适用哪种计税方法，均应按照《营业税改征增值税试点实施办法》第四十五条规定的纳税义务发生时间，以对应的方式计算当期应纳税额，抵减已预缴税款后，向主管税务机关申报纳税。未抵减完的预缴税款可以结转下期继续抵减。上述暂行办法明确了房地产项目预缴税款可以参与抵减的时间——项目纳税义务发生之后。在纳税义务发生之前，该项目对应的预缴税款是处于待抵减状态的，只有当项目的纳税义务发生了，项目对应的预缴税款才能够抵减。

2.《全面推开营改增业务操作指引》（国家税务总局全面推开营改增督促落实领导小组办公室编）一书对于“房地产开发企业销售自行开发的房地产项目”的增值税政策的解读指出：“房地产开发企业采取预收款方式销售所开发的房地产项目，在收到预收款时按照3%的预征率预缴增值税，待纳税义务发生时，再计算应纳税款，并可扣除已预缴的增值税税款”（该书第227页）。

3.河南省税务局指出，房地产开发企业收到预收款时应根据《国家税务总局关于发布〈房地产开发企业销售自行开发的房地产项目增值税征收管理暂行办法〉的公告》(国家税务总局公告2016年第18号)规定，按照3%的预征率计算预缴增值税。待纳税义务发生时，应按取得的全部价款和价外费用，依据其适用的计税方法计算申报应纳增值税，已预缴的增值税可以按规定抵减。

4.虽然增值税是以整个纳税人为纳税主体进行税款抵扣并计算应纳税额的，但房地产开发企业的预缴增值税属于未到增值税纳税义务发生时间的预缴税款，其抵减也是有其特殊性的。目前在国家税务总局层面没有明确的说法，但可以在会计处理的规定中找到，《增值税会计处理规定》(财会〔2016〕22号文件印发）中关于预缴增值税的账务处理规定，月末，企业应将“预交增值税”明细科目余额转入“未交增值税”明细科目，借记“应交税费——未交增值税”科目，贷记“应交税费——预交增值税”科目。这是针对一般企业的处理。但对于房地产开发企业在预缴增值税后，应直至纳税义务发生时方可从“应交税费——预交增值税”科目结转至“应交税费——未交增值税”科目。也就是说，《增值税会计处理规定》并不允许房地产开发企业预缴的增值税马上在当月应纳税额中予以抵减，而必须等到纳税义务实际发生才可以抵减预缴增值税。

5.房地产开发企业保留预售时预缴增值税这一特殊政策的意义，是保证房地产开发企业在项目开发期的税款均衡入库，避免时间上的错位。如果预缴增值税可以从房地产企业当期应交增值税中抵减，那么预缴增值税就失去了应有的意义。大家可以想象一下，只有在当期预缴税款大于当期应缴税时，才真实预缴了部分税款，预缴政策才有一点实际作用。如果当期预缴税款小于当期应缴税时，预缴的税款实际上是应缴税款的一部分，预缴政策还有作用吗?

总结而言，未达到纳税义务发生时间的A项目的预缴税款不可以抵减B项目产生的应纳税额，等到A项目达到纳税义务发生时间进行纳税申报时，才可以抵减A项目的预缴税款。当然，这时如果B项目的预缴税款有未抵减完的税款是可以用来抵减A项目的，当然，也可以抵减其他业务产生的应纳税额。也就是说，未达到纳税义务发生时间的预缴税款不能抵减已达到纳税义务的应纳税款，达到纳税义务发生时间后，所有预缴税款都可以相互抵减，没有限制。

**二、认为能抵的依据**

1.增值税是以整个纳税人为纳税主体进行税款抵扣、应纳税额计算的，既然是减除预缴税额就应当允许全部减除，如果按项目减除，那么同一企业的进项税额是不是也应按不同项目抵扣？

2.《房地产开发企业销售自行开发的房地产项目增值税征收管理暂行办法》规定，纳税义务发生后，计算当期应纳税额，抵减已预缴税款后，向主管税务机关申报纳税。并没有强调是抵减该项目的预缴税款，那么抵减全公司的预缴税款也是没问题的。

3.河北省税务局认为，提供建筑服务和房地产开发的预缴税款可以抵减应纳税款。应纳税款包括简易计税方法和一般计税方法形成的应纳税款。

例如，某房地产开发企业有A、B、C三个项目，其中A项目适用简易计税方法，B、C项目适用一般计税方法。2017年7月，三个项目分别收到不含税销售价款1亿元，分别预缴增值税300万元，共预缴增值税900万元。2017年8月，B项目达到了纳税义务发生时间，当月计算出应纳税额为1 000万元，此时抵减全部预缴增值税后，应当补缴增值税100万元。房地产开发企业应当在《增值税纳税申报表》主表第19行“应纳税额”填报1 000万元，第24行“应纳税额合计”填报1 000万元，第28行“分次预缴税额”填报900万元，第34行“本期应补（退）税额”填报100万元。

按照河北省税务局的这个解答，A项目和C项目虽然没有达到纳税义务发生时间，但是其预缴的增值税也可以用于抵减B项目已经达到纳税义务发生时间情况下计算出来的应交增值税款。换句话说，河北省税务局认为，在增值税政策中并不要求A项目和C项目在达到纳税义务发生时间后才可以抵减其预缴的税款。

4.湖北省的规定是可以抵减当期或以后期的应缴增值税。《湖北省营改增问题集》（发布日期：2017-12-29）中“42.房地产开发企业预收款的范围以及对预收款按3%预缴增值税是否能用来抵缴当期增值税应纳税额？”的答复为：

房地产开发企业的预收款，为不动产交付业主之前所收到的款项，但不含签订房地产销售合同之前所收取的诚意金、认筹金和订金等。

房地产开发企业收到的预收款按3%预缴增值税后，如纳税申报的所属期为预收款的当期或者以后期的，其预缴税款可用来抵缴纳税申报应缴纳增值税。

总结而言，抵减预缴税款不受纳税义务发生时间的限制，当期预缴的税款可以抵减当期及以后各期的应纳增值税税款。

当然，站在纳税人的角度，当期预缴的增值税不可以从当期应交增值税中抵减，加重了纳税人的税负，所以基于减负降税的角度，少些限制有利于纳税人减轻负担。

# 第7章 特殊业务处理

Answers and Explanations to Common Questions on VAT for Real Estate Companies Practice, Accounting and Case Studies

【本章导读】

“房子是用来住的、不是用来炒的。”党的十九大报告用这句话再次强调了房子的定位，给很多人留下了深刻印象。党的十九大报告还提出，要加快建立多主体供给、多渠道保障、租购并举的住房制度，让全体人民住有所居。在实践中，“限地价、竞配建”土地拍卖模式因受到市场的青睐而“走红”，成为保障性住房供给新模式。目前，关于竞配建保障房是否视同销售，房地产企业十分关注，税务机关也非常关注。

问题7-1

**什么是“竞配建”？**

**解析：**限地价、竞配建，就是政府先限定地块的合理最高上限地价，开发商报价达到这个价格后，不再接受更高的报价，改为现场投报配建公租房面积，谁投报的面积大，谁就最终以最高限定地价拿到土地使用权。这种新模式完善了商品房住宅用地“招拍挂”出让方式，改变了过去“价高者得”的房地产用地拍卖方式。

2011年，全国首宗“限地价，竞配建（保障房）”地块花落广州，由于当时仅有两家房企参与竞拍，市场一度将其视为“短命”政策。此后，国土资源部下发了《关于做好2012年房地产用地管理和调控重点工作的通知》，要求继续坚持和完善“招拍挂”制度，积极探索“限房价、竞地价”“限房价、限套型、竞地价、竞配建”等有效的公开出让方式。

## 问题7-2

**如何判定"限地价、竞配建"的经济业务实质?**

**解析:**"限地价、竞配建"具有三个特点:一是强制性。配送房由受让人负责出资建设,建成后无偿移交给第三方,这些条款在拍卖出让须知中已经明确。二是不可售。无偿配送的居住用房建筑面积包含在出让合同项下宗地居住总计容建筑面积内,说明配建房部分规划属于不可售面积;三是无偿性。建成后无偿移交给第三方且负责开具发票,因此初始产权是直接办理在第三方的。

根据《营业税改征增值税试点实施办法》(财税〔2016〕36号文件附件1)第十四条的规定,对于政府指定的获得配建房资格的第三方而言,是不是将配建房"用于公益事业或者以社会公众为对象",成为判定是否视同销售不动产征收增值税的关键点。

《中华人民共和国企业所得税法》(以下简称《企业所得税法》)第八条规定,企业实际发生的与取得收入有关的、合理的支出,包括成本、费用、税金、损失和其他支出,准予在计算应纳税所得额时扣除。也就是说,房地产企业开发建设配建房发生的支出,应该可判定为"与取得收入有关"的"计税成本"构成部分,应予以税前扣除。

从经济实质上讲,配建保障房的支出是拿地的先决条件,属于地价的有效构成部分,归属于土地成本,在计算土地增值税时可按照流程计算扣除。

## 问题7-3

**配建房无偿移交是否视同销售征收增值税?**

**解析:**《营业税改征增值税试点实施办法》规定,单位或者个人向其他单位或者个人无偿转让无形资产或者不动产,视同销售无形资产或者不动产,用于公益事业或者以社会公众为对象的除外。因此有人认为,配建房应该还原其土地价款的属性,无偿移送不宜认定为视同销售,否则有失公允。

基于当前"限地价、竞配建"背景,公司出资建设并无偿给政府配送居住用房,某种程度上缓解了保障性商品房建设压力,是用于公益事业或者以社会公众为对象,在整个配建房建设和移交过程中，公司并未获得任何收益，将其归集到视同销售的范畴，不尽合理。但也有专家认为，无偿移交社会保障房是当初拿地时的约定，实质上不能视为“无偿”，应视同销售处理。

### 问题7–4

**如果配建的保障房视同销售，应以什么价格计征增值税？**

**解析：**伴随着是否视同销售的讨论，还有一个问题被广泛提及：如果配建的保障房视同销售，应以什么价格计征增值税？

《营业税改征增值税试点实施办法》规定，纳税人发生视同销售行为而无销售额的，主管税务机关有权按照下列顺序确定销售额：（1）按照纳税人最近时期销售同类服务、无形资产或者不动产的平均价格确定。（2）按照其他纳税人最近时期销售同类服务、无形资产或者不动产的平均价格确定。（3）按照组成计税价格确定。组成计税价格＝成本×（1+成本利润率），成本利润率由国家税务总局确定。

配建房涉及公共利益和政府合法权益，这种情况类似于政府安居房项目建设。安居房价格远低于同类非安居房价格，但按照相关规定不会被认定为价格不公允、不具有合理商业目的。因此，企业建议税务机关参考安居房这类特定的销售对象，即使要将配建房归集到视同销售的范畴，也应以配建房的建安成本确定销售额。

不少人赞同上述观点。认为移交行为不是转让行为，不能因为按建安成本开票，就判定其属于价格明显偏低且不具有合理商业目的。房地产开发商与政府不构成关联关系，按照合理的建安成本价格移交配建房，具有正当理由。

对此，房地产税收专业人士认为：考虑到竞得人配建的保障房须无偿移交给当地政府，在整个过程中竞得人并未获取利益，按商品房价格核定社会保障房销售额不尽合理，建议能够以配建保障房的工程成本加利润的方式予以核定。假设成本利润率为10%，组成计税价格为：成本×（1+10%）（不含税收入）。

税务机关认为，配建房建设完工后移交给政府指定的第三方，接收方如何处置尚不明确，暂时无法判定其是不是适用“用于公益事业或者以社会公众为对象”的例外。另外，如果税务处理上不作销售或不视同销售，或者定价过低，将增加接收方后期处置的税收负担。

## 问题7–5

**配建房视同销售是否影响销售额计算?**

兆和公司竞得一地块，规划地上建筑面积不得超过12.592万平方米（不包括地下车位建筑面积），按成交价13.7亿元计算，楼面地价约10 880元/平方米。若扣除无偿配送的保障房建筑面积3.7万平方米，假设每平方米建安成本为3 000元（不含税），则可售建筑面积的楼面地价约为16 655元/平方米，楼面地价增加了5 775元/平方米，增幅达53.08%。配建房要求无偿移交，也就是不可售，竞得人还要承担配建房的全部开发建设成本。那么问题来了：在无偿移交配建房视同销售的大前提下，这多出的5 775元/平方米配建房成本，在计算应税销售额时，是否允许从全部价款和价外费用中扣除?

**解析:**《房地产开发企业销售自行开发的房地产项目增值税征收管理暂行办法》（国家税务总局公告2016年第18号发布）规定，房地产开发企业中的一般纳税人销售自行开发的房地产项目，适用一般计税方法计税，按照取得的全部价款和价外费用，扣除当期销售房地产项目对应的土地价款后的余额计算销售额。在计算销售额时，从全部价款和价外费用中扣除土地价款，应当取得省级以上（含省级）财政部门监（印）制的财政票据。

兆和公司直接支付的土地价款是13.7亿元，取得的财政票据上注明的土地价款也是13.7亿元，允许从全部价款和价外费用中扣除的土地价款只能是13.7亿元。也就是说，这多出的5 775元/平方米配建房成本，在计算应税销售额时，不允许从全部价款和价外费用中扣除。值得注意的是，土地的拍卖出让须知中有这样一个条款："配建面积不视为缴交实物地价，出让人不开具任何形式的地价发票"。有专家认为，这一条款可进一步印证上述观点。

企业认为，表面上看，土地溢价不高，但是竞配建增加了房地产企业的开发建设成本，压缩了利润空间。粗略估算一下，这多出的5 775元/平方米配建房成本，如果在计算应税销售额时不允许从全部价款和价外费用中扣除，那么整个项目开发建设的增值税负担，至少要比公司原成本测算多出5 000万元。对此，税务机关表示："企业担心的税负增加问题，我们将积极向上级税务机关反映"。

## 问题7–6

**配建房视同销售情况下企业能否享受税收优惠?**

**解析：**在配建房无偿移交给政府视同销售的前提下，房地产企业如何计算缴纳企业所得税？是否视同公共配套设施不作为"收入"进行税务处理，享受企业所得税优惠？这些也是房地产企业关心的问题。

《房地产开发经营业务企业所得税处理办法》（国税发〔2009〕31号文件印发）第七条规定，企业将开发产品用于捐赠、赞助、职工福利、奖励、对外投资、分配给股东或投资人、抵偿债务、换取其他企事业单位和个人的非货币性资产等行为，应视同销售，于开发产品所有权或使用权转移，或于实际取得利益权利时确认收入（或利润）的实现。

同时，《国家税务总局关于企业处置资产所得税处理问题的通知》（国税函〔2008〕828号）规定，企业将资产移送他人的下列情形（用于市场推广或销售；用于交际应酬；用于职工奖励或福利；用于股息分配；用于对外捐赠；其他改变资产所有权属的用途），因资产所有权属已发生改变而不属于内部处置资产，应按规定视同销售确定收入。无偿移交给政府指定单位的配建房，属于其他改变资产所有权属的用途，应按规定视同销售确定收入。房地产税收专业人士表示，在视同销售的情形下，配建社会保障房销售额应按商品房市场售价乘以社会保障房建筑面积，同时增加对应的土地价款。

企业建议，一旦视同销售行为确立，相关公司应争取政府支持，将根源于换入土地使用权的配建房视为大市政配套或公共配套设施，比照《房地产开发经营业务企业所得税处理办法》第十七条和第二十七条的规定，享受企业所得税税收优惠。

《房地产开发经营业务企业所得税处理办法》第十七条规定，企业在开发区内建造的会所、物业管理场所、电站、热力站、水厂、文体场馆和幼儿园等配套设施，如果属于非营利性且产权属于全体业主的，或无偿赠与地方政府、公用事业单位的，可将其视为公共配套设施，其建造费用按公共配套设施费的有关规定处理。如果所列举的配套设施属于营利性的，或产权归企业所有的，或未明确产权归属的，或无偿赠与地方政府、公用事业单位以外其他单位的，应当单独核算其成本。除企业自用应按建造固定资产进行处理外，其他一律按建造开发产品处理。

同时，《房地产开发经营业务企业所得税处理办法》第二十七条规定，包括在开发产品计税成本支出中的公共配套设施费，指开发项目内发生的、独立的、非营利性的，且产权属于全体业主的，或无偿赠与地方政府、政府公用事业单位的公共配套设施支出。也就是说，如果房地产开发商无偿地为政府提供的配建房可视为大市政配套或公共配套设施，其成本可以依据上述规定在开发产品计税成本中支出。

## 问题7–7

**无偿移交配建房，土地增值税计税成本如何确定？**

无偿移交配建房，还涉及土地增值税问题。根据我国税法规定，计算土地增值税的公式为：应纳土地增值税=增值额×税率。增值额为纳税人转让房地产所取得的收入减除扣除项目金额后的余额，扣除项目包括：取得土地使用权所支付的金额；开发土地的成本、费用；新建房及配套设施的成本、费用，或者旧房及建筑物的评估价格；与转让房地产有关的税金；财政部规定的其他扣除项目。那么，无偿移交配建房的土地增值税如何计算？收入和增值额怎样确定？

**解析：**《国家税务总局关于房地产开发企业土地增值税清算管理有关问题的通知》（国税发〔2006〕187号）对于“非直接销售和自用房地产的收入确定”做出规定，即房地产开发企业将开发产品用于职工福利、奖励、对外投资、分配给股东或投资人、抵偿债务、换取其他单位和个人的非货币性资产等，发生所有权转移时应视同销售房地产，其收入按下列方法和顺序确认：（1）按本企业在同一地区、同一年度销售的同类房地产的平均价格确定；（2）由主管税务机关参照当地当年、同类房地产的市场价格或评估价值确定。

对此，房地产税收专业人士认为，计算土地增值税时，配建的社会保障房销售收入计算与企业所得税相同，同时增加对应的土地价款扣除。还有人认为，由于配建房是无偿移交给政府指定单位的，公司出资且未能取得转让房地产收入，根据《中华人民共和国土地增值税暂行条例实施细则》相关规定，公司无偿移交配建房不应当视为转让房地产取得收入，配建房的建安成本应归集为取得土地使用权所支付的金额中按国家统一规定缴纳的有关费用，按有关规定扣除。

## 问题 7–8

**配建房建安成本在会计处理上应计入主体工程的“土地征用及拆迁补偿费——大市政配套”还是“公共配套设施费”？**

**解析：**配建房的建安成本计入主体工程的“土地征用及拆迁补偿费——大市政配套”项目较为妥当，因为这笔支出源于企业换入土地使用权。

一些房地产企业财务总监则建议，将配建房建安成本计入“公共配套设施费”。这部分人认为，根据国税发〔2006〕187号文件关于“土地增值税的扣除项目”的规定，建成后无偿移交给政府、公用事业单位用于非营利性社会公共事业的，其成本、费用可以扣除。配建房属于主体工程的“公共配套设施”，完全符合上述规定。

## 问题 7–9

**“竞配建”税收筹划有哪些招数？**

**解析：**房地产企业配建保障房，税负问题是企业最关注的。配建房的税负如何做到公平合理、让纳税人接受，取决于无偿移交的配建房是否视同销售，是否纳入企业所得税、土地增值税收入范围。

招数一：从合理控制税负的角度，建议将无偿移交的配建房还原其土地价款的属性。

招数二：认定为公益事业捐赠，享受《营业税改征增值税试点实施办法》第十四条规定的免征增值税优惠，以尽量降低有关税负。

招数三：如果不能享受免税待遇，可以争取将向政府无偿移交的配建房作为实物形式的“直接支付的土地价款”，计算应税销售额时，从全部价款和价外费用中扣除。

招数四：还可以考虑在开具发票移交配建房时，以实物交付的形式购买土地使用权，视为取得了增值税进项税额，将该笔待认证进项税额视为不得抵扣的进项税额处理，计入开发成本，在企业所得税和土地增值税税前扣除。

## 问题7-10

**关于“限地价、竞配建”纳税服务如何开展?**

**解析：**坚持问题导向，倾听企业呼声。

“限地价、竞配建”土地竞拍模式，在营改增之前没有得到足够的重视，主要是房地产开发建设周期长，安居房、保障性住房、人才用房等政策性住房有优惠，不存在土地成本冲减应税销售额问题，对营业税影响不大。营改增后，针对房地产开发企业反映的“限地价、竞配建”涉税风险问题，税务机关坚持问题导向，从政策到管理，从程序到操作，着力探索解决税收规定与征收管理滞后性问题，确保税制改革落地生效。

房地产业税收法规繁多、涉税业务复杂，需要税务机关梳理房地产业有关增值税规定和会计处理流程，开展精准辅导，提醒企业关注财务核算、涉税处理等方面的风险；帮助梳理业务流程和涉税环节相关问题，唤醒企业的税收风险意识。同时，倾听房地产开发企业呼声，根据企业反映情况，及时归集营改增后政策口径不明确、执行标准不清晰的涉税问题，制作专报向上请示加以明确，建议统筹土地出让、修订完善竞拍模式，增强政策落地可执行性和可操作性，减少房地产企业涉税风险。

## 问题7-11

**不动产投资入股，增值税如何缴纳?**

**解析：**公司投资行为是指公司为了在一定时期内获得与风险成比例的预期收益

而对其自身现在所持有的资源（主要是资金）的一种运用。

**1. 不动产的基本概念**

根据《营业税改征增值税试点实施办法》所附《销售服务、无形资产或者不动产注释》的规定，销售不动产，是指转让不动产所有权的业务活动。不动产，是指不能移动或者移动后会引起性质、形状改变的财产，包括建筑物、构筑物等。建筑物，包括住宅、商业营业用房、办公楼等可供居住、工作或者进行其他活动的建造物。构筑物，包括道路、桥梁、隧道、水坝等建造物。转让建筑物有限产权或者永久使用权的，转让在建的建筑物或者构筑物所有权的，以及在转让建筑物或者构筑物时一并转让其所占土地的使用权的，按照销售不动产缴纳增值税。

**2. 不动产作价入股的相关法律规定**

《中华人民共和国公司法》第二十七条规定，股东可以用货币出资，也可以用实物、知识产权、土地使用权等可以用货币估价并可以依法转让的非货币财产作价出资。《中华人民共和国契税暂行条例细则》规定，以土地、房屋权属作价投资、入股方式转移土地、房屋权属的，视同土地使用权转让、房屋买卖或者房屋赠与征税。

**3. 相关政策及规定**

（1）营改增之前不动产作价入股的营业税相关规定。营改增之前，《财政部、国家税务总局关于股权转让有关营业税问题的通知》（财税〔2002〕191号）规定："以无形资产、不动产投资入股，与接受投资方利润分配，共同承担投资风险的行为，不征收营业税。"但是，《国家税务总局关于以不动产或无形资产投资入股收取固定利润征收营业税问题的批复》（国税函〔1997〕490号）规定，以不动产、土地使用权投资入股，收取固定利润的，属于将场地、房屋等转让他人使用的业务，应按"服务业"税目中的"租赁业"征收营业税。

（2）营改增之后不动产作价入股的增值税相关规定。《营业税改征增值税试点有关事项的规定》（财税〔2016〕36号文件附件2）规定，适用一般计税方法的试点纳税人，2016年5月1日后取得并在会计制度上按固定资产核算的不动产或者2016年5月1日后取得的不动产在建工程，其进项税额应自取得之日起分2年从销项税额中抵扣，第一年抵扣比例为60%，第二年抵扣比例为40%。根据《财政部 税务总局 海关总署关于深化增值税改革有关政策的公告》（财政部 税务总局 海关总署公告2019年第39号）的规定，自2019年4月1日起，纳税人取得不动产或者不动产在建工程的进项税额不再分2年抵扣。取得不动产，包括以直接购买、接受捐赠、接受投资入股、自建以及抵债等各种形式取得不动产，不包括房地产开发企业自行开发的房地产项目。

根据以上规定，接受投资入股取得不动产的进项税额可以从销项税额中抵扣，投资者以不动产作价入股需要缴纳增值税的，可开具增值税专用发票用于被投资单位的抵扣。

《营业税改征增值税试点有关事项的规定》第一条第二款第五项规定，在资产重组过程中，通过合并、分立、出售、置换等方式，将全部或者部分实物资产以及与其相关联的债权、负债和劳动力一并转让给其他单位和个人，其中涉及的不动产、土地使用权转让行为不征增值税。

**4.具体实务**

［**例**］A企业（一般纳税人、非房地产开发企业）2017年6月1日以办公楼（购置于2016年4月30日前）一栋投资于B企业用于办公，该办公楼的账面净值为1 000万元（原值2 000万元），经评估确认为1 500万元（不含税价格），换取乙企业普通股1 000万股（每股面值1元）。为说明简便，不考虑其他费用和除增值税以外的其他税金。

**分析：**A企业：一般纳税人转让其2016年4月30日前取得（不含自建）的不动产，可以选择适用简易计税方法计税，以取得的全部价款和价外费用扣除不动产购置原价或者取得不动产时的作价后的余额为销售额，按照5%的征收率计算应纳税额。纳税人应按照上述计税方法向不动产所在地主管税务机关预缴税款，向机构所在地主管税务机关申报纳税。增值税为：［1 000/（1+5%）］×5%=47.62（万元）。

B企业：收到A企业开具的1 000万元增值税专用发票，待认证通过后将本期准许抵扣的60%进项税额转入“应交税费——应交增值税（进项税额）”。将本期不准抵扣的40%部分计入“应交税费——待抵扣进项税额”，留到下一年进行抵扣。根据

《增值税会计处理规定》（财会〔2016〕22号文件印发）的规定，将其直接记入“应交税费——应交增值税（进项税额）”，不允许抵扣的40%部分记入“应交税费——待抵扣进项税额”是简化了会计处理，便于实务操作。

问题7-12

**房地产企业“买一赠一”情形下，增值税如何处理?**

房地产企业为了更快地回笼资金，促进销售，经常会采取一些营销手段，大的有买房送汽车，小的有买房送装修、家电、日用品等，但是这其中经常会有两种现象：一种是在签订售房合同时，明确写明赠送冰箱或热水器；另一种是对客户或住户在节假日赠送小礼物，如食用油、米等。如何理解这些销售行为？需要进行怎样的增值税处理？

**解析：**

**1. 相关政策及规定**

关于赠与行为的界定。《中华人民共和国合同法》（以下简称《合同法》）第一百八十五条规定，赠与合同是赠与人将自己的财产无偿给予受赠人，受赠人表示接受赠与的合同。这就意味着在赠与这种民事行为中，赠与人依约无偿转移其赠与物的所有权于受赠人，受赠人取得赠与物的所有权而不必向赠与人支付相应的对价。但是在“买一赠一”模式下，消费者必须先承担购物并支付价款的义务，然后才享有“赠一”的权利，这一点与赠与合同要求的无偿转移赠与物明显不符，实质上是商家以赠与的形式实现了买卖行为，消费者对赠品虽未支付钱款，但是赠品的成本实际已经融入付费商品中，并通过购买付费商品实现了赠品所有权的转移。

按照《国家税务总局关于确认企业所得税收入若干问题的通知》（国税函〔2008〕875号）第三条的规定，在账务上将实际收到的销售金额，按销售货物和随同销售赠送货物的公允价值的比例来分摊确认其销售收入，同时应将销售货物和随同销售赠送的货物品名、数量以及按各项商品公允价值的比例分摊确认的价格和金额在同一张发票上注明。

**2.具体实务**

［**例1**］甲公司为房地产企业（一般纳税人），甲公司在2017年暑期为加快售房速度而进行了促销，规定只要是在要求的时间内签购房合同的业主，将获赠某知名品牌电冰箱一台。这种情况下应如何缴纳增值税？

**分析：**房地产开发企业销售住房赠送装修、家电，作为一种营销模式，其主要目的是销售住房，购房者已统一支付对价。可参照混合销售的原则，按销售不动产适用税率缴纳增值税。

［**例2**］甲房地产公司在国庆节赠送给每个购房客户一壶食用油、一箱水果，这种情况的赠送礼品应怎么缴纳增值税？

**分析：**《增值税暂行条例实施细则》第四条规定，将自产、委托加工或者购进的货物无偿赠送其他单位或者个人，视同销售货物。第十六条规定，纳税人有条例第七条所称价格明显偏低并无正当理由或者有细则第四条所列视同销售货物行为而无销售额者，按下列顺序确定销售额：（1）按纳税人最近时期同类货物的平均销售价格确定；（2）按其他纳税人最近时期同类货物的平均销售价格确定；（3）按组成计税价格确定。

甲企业无最近时期销售该礼品的行为，因此应根据第二顺序确定该视同销售的销售额，按照销售该礼品的纳税人的销售价格作为视同销售的价格。

综上所述，房地产企业卖房同时送家电、赠送礼品，属于混合销售行为，按照销售不动产适用税率缴纳增值税。房地产企业促销活动中免费送家电、礼品，按照兼营行为，分别按照销售不动产、销售货物适用的税率计算缴纳增值税。

**案例分享**

**强强联合合作建房的涉税难点**

一、背景资料

××省××市××片区D06地块合作意向协议

甲方：××省××房地产开发有限公司（下称甲公司）

住所：××省××市××区××镇

乙方：乙置业有限公司（下称乙公司）

住所：××市××区

丁方：××投资集团有限公司（下称丁方）

鉴于：

乙公司系××控股有限公司在××区域的主要投资平台，××具有全产业链优势、跨领域资源整合能力，可将商业、酒店、科创、文旅、教育、医养、长租等资源纳入城市综合功能的开发运营，创造生产、生活、生态相融城市聚落。

双方就××省××市××片区D06地块（下称目标地块）获取及合作开发，达成如下合作意向：

第1条　目标地块概况

1.1　目标地块获取的主要规划与经济指标：甲公司承诺，原则上××市国土局在进行目标地块出让时的控规条件应符合如下要求：用地性质为商住用地，其中商业占比不超过3%。占地面积不应低于128 804m$^2$，容积率不应高于2.1，建筑密度上限不应低于22%，建筑物限高不应低于80米，建筑高度无限低要求，绿地率不高于30%。

第2条　合作的先决条件及双方职责

2.1　目标地块一级开发整理：本协议签署后，甲公司负责目标地块的一级开发整理并承担前期开发整理费用，保证目标地块于201×年×月××日前达到双方认可的“净地”条件并由××市国土局通过市场公开招拍挂的形式出让，即不存在第三方权利纠纷，场地平整，配套设施、基础设施等具备项目开发建设的基本条件。

2.2　目标地块的规划设计方案：本协议签署后，由乙公司主导，甲公司协同开展目标地块的建筑规划及施工图方案的设计工作，推动前述方案（以双方书面确认为准）在目标地块出让之前与政府相关审批部门充分沟通，达到“准批复”状态。前述方案的设计费用暂时由乙公司代为支付，项目公司取得目标地块后纳入项目公司成本，由项目公司承担。若双方未就目标地块达成合作，由甲公司承担乙公司已代为支付的设计费用。

第3条　合作模式

3.1　合作意向金划入共管账户：为了表达合作诚意，本协议签署后7日内乙公司、甲公司应分别支付1 000万元至以乙公司名义在××市的任意一家商业银行开立并由甲公司参与共管的一般结算账户。

3.2　目标地块的获取方式：先决条件完成后，甲公司负责与××市国土局协调沟通、推动目标地块以公开市场招拍挂的形式出让。甲公司及其关联公司（下合称甲公司）作为目标地块的竞买主体并承担竞买保证金，拿地后由甲公司与乙公司或乙公司指定的关联主体共同成立项目公司，由项目公司与××市国土局签署《国有土地使用权出让合同》并负责目标地块的开发建设。

3.3　项目公司：项目公司注册资本金5 000万元，成立时甲公司出资2 450万元持有项目公司49%的股权，乙公司出资2 550万元持有项目公司51%的股权。为配合项目公司成为土地受让人，目标地块的国有土地使用权证办理完成后，乙公司按平价（甲公司已实缴注册资本金）收购甲公司持有的项目公司2%股权，最终实现乙公司持有项目公司51%的股权，甲公司持有项目公司49%的股权。双方在项目公司按照各自最终持股比例共同投入。

3.4　目标地块土地获取要求及价格：

3.4.1　甲公司承诺最晚应于2018年5月1日前进行场地整理，推动目标地块挂牌出让，目标地块挂牌后甲公司应获取目标地块；若甲公司未按约定时间获取目标地块，甲公司应按照本协议2.2条约定向乙公司返还相关设计费用并支付违约金1 000万元；

3.4.2　若目标地块无限低要求，则获取楼面价未超过3 800元/$m^2$，双方按股比承担相应土地款投入；若目标地块的建筑物有限低要求，则目标地块的获取楼面价未超过3 400元/$m^2$时，双方按股比承担相应土地款投入。

3.4.3　若目标地块无限低要求，获取楼面价超过3 800元/$m^2$的，乙公司仍按照楼面价3 800元/$m^2$的水平承担土地出让金的投入义务[即此时乙公司的土地出让金投入(恒定)=3 800元/$m^2$×目标地块的计容建筑面积×51%],超出部分均由甲公司承担;若目标地块有限低要求,目标地块的获取楼面价超过3 400元/$m^2$的,乙公司仍按照楼面价3 400元/$m^2$承担土地出让金的投入义务[即此时乙公司的土地出让金投入(恒定)=3 400元/$m^2$×目标地块的计容建筑面积×51%],超出部分均由甲公司承担。

3.4.4 当无限低要求情况下目标地块的出让楼面价未超过4 200元/$m^2$,或有限低要求情况下目标地块的出让楼面价未超过3 800元/$m^2$时,若乙公司单方面选择退出合作,则应向甲公司支付违约金1 000万元,同时按本协议2.2条约定,已支付的相关设计费用由乙公司自行承担。

3.4.5 无限低要求情况下,若目标地块的出让楼面价超过4 200元/$m^2$,乙公司有权选择退出合作并单方解除本协议;有限低要求情况下,若目标地块的出让楼面价超过3 800元/$m^2$,乙公司有权选择退出合作并单方解除本协议。甲公司需返还乙公司按本协议2.2条约定已支付的相关设计费用和按本协议3.1条约定支付的1 000万元合作意向金。

3.5 目标地块土地出让金支付:由甲公司承担并支付目标地块的竞买保证金,土地出让金按照本协议3.4条约定的承担原则支付。土地出让金支付方式根据××市国土局对目标地块的出让政策及出让合同约定执行。

3.6 乙公司的保底固定收益:甲公司承诺,乙公司最终能获得的保底固定收益为目标地块销售总额的6%。

3.7 优先利润分配权:甲公司承诺,乙公司享有项目公司的优先利润分配权(纳入项目公司章程),即在项目公司达到利润分配条件时,甲公司保证乙公司优先分配的利润金额达到目标地块销售总额的6%。

3.8 对乙公司保底固定收益的担保:甲公司承诺,甲公司以其对项目公司的股东借款投入(不含注册资本金)作为担保,保证乙公司能实现3.6条约定的保底固定收益。若乙公司无法实现保底固定收益,则对于差额部分,甲公司将其对项目公司享有的股东借款投入延期收回、并无偿转让给乙公司，仍不足部分由甲公司负责补足。

3.9 合作目的：甲公司按本协议约定取得目标地块并由项目公司开发目标地块，共同实现项目公司盈利。

3.10 目的地块目标成本管理：甲公司、乙公司共同确认目标地块完成开发建设所需投入的成本（包括前期费用、建筑安装工程费用、公共配套设施建设费用、市政基础设施费等地价、利息外成本；不包括管理费用、销售费用、财务成本、相关税费）应控制在3 550元/$m^2$以内，总额以目标地块《建设工程规划许可证》中确定的总建筑面积（地上）为计算基数。

3.11 目标地块的管理费用、销售费用管理：目标地块的管理费用、销售费用累计不应高于销售总额的4%，管理费用、销售费用包括：项目公司聘任人员职工薪酬、劳动保护费、业务招待费、差旅交通费、车辆使用费、办公费、会议费、房租水电物业费、审计咨询费、董事会及监事会费，但不包括印花税、城镇土地使用税等列入管理费用科目的税费及项目售楼部、示范区、样板房等的设计、建设、硬装、软装、景观和日常维护及场地租赁等费用。

第4条 项目公司管控

4.1 管控原则：项目公司由乙公司负责操盘、并表，采用乙公司的管理制度（包括但不限于薪酬管理、成本管控、招投标管理、财务管理、行政管理、印章管理及工程质量管理制度等）、流程以及审批程序，充分发挥乙公司对房产项目的专业开发能力。

4.2 股东会议事规则：项目公司股东会按《中华人民共和国公司法》（下称《公司法》）第37条及相关规定、章程行使职权。项目公司的股东会需要就目标地块开发经营重大事项做出决议的，应经全体股东一致同意。

4.3 董事会议事规则：项目公司董事会均由5人组成，其中，甲公司委派2人，乙公司委派3人，由甲公司委派的董事任董事长。项目开发中涉及重大事项均须由董事会全体成员同意生效。董事会按《公司法》第46条等相关规定行使职权，具体由公司章程规定。

4.4　总经理及管理人员：项目公司总经理由乙公司委派，总经理为项目公司法定代表人。财务部、前期开发部由甲公司委派正职人员，乙公司委派副职人员，其他部门负责人由乙公司委派正职人员，甲公司委派副职人员。部门负责人以下职级人员可由总经理任免。

4.5　开发品牌："××"品牌在国内房地产开发领域具有良好口碑，"××体育公园"则为××本地知名品牌；为增加产品的品牌附加价值，提升合作项目产品竞争力，项目宣传推广中使用"××・××"品牌。

4.6　物业品牌：为了更好地为目标地块购房客户提供品牌延伸服务，并且衔接交付后的保修期工作，双方同意选定××物业服务集团有限公司作为项目的前期物业服务单位。

第5条　资金约定

5.1　融资的约定：项目公司具备外部融资条件、具有外部融资需求时，应优先通过向金融机构贷款的方式融得资金，乙公司负责推进融资事项完成，融资利息费用由项目公司承担。

5.2　融资担保：项目公司对外融资时，各方应按股权比例提供担保。如金融机构需要乙公司或其母公司为甲公司所持项目公司股权对应的融资额度提供担保的，乙公司或其母公司按照担保额的2%收取担保费用。

5.3　股东借款利率：双方对项目公司的股东借款均按照10%的年化利率向项目公司计取利息。

5.4　资金回流：在项目公司取得融资款或销售回款后，在满足项目公司开发必要支出及资金监管的前提，且满足甲公司承诺的"乙公司的保底固定收益"（本协议3.6条）情况下，双方可按照所持股权比例分配富余资金。

第6条　合作事项磋商安排

6.1　合作排他的期限：本合作协议签署后至双方协商一致终止合作前，甲公司不应与第三方以任何方式就目标地块相关资产权益的转让或合作开发事宜进行磋商或达成约定，否则甲公司除应返1 000万元合作意向金之外，还应向乙公司支付违约金1 000万元。

6.2　合作关系的最终确定：若目标地块获取情况符合本协议约定，则双方应按照约定继续完成合作；反之，双方应充分协商调整合作方式，若最终无法达成一致终止合作，双方按本协议约定承担责任。

第7条　保密条款

7.1　双方承诺对本协议严格保密，任何一方均不会向无关人员或第三方泄露，或让他人泄露本协议内容。法律、法规或证券交易披露规则另有规定的除外，并应当事先就披露的内容提前通知对方。双方保证该保密信息仅用于合作商洽。双方不得将保密信息用于其他目的。

第8条　担保责任

8.1　丙方为甲公司准确、全面、及时履行本协议项下权利义务承担连带责任保证。

8.2　丁方为乙公司准确、全面、及时履行本协议项下权利义务承担连带责任保证。

第9条　附则

9.1　本协议任何一方暂不行使及/或放弃其在本协议项下的全部及/或部分权利，并不等于该方不行使或放弃在本协议项下的其他权利。

9.2　本协议未尽事宜，由各方按本协议精神签订正式合作协议或补充协议，补充协议与本协议具有同等法律效力。

9.3　本协议一式肆份，双方各持贰份，自双方盖章后生效。

（下方无正文）

| | |
|---|---|
| 甲方：××省××房地产开发有限公司 | 乙方：乙置业有限公司 |
| （盖章） | （盖章） |
| 法定代表人或授权代表 | 法定代表人或授权代表 |
| （签字） | （签字） |

## 二、相关知识点及涉税问题

（一）一级、二级联动开发的现象。

1. 招标、竞拍门槛设限：（1）捆绑拆迁。企业与政府达成协议，由政府负责或协助完成拟出让用地中的拆迁工作，但在土地公开挂牌出让时设定的条件是由开发商完全负责拆迁安置工作，以此增加土地开发操作难度，阻止竞争者进入。（2）限价回购。一级开发企业与政府达成协议，在拟出让土地挂牌出让时设定以低于成本“限价回购”的条款：当项目开发完成时，一级开发企业可优先以低于成本的价格回购其中一定量的住宅和商业物业以抵扣土地一级开发成本费用，以此提高拿地成本，阻止竞争者进入。（3）虚增一级开发成本。土地一级开发结束后，一般由专门的土地评估机构对整理后的土地进行评估，但这个评估也要参考开发商提供的一级开发成本和利润。夸大一级开发成本除可以增加利润外，地价也相应被抬高，造成地块乏人问津，于是一级开发商可以轻松摘牌。（4）净地不净+苛刻的付款条件。一级开发商与政府达成默契，拟出让土地一级开发后在基础设施和拆迁上遗留尾巴，从而达到限制其他竞标者的目的。

2. 规划控地。一级开发商与政府达成协议，拟出让地块在公开出让时按照市场实现性和盈利水平较差的规划条件出让，使其他开发商不愿进入，一级开发商竞得该地块后政府相关部门协助调整规划指标，再由一级开发商相应补交地价。

3. 公建控地。（1）一级开发商与政府达成协议，一级开发商在进行土地一级开发的同时在项目用地范围内代建部分公建，如体育馆、图书馆、学校、会议中心等。在土地公开出让时设定条件：公建与土地捆绑出让，土地受让人必须承担该公建的建设费用和日后的经营管理，这时一级开发商往往夸大建设成本，提高土地取得成本，达到限制其他开发商进入的目的；（2）一级开发商与政府达成协议，由一级开发商进行本区域的市政建设，以某地块的二级开发权冲抵公建建设成本。政府在该地块出让时协助一级开发商设置限制条件控制土地。

4. 项目配套控地。开发商在进行一级开发时，先向规划部门申报规划意见书，在该意见书中开发商将根据政府的要求和土地的性质进行一定的规划设计。一级开发商可以在编制区域规划和描绘区域发展愿景时融入自身的意愿，通过区域的全盘规划和各配套功能的整体性，来控制后期用地。

5.创新开发模式控地。开发商与政府共同组建股份制一级开发运营公司，双方约定收益分成比例，从而形成利益共同体和组织保障。开发商成立若干小公司稀释一级开发运营公司的股权，使一级开发运营公司保持国有控股。一级开发运营公司董事长由政府主要领导挂职，开发商负责人任常务副总，主管规划和土地出让。开发商参与土地的一级开发，不仅赚取土地增值利润，同时顺利获得意向地块的二级开发权。

6.出让过程控地。企业与政府在较早的时间达成初步开发协议，企业获得充足的时间进行项目整体开发定位与规划研究，并将项目发展规划成果向上级政府管理部门汇报，经过若干轮的研讨和修改，争取到上级主要领导的认可。拟出让土地进行带规划招标，限定投标时间为5~20天，使其他竞标者没有足够时间对项目进行充分的研究，降低其标书质量，从而让企业顺利中标。

7.控制关键节点策略控地。企业事先和政府达成协议，得到政府默许，通过控制大规模土地中那些资源条件最好的、处于交通节点的土地，形成既成的围合拿地布局，从而阻止其他竞争者进入。

8.收益分成。企业与政府约定，拟出让地块如果超过某个拍卖单价，企业与政府进行收益分成，这样形成“跷跷板”盈利模式：进入二级市场拍卖的土地，企业能够比其他的开发商以更加高的价格拍地。高价成交的土地，企业从中分得收益后，降低了实际拿地价格。即使不分配土地增值收益，企业也可以凭借对地块条件更加熟悉的优势，更容易在拍卖中获得土地。

（二）营改增后国有土地一级开发涉税问题。

政府在收回国有土地使用权后，往往再通过“招拍挂”程序，把土地出让给有关企业，特别是房地产公司。在这个过程中，由于收回的国有土地使用权是生地，需要政府负责土地的拆迁和“七通一平”（指的是生地在通过一级开发后，达到具备给水、排水、通电、通路、通讯、通暖气、通天然气或煤气，以及场地平整的条件，使二级开发商可以在进场后迅速开发建设）工作，可是政府又受到资金瓶颈限制，只能吸引投资者参与土地一级市场的拆迁整理工作，或者通过土地返还款的形式从土地购买款中返还一部分给土地摘牌者用于拆迁补偿和土地整理工作，或者让土地摘牌者向被收回土地的原土地使用者支付一定的土地补偿费用，作为原土地使用者自行进行拆迁的费用和土地补偿的费用。

1.土地摘牌企业受托拆迁的涉税处理。

政府收回国有土地使用权后，进入土地储备中心，然后通过挂牌交易，摘牌企业获得政府一定的土地返还款，代替政府从事拆迁和土地整理工作。那么，摘牌企业获得政府给予的土地返还款该如何进行税务处理？根据《销售服务、无形资产、不动产注释》（财税〔2016〕36号文件附件1的附）第一条第（四）项“建筑服务”的规定，“其他建筑服务”，包括拆除建筑物或者构筑物、平整土地、园林绿化、建筑物平移、爆破、表面附着物（包括岩层、土层、沙层等）剥离和清理等工程作业。摘牌企业代委托方向原土地使用权人支付拆迁补偿费的行为属于“经纪代理服务”行为。《营业税改征增值税试点有关事项的规定》第一条第（四）项第4款规定：“经纪代理服务，以取得的全部价款和价外费用，扣除向委托方收取并代为支付的政府性基金或者行政事业性收费后的余额为销售额。向委托方收取的政府性基金或者行政事业性收费，不得开具增值税专用发票。”基于此规定，摘牌企业应以提供经纪代理服务取得的全部收入为销售额计算缴纳增值税。

2.政府收回国有土地使用权而给予的土地补偿款是否需要缴纳增值税？

政府收回国有土地使用权，经过招挂拍程序，摘牌企业向政府的土地储备中心交纳一定的土地出让金，办理土地使用权过户手续，同时，摘牌企业必须向被政府收回土地使用权的原土地使用者支付一定的土地补偿费用。《营业税改征增值税试点过渡政策的规定》（财税〔2016〕36号文件附件3）第一条第（三十七）项规定：“土地所有者出让土地使用权和土地使用者将土地使用权归还给土地所有者，免增值税。”基于此规定，被政府收回土地使用权的原土地使用者收到摘牌企业支付的土地补偿费用免增值税。由上可知，对于该笔土地补偿费用，免征增值税。

（三）甲公司拿地允许差额扣除的范围是什么？今后项目公司是否能够差额扣除土地价款？

1. 甲公司拿地允许差额扣除的范围。

根据《房地产开发企业销售自行开发的房地产项目增值税征收管理暂行办法》的规定，支付的土地价款，是指向政府、土地管理部门或受政府委托收取土地价款的单位直接支付的土地价款。

根据《财政部、国家税务总局关于明确金融 房地产开发 教育辅助服务等增值税政策的通知》（财税〔2016〕140号）第七条的规定，《营业税改征增值税试点有关事项的规定》第一条第（三）项第10点中“向政府部门支付的土地价款”，包括土地受让人向政府部门支付的征地和拆迁补偿费用、土地前期开发费用和土地出让收益等。

房地产开发企业中的一般纳税人销售其开发的房地产项目（选择简易计税方法的房地产老项目除外），在取得土地时向其他单位或个人支付的拆迁补偿费用也允许在计算销售额时扣除。

纳税人按上述规定扣除拆迁补偿费用时，应提供拆迁协议、拆迁双方支付和取得拆迁补偿费用凭证等能够证明拆迁补偿费用真实性的材料。

2. 项目公司满足以下条件的，可由项目公司按规定扣除土地价款。

根据财税〔2016〕140号文件第八条的规定，“房地产开发企业（包括多个房地产开发企业组成的联合体）受让土地向政府部门支付土地价款后，设立项目公司对该受让土地进行开发，同时符合下列条件的，可由项目公司按规定扣除房地产开发企业向政府部门支付的土地价款。（一）房地产开发企业、项目公司、政府部门三方签订变更协议或补充合同，将土地受让人变更为项目公司；（二）政府部门出让土地的用途、规划等条件不变的情况下，签署变更协议或补充合同时，土地价款总额不变；（三）项目公司的全部股权由受让土地的房地产开发企业持有”。

（四）甲公司如果以土地使用权进行投资入股，涉及哪些税收？如何缴纳？

1.土地转让的条件。

根据《中华人民共和国城市房地产管理法》（2019年修改）第三十九条，“以出让方式取得土地使用权的，转让房地产时，应当符合下列条件：（一）按照出让合同约定已经支付全部土地使用权出让金，并取得土地使用权证书；（二）按照出让合同约定进行投资开发，属于房屋建设工程的，完成开发投资总额的百分之二十五以上，属于成片开发土地的，形成工业用地或者其他建设用地条件。转让房地产时房屋已经建成的，还应当持有房屋所有权证书”。

在公司间进行土地转让时，需要特别注意相关的法律法规，尽量避免出现不符合条件、无法正常开展经济活动的情况。

2.符合土地转让条件后的涉税处理。

《营业税改征增值税试点实施办法》第一条规定，在中华人民共和国境内（以下称境内）销售服务、无形资产或者不动产（以下称应税行为）的单位和个人，为增值税纳税人，应当按照该办法缴纳增值税，不缴纳营业税。第十二条规定，在境内销售服务、无形资产或者不动产，是指：“（一）服务（租赁不动产除外）或者无形资产（自然资源使用权除外）的销售方或者购买方在境内；（二）所销售或者租赁的不动产在境内；（三）所销售自然资源使用权的自然资源在境内；（四）财政部和国家税务总局规定的其他情形”。第十一条规定，有偿，是指取得货币、货物或者其他经济利益。第十四条规定，下列情形视同销售服务、无形资产或者不动产：“（一）单位或者个体工商户向其他单位或者个人无偿提供服务，但用于公益事业或者以社会公众为对象的除外。（二）单位或者个人向其他单位或者个人无偿转让无形资产或者不动产，但用于公益事业或者以社会公众为对象的除外。（三）财政部和国家税务总局规定的其他情形”。第四十四条规定，纳税人发生应税行为价格明显偏低或者偏高且不具有合理商业目的的，或者发生该办法第十四条所列行为而无销售额的，主管税务机关有权按照下列顺序确定销售额：“（一）按照纳税人最近时期销售同类服务、无形资产或者不动产的平均价格确定。（二）按照其他纳税人最近时期销售同类服务、无形资产或者不动产的平均价格确定。（三）按照组成计税价格确定”。组成计税价格的公式为：组成计税价格＝成本×（1+成本利润率），成本利润率由国家税务总局确定。

据此，甲公司向乙公司无偿划转土地，应当认定为甲公司向乙公司销售无形资产，属于视同销售，征收增值税。由于无偿划转土地使用权属于应税行为而无销售额，其销售额由主管税务机关按照相应条款确定。（假设2018年6月，甲公司以一块土地使用权投资于乙公司，面积100亩，该土地未进行前期开发，取得该土地时价款1 000万元，评估价值为1 500万元。）

（1）如果该土地为2016年4月30日前取得的。

根据《财政部 国家税务总局关于进一步明确全面推开营改增试点有关劳务派遣服务、收费公路通行费抵扣等政策的通知》（财税〔2016〕47号）第三条规定，纳税人转让2016年4月30日前取得的土地使用权，可以选择适用简易计税方法，以取得的全部价款和价外费用减去取得该土地使用权的原价后的余额为销售额，按照5%的征收率计算缴纳增值税。

①若A公司为一般纳税人。

一般计税方法下A公司计算销项税额：1 500÷（1+10%）×10%=136.36（万元）；

简易计税方法下A公司计算销项税额：（1 500–1 000）÷（1+5%）×5%=23.81（万元）。

②若A公司为小规模纳税人。

全额计税方法下A公司计算销项税额：1 500÷（1+5%）×5%=71.43（万元）；

简易计税方法下A公司计算销项税额：（1 500–1 000）÷（1+5%）×5%=23.81（万元）。

根据以上政策我们分析得出，如果A公司土地使用权为2016年4月30日前取得的，则既可以选择一般计税方法也可以选择简易计税方法，当然，如果A公司为小规模纳税人，则只能选择全额或差额计税。

（2）如果该土地为2016年4月30日后取得的。

①若A公司为一般纳税人。

A公司销项税额：1 500 ÷（1+10%）× 10%=136.36（万元）。

②若A公司为小规模纳税人。

A公司销项税额：1 500 ÷（1+5%）× 5%=71.43（万元）。

《房地产开发企业销售自行开发的房地产项目增值税征收管理暂行办法》规定，房地产开发企业中的一般纳税人销售自行开发的房地产项目，适用一般计税方法计税，按照取得的全部价款和价外费用，扣除当期销售房地产项目对应的土地价款后的余额计算销售额。该暂行办法仅针对房地产开发企业中的一般纳税人销售自行开发的房地产项目，并未规定转让土地使用权也可以扣除土地价款计算销售额。

因此，从目前的政策来看，2016年4月30日后取得的土地使用权，转让时计算销项税额，不得扣除取得土地的价款，应全额计算应税销售额。

（五）规划设计费用暂时由乙公司代为支付，项目公司取得目标地块后纳入项目公司成本，由项目公司承担。

1.规划设计费如何缴税？

《营业税改征增值税试点实施办法》第九条规定，应税行为的具体范围，按照该办法所附的《销售服务、无形资产、不动产注释》执行。第十条规定，销售服务、无形资产或者不动产，是指有偿提供服务、有偿转让无形资产或者不动产。第十一条规定，有偿，是指取得货币、货物或者其他经济利益。第十二条规定，在境内销售服务、无形资产或者不动产，是指："（一）服务（租赁不动产除外）或者无形资产（自然资源使用权除外）的销售方或者购买方在境内；（二）所销售或者租赁的不动产在境内；（三）所销售自然资源使用权的自然资源在境内；（四）财政部和国家税务总局规定的其他情形"。

因此规划设计费需要缴纳增值税。

2.代为支付，"三流"不一致的风险。

《国家税务总局关于加强增值税征收管理若干问题的通知》（国税发〔1995〕

192号）第一条第（三）项规定，“购进货物或应税劳务支付货款、劳务费用的对象。纳税人购进货物或应税劳务，支付运输费用，所支付款项的单位，必须与开具抵扣凭证的销货单位、提供劳务的单位一致，才能够申报抵扣进项税额，否则不予抵扣”。

《国家税务总局关于开展打击制售假发票和非法代开发票专项整治行动有关问题的通知》（国税发〔2008〕40号）第三条规定，对于不符合规定的发票和其他凭证，包括虚假发票和非法代开发票，均不得用以税前扣除、出口退税、抵扣税款。

《企业所得税税前扣除凭证管理办法》（国家税务总局公告2018年第28号发布）第九条规定，企业在境内发生的支出项目属于增值税应税项目（以下简称“应税项目”）的，对方为已办理税务登记的增值税纳税人，其支出以发票（包括按照规定由税务机关代开的发票）作为税前扣除凭证；对方为依法无须办理税务登记的单位或者从事小额零星经营业务的个人，其支出以税务机关代开的发票或者收款凭证及内部凭证作为税前扣除凭证，收款凭证应载明收款单位名称、个人姓名及身份证号、支出项目、收款金额等相关信息。

上述政策，即俗称的“三流一致”，指资金流（银行的收付款凭证）、票流（发票的开票人和收票人）和物流（货物流向）相互统一，即收款方、开票方和货物销售方或劳务提供方必须是同一个法律主体，而且付款方、受票方和货物采购方或劳务接收方必须是同一个法律主体，如果三流不一致，将不能对税款进行抵扣。

（六）关于“双方可按照所持股权比例分配富余资金”及房地产开发企业利息费用扣除。

房地产开发业务是一种资金密集型业务，在国家抑制房地产过度投机的大背景下，融资成了房地产开发公司进行项目开发的重要环节，相应的利息支出涉税处理问题也越来越突出。

《房地产开发经营业务企业所得税处理办法》（国税发〔2009〕31号文件印发）

第二十一条第（一）项规定，企业为建造开发产品借入资金而发生的符合税收规定的借款费用，可按企业会计准则的规定进行归集和分配，其中属于财务费用性质的借款费用，可直接在税前扣除。

所以房地产开发企业的利息支出在企业所得税上的处理原则与会计处理原则没有本质差异，但仍需注意以下几个具体问题：

1. 资本化利息支出在各项目之间的分配。

房地产开发企业按项目进行核算（分期开发）时，其利息支出需在各项目（期）开发产品之间进行分摊，会计准则中没有明确的分摊原则规定。根据《房地产开发经营业务企业所得税处理办法》第三十条第（三）项，借款费用属于不同成本对象共同负担的，按直接成本法或按预算造价法进行分配。

分配公式为：成本对象分摊的资本化利息=本期发生的全部资本化利息 × 成本对象发生的直接成本或预算造价 ÷ 全部成本对象发生的直接成本或预算造价。

2. 集团内利息分摊。

根据《房地产开发经营业务企业所得税处理办法》第二十一条第（二）项规定，企业集团或其成员企业统一向金融机构借款分摊集团内部其他成员企业使用的，借入方凡能出具从金融机构取得借款的证明文件，可以在使用借款的企业间合理的分摊利息费用，使用借款的企业分摊的合理利息准予在税前扣除。该项规定明确了房地产企业对“统借统还”业务利息的处理原则，将符合一定条件的“统借统还”行为与关联方借款行为区别对待，突破了特别纳税调整中“资本弱化”的限制。

上述合同中，需要关注能否适用集团内部的标准，如何认定企业间分摊利息费用的方法是否合理等问题。

3. 向非关联非金融企业及个人借款的利息支出问题。

鉴于房地产开发企业融资困难的现状，部分企业为取得开发资金，不惜通过支付高额利息的方式进行社会融资。对于社会融资利息，企业所得税税前扣除的总原则为：不高于金融企业同期同类贷款利率水平。对于这一问题，笔者认为应着重把握好以下内容：（1）可作为利率参考的金融企业类别：根据《国家税务总局关于企业所得税核定征收若干问题的通知》（国税函〔2009〕377号），金融企业包括：银行、信用社、小额贷款公司、保险公司、证券公司、期货公司、信托投资公司等。实操中以出贷方具有经批准从事贷款业务的资质为标准。（2）同期同类贷款利率：是指在贷款期限、贷款金额、贷款担保以及企业信誉等条件基本相同下，金融企业提供贷款的利率。既可以是金融企业公布的同期同类平均利率，也可以是金融企业对某些企业提供的实际贷款利率。

4.资本弱化问题。

根据《财政部、国家税务总局关于企业关联方利息支出税前扣除标准有关税收政策问题的通知》（财税〔2008〕121号），企业实际支付给关联方的利息支出，其接受关联方债权性投资与其权益性投资比例（以下简称债资比）不超过2∶1的部分准予扣除，超过的部分不得在发生当期和以后年度扣除。

除非企业能够证明相关交易活动符合独立交易原则，或者该企业的实际税负不高于境内关联方，其实际支付给境内关联方的利息支出，才可以在计算应纳税所得额时准予扣除。

（1）关联方认定标准：详见国家税务总局公告2017年第6号附件2《关联关系认定表》填表说明第三条“税务机关认定关联关系类型”。

（2）关联方债权性投资包括：贷款、债权、融资租赁、补偿贸易、背靠背贷款或者委托贷款等。其中间接获得的债权性投资包括：①关联方通过无关联第三方提供的债权性投资；②无关联第三方提供的、由关联方担保且负有连带责任的债权性投资。

（3）权益性投资取数规则：①所有者权益<实收资本（股本）+资本公积，则权益投资=实收资本（股本）+资本公积；②实收资本（股本）+资本公积<实收资本（股本），则权益投资=实收资本（股本）。

（4）关联债资比例的计算方法：①关联债资比例=年度各月平均关联债权投资之和/年度各月平均权益投资之和；②各月平均关联债权投资=（关联债权投资

月初账面余额+月末账面余额）/2；③各月平均权益投资=（权益投资月初账面余额+月末账面余额）/2。

（5）不得扣除利息的计算方法：不得扣除利息支出=年度实际支付的全部关联方利息 ×（1-标准比例/关联债资比例）。

（6）其他关联关系个人利息支出的扣除问题：根据《国家税务总局关于企业向自然人借款的利息支出企业所得税税前扣除问题的通知》（国税函〔2009〕777号），企业向股东或其他与企业有关联关系的自然人借款的利息支出，也应受到不高于金融机构同期同类利息和关联债资比的限制。

（七）合作建房的会计和税务处理。

合作建房是以房地产开发企业为主体联合其他企业、单位、个人合作或合资开发房地产项目，且该项目未成立独立法人公司，参与分配的形式包括开发合同或协议中约定向投资各方分配开发产品等。合作建房合作者可能以货币或者非货币资产投入。

1.会计处理。

企业根据所执行会计制度的类型分别依据《企业会计准则》、《小企业会计准则》、《企业会计制度》、《企业会计准则第40号——合营安排》、《企业会计准则第2号——长期股权投资》、《企业会计准则第22号——金融工具确认和计量》和《增值税会计处理规定》（财会〔2016〕22号文件印发）等制度核算。

合作建房合营方按符合商品销售收入实现条件确认收入。执行《企业会计准则》的企业，按《企业会计准则第40号——合营安排》第十五条规定，确认出售其享有的共同经营产出份额所产生的收入、按其份额确认共同经营因出售产出所产生的收入。合作者通常投入现时货币或者土地使用权，换取开发产品。

（1）投入现金时的会计处理。

①房地产开发企业取得的投资款实质为销售款。取得投资款时，借记“银行存款”等科目，贷记“递延收益”科目。分配开发产品时，借记“递延收益”“税金及附加”等科目，贷记“主营业务收入”等科目。

②投资方房地产企业。投资时，借记“应付账款”等科目，贷记“银行存款”等科目。分配开发产品时，借记“开发产品”科目，贷记“应付账款”等科目。

（2）以土地使用权投资开发项目的会计处理。具体分为以下几种情形：

①房地产企业将土地使用权投资其他房地产开发项目，但没有形成股权。转出土地使用权时，借记“预付账款（土地使用权的公允价值）”等科目，贷记“无形资产——土地使用权（账面价值）”“营业外收入（差额）”等科目。取得开发产品时，借记“开发产品”科目，贷记“预付账款”等科目。

②其他企业以土地使用权投资于房地产开发项目，也没有形成股权。房地产开发企业取得土地使用权时，借记“无形资产——土地使用权”科目，贷记“递延收益”科目。分配开发产品时，借记“递延收益”“税金及附加”科目，贷记“主营业务收入”等科目。其他企业投资时，借记“预付账款”科目，贷记“无形资产——土地使用权”科目。取得开发产品时，借记“开发产品”科目，贷记“预付账款”科目。

③房地产企业以股权的形式，将土地使用权投资于其他房地产企业开发项目。转出土地使用权时，借记“长期股权投资（土地使用权公允价值和相关税费）”科目，贷记“无形资产——土地使用权（账面价值）”“营业外收入（差额）”等科目。分配取得开发产品时，借记“开发产品”科目，贷记“长期股权投资”科目。

2.税务处理。

合作建房取得收益方式属于产品分成方式。产品分成是指多家企业合作生产经营过程中，合作各方对合作生产出的产品按照约定分配，并以此作为生产经营收入。《中华人民共和国企业所得税法实施条例》（以下简称《企业所得税法实施条例》）第二十四条规定：“采取产品分成方式取得收入的，按企业分得产品的日期确认收入的实现，其收入额按产品的公允价值确定。”开发产品分给股东或者投资者，做视同销售处理。会计上分回开发产品未做收入，而税法要求做收入处理，因此需要做纳税调整。

【知识链接】

## 税收意义上的“合作建房”必须是双方同时立项

“合作建房”是房地产合作开发的通俗称谓，是指一方提供土地使用权，另一方或多方提供资金，合作开发经营房地产，根据协议分配新建房屋或利润的一种特殊房地产开发方式。在房地产开发实务中，一方提供土地，另一方提供资金合作开发房地产是一种常见的形式。但由于房地产合作开发涉及复杂的法律关系，由此产生的问题也远比企业独立开发房地产复杂得多。就税收而言，如何确定增值税的计税依据是纳税人普遍困惑的一个地方，要想弄明白这个问题，首先要把握一个重要的前提，即只有合作双方同时立项的房地产项目才是税收意义上的“合作建房”。

为什么要强调合作建房的立项问题呢？这是因为合作建房涉及建成房屋的原始取得问题。

《城市房地产开发经营管理条例》第十条规定，确定房地产开发项目，应当符合土地利用总体规划、年度建设用地计划和城市规划、房地产开发年度计划的要求；按照国家有关规定需要经计划主管部门批准的，还应当报计划主管部门批准，并纳入年度固定资产投资计划。目前，房地产开发项目的审批机关是各地政府的发改委。

《中华人民共和国城市房地产管理法》第六十条规定：国家实行土地使用权和房屋所有权登记发证制度。第六十一条第二款规定，在依法取得的房地产开发用地上建成房屋的，应当凭土地使用权证书向县级以上地方人民政府房产管理部门申请登记，由县级以上地方人民政府房产管理部门核实并颁发房屋所有权证书。

也就是说，办理初始登记在确认房屋所有权人时，依据的是土地使用权证。而土地使用权证是开发项目的立项人持国家批准的建设项目有关文件，是在取得建设用地规划许可证后，向土地管理部门申请的。简而言之，就是合作建房双方谁立项，新建的房屋就属于谁。因此，合作建房的立项人不同，其土地和房屋归属也不一样，也就会直接影响合作各方是否应纳税或纳多少税。

实践中，合作建房的立项分为三种情况，即：供地方申请立项、出资方申请立项和合作双方共同申请立项。

1.供地方立项的，供地方是房屋初始登记申请人，其新建的房屋所有权归供地方所有。在这种情形下，供地方办理房屋初始登记时，分给出资方的房屋及其占用范围内的土地使用权，属于销售行为，应按销售不动产缴纳增值税。而出资方分得的房屋及其占用范围内的土地实际上是出资方用建设资金购买的，办理权属登记时，根据《国家税务总局关于合作建房营业税问题的批复》（国税函〔2005〕1003号）的规定，此种情况不属于税法上规定的“合作建房”。营改增后按新规定确认是否征税。

2.出资方立项的，出资方是房屋初始登记的申请人，其新建的房屋所有权归出资方所有。关于这种方式是否适用《国家税务总局关于印发〈营业税问题解答（之一）〉的通知》（国税函发〔1995〕156号）中“合作建房”的条款，国家并没有明确的规定，但依据上述分析可知，如果出资方拥有产权，其在申请房屋产权登记前，应办理从供地方以转让方式获得的土地使用权转移登记手续。这实质上就不是双方的一种合作了，而是变成了出资方花钱买出地方的产权，而后再把完整产权的房产卖给出地方的单方项目运作。这种合作方式下，供地方应按“转让无形资产——转让土地使用权”缴纳增值税。分配给供地方的房屋视同销售，房屋占用范围内的土地视同转让，应按销售不动产缴纳增值税。

3.供地方和出资方联合立项的，双方建成房屋按合同约定分割后，供地方和出资方都是自己应得份额房屋的初始登记申请人，拥有应得份额房屋的所有权。属于国税函发〔1995〕156号文件规定的“合作建房”纳税情形。但由于出资方原来没有土地，因此，在办理分配所得的房屋初始登记申请手续时，应先办理该房屋占用范围内土地使用权的转移登记手续。在这种情况下，建成的房屋分配时，属于自建房，双方各自办理初始登记，不发生权属转移。在这个过程中，供地方将一部分土地使用权让渡给出资方，换取一部分资金建房，属于转让无形资产行为，应按“转让无形资产——转让土地使用权”缴纳增值税。

# 第 8 章 房地产增值税相关税收优惠

Answers and Explanations to Common Questions on VAT for Real Estate Companies Practice, Accounting and Case Studies

**【本章导读】**

本章主要介绍目前房地产业适用的增值税优惠、具体分类、相关的涉税业务处理等。我们在整理书稿的过程中发现目前增值税优惠项目繁多，但没有专门针对房地产企业的增值税优惠，而与房地产行业延伸相关的增值税优惠却有不少。

**问题 8–1**

**房地产业增值税优惠项目有哪些？如何分类？**

某房地产企业是一家大型的从事综合开发的现代化房地产企业，所在地旅游资源丰富，但开发不充分，以单一项目开发为主，旅游配套体系不完善。人均 GDP 超万元，市场对“健康服务”中的“综合养生”需求很大，但养老产业仍停留在“养生保健”阶段，暂无成熟的健康养生养老基地。教育培训机构“多、小、散”，针对客群为儿童及青少年，整体教育氛围较差，暂无大规模教育培训基地。基于此现状，该企业计划打造一个文旅度假区综合开发项目，包括传统的住宅及商业地产项目以及符合“绿色、健康、生态发展”理念的健康养老、天然生态园、体育服务、生态旅游、教育培训等项目。国家为发展绿色产业和生态旅游，以及民办教育和医疗，对于健康养老、天然生态园、体育服务、生态旅游、教育培训等行业在增值税方面给予了免税优惠，那么该企业在开发过程中可否享受增值税免税优惠？除此之外还可以享受哪些增值税优惠？

**解析：**下面我们来进行政策梳理，同时对问题一一进行解答。

**1. 免税收入**

（1）托儿所、幼儿园提供保育和教育服务取得的收入。

托儿所、幼儿园，是指经县级以上教育部门审批成立、取得办园许可证的实施0~6岁学前教育的机构，包括公办和民办的托儿所、幼儿园、学前班、幼儿班、保育院、幼儿院。

公办托儿所、幼儿园免征增值税的收入是指，在省级财政部门和价格主管部门审核报省级人民政府批准的收费标准以内收取的教育费、保育费。

民办托儿所、幼儿园免征增值税的收入是指，在报经当地有关部门备案并公示的收费标准范围内收取的教育费、保育费。

超过规定收费标准的收费，以开办实验班、特色班和兴趣班等为由另外收取的费用以及与幼儿入园挂钩的赞助费、支教费等超过规定范围的收入，不属于免征增值税的收入。

（2）养老机构提供养老服务取得的收入。

养老机构，是指依照民政部《养老机构设立许可办法》（民政部令第48号）设立并依法办理登记的为老年人提供集中居住和照料服务的各类养老机构；养老服务，是指上述养老机构按照民政部《养老机构管理办法》（民政部令第49号）的规定，为收住的老年人提供的生活照料、康复护理、精神慰藉、文化娱乐等服务。

（3）从事学历教育的学校提供教育服务取得的收入。

学历教育，是指受教育者经过国家教育考试或者国家规定的其他入学方式，进入国家有关部门批准的学校或者其他教育机构学习，获得国家承认的学历证书的教育形式。具体包括：①初等教育：普通小学、成人小学；②初级中等教育：普通初中、职业初中、成人初中；③高级中等教育：普通高中、成人高中和中等职业学校（包括普通中专、成人中专、职业高中、技工学校）；④高等教育：普通本专科、成人本专科、网络本专科、研究生（博士、硕士）、高等教育自学考试、高等教育学历文凭考试。

从事学历教育的学校，是指：①普通学校；②经地（市）级以上人民政府或者同级政府的教育行政部门批准成立、国家承认其学员学历的各类学校；③经省级及以上人力资源社会保障行政部门批准成立的技工学校、高级技工学校；④经省级人民政府批准成立的技师学院。上述学校均包括符合规定的从事学历教育的民办学校，但不包括职业培训机构等国家不承认学历的教育机构。

提供教育服务免征增值税的收入，是指对列入规定招生计划的在籍学生提供学历教育服务取得的收入，具体包括：经有关部门审核批准并按规定标准收取的学费、住宿费、课本费、作业本费、考试报名费收入，以及学校食堂提供餐饮服务取得的伙食费收入。除此之外的收入，包括学校以各种名义收取的赞助费、择校费等，不属于免征增值税的范围。

学校食堂是指依照《学校食堂与学生集体用餐卫生管理规定》（教育部令第14号）管理的学校食堂。

（4）政府举办的从事学历教育的高等、中等和初等学校（不含下属单位），举办进修班、培训班取得的全部归该学校所有的收入。

（5）将土地使用权转让给农业生产者用于农业生产取得的收入。

（6）土地所有者出让土地使用权和土地使用者将土地使用权归还给土地所有者取得的收入。

（7）符合条件的利息收入，是指统借统还业务中，企业集团或企业集团中的核心企业以及集团所属财务公司按不高于支付给金融机构的借款利率水平或者支付的债券票面利率水平，向企业集团或者集团内下属单位收取的利息。

统借方向资金使用单位收取的利息，高于支付给金融机构借款利率水平或者支付的债券票面利率水平的，应全额缴纳增值税。

统借统还业务，是指：

①企业集团或者企业集团中的核心企业向金融机构借款或对外发行债券取得资金后，将所借资金分拨给下属单位（包括独立核算单位和非独立核算单位，下同），并向下属单位收取用于归还金融机构或债券购买方本息的业务。

②企业集团向金融机构借款或对外发行债券取得资金后，由集团所属财务公司与企业集团或者集团内下属单位签订统借统还贷款合同并分拨资金，并向企业集团或者集团内下属单位收取本息，再转付企业集团，由企业集团统一归还金融机构或债券购买方的业务。

**2. 扣减增值税项目**

（1）退役士兵创业就业。

①自主就业退役士兵从事个体经营的，自办理个体工商户登记当月起，在3年（36个月，下同）内按每户每年12 000元为限额依次扣减其当年实际应缴纳的增值税、城市维护建设税、教育费附加、地方教育附加和个人所得税。限额标准最高可上浮20%，各省、自治区、直辖市人民政府可根据本地区实际情况在此幅度内确定具体限额标准。

纳税人年度应缴纳税款小于上述扣减限额的，减免税额以其实际缴纳的税款为限；大于上述扣减限额的，以上述扣减限额为限。纳税人的实际经营期不足1年的，应当按月换算其减免税限额。换算公式为：减免税限额＝年度减免税限额 ÷ 12 × 实际经营月数。城市维护建设税、教育费附加、地方教育附加的计税依据是享受本项税收优惠政策前的增值税应纳税额。

②企业招用自主就业退役士兵，与其签订1年以上期限劳动合同并依法缴纳社会保险费的，自签订劳动合同并缴纳社会保险当月起，在3年内按实际招用人数予以定额依次扣减增值税、城市维护建设税、教育费附加、地方教育附加和企业所得税优惠。定额标准为每人每年6 000元，最高可上浮50%，各省、自治区、直辖市人民政府可根据本地区实际情况在此幅度内确定具体定额标准。

企业按招用人数和签订的劳动合同时间核算企业减免税总额，在核算减免税总额内每月依次扣减增值税、城市维护建设税、教育费附加和地方教育附加。企业实际应缴纳的增值税、城市维护建设税、教育费附加和地方教育附加小于核算减免税总额的，以实际应缴纳的增值税、城市维护建设税、教育费附加和地方教育附加为限；实际应缴纳的增值税、城市维护建设税、教育费附加和地方教育附加大于核算减免税总额的，以核算减免税总额为限。

纳税年度终了，如果企业实际减免的增值税、城市维护建设税、教育费附加和地方教育附加小于核算减免税总额，企业在企业所得税汇算清缴时以差额部分扣减企业所得税。当年扣减不完的，不再结转以后年度扣减。

自主就业退役士兵在企业工作不满1年的，应当按月换算减免税限额。计算公式为：企业核算减免税总额 = Σ 每名自主就业退役士兵本年度在本单位工作月份 ÷ 12 × 具体定额标准。

城市维护建设税、教育费附加、地方教育附加的计税依据是享受本项税收优惠政策前的增值税应纳税额。

③所称自主就业退役士兵是指依照《退役士兵安置条例》(国务院中央军委令第608号)的规定退出现役并按自主就业方式安置的退役士兵。

所称企业是指属于增值税纳税人或企业所得税纳税人的企业等单位。

④自主就业退役士兵从事个体经营的，在享受税收优惠政策进行纳税申报时，注明其退役军人身份，并将《中国人民解放军义务兵退出现役证》《中国人民解放军士官退出现役证》或《中国人民武装警察部队义务兵退出现役证》《中国人民武装警察部队士官退出现役证》留存备查。

企业招用自主就业退役士兵享受税收优惠政策的，将以下资料留存备查：招用自主就业退役士兵的《中国人民解放军义务兵退出现役证》《中国人民解放军士官退出现役证》或《中国人民武装警察部队义务兵退出现役证》《中国人民武装警察部队士官退出现役证》；企业与招用自主就业退役士兵签订的劳动合同（副本），为职工缴纳的社会保险费记录；自主就业退役士兵本年度在企业工作时间表。

⑤企业招用自主就业退役士兵既可以适用上述税收优惠政策，又可以适用其他扶持就业专项税收优惠政策的，企业可以选择适用最优惠的政策，但不得重复享受。

⑥上述税收政策执行期限为2019年1月1日至2021年12月31日。纳税人在2021年12月31日享受该税收优惠政策未满3年的，可继续享受至3年期满为止。《财政部税务总局民政部关于继续实施扶持自主就业退役士兵创业就业有关税收政策的通知》（财税〔2017〕46号）自2019年1月1日起停止执行。

退役士兵以前年度已享受退役士兵创业就业税收优惠政策满3年的，不得再享受该税收优惠政策；以前年度享受退役士兵创业就业税收优惠政策未满3年且符合规定条件的，可按规定享受优惠至3年期满。

各地财政、税务、退役军人事务部门要加强领导、周密部署，把扶持自主就业退役士兵创业就业工作作为一项重要任务，主动做好政策宣传和解释工作，加强部门间的协调配合，确保政策落实到位。同时，要密切关注税收政策的执行情况，对发现的问题及时逐级向财政部、税务总局、退役军人部反映。

（2）重点群体创业就业。

①建档立卡贫困人口、持《就业创业证》（注明“自主创业税收政策”或“毕业年度内自主创业税收政策”）或《就业失业登记证》（注明“自主创业税收政策”）的人员，从事个体经营的，自办理个体工商户登记当月起，在3年（36个月，下同）内按每户每年12 000元为限额依次扣减其当年实际应缴纳的增值税、城市维护建设税、教育费附加、地方教育附加和个人所得税。限额标准最高可上浮20%，各省、自治区、直辖市人民政府可根据本地区实际情况在此幅度内确定具体限额标准。

纳税人年度应缴纳税款小于上述扣减限额的，减免税额以其实际缴纳的税款为限；大于上述扣减限额的，以上述扣减限额为限。

上述人员具体包括：纳入全国扶贫开发信息系统的建档立卡贫困人口；在人力资源社会保障部门公共就业服务机构登记失业半年以上的人员；零就业家庭、享受城市居民最低生活保障家庭劳动年龄内的登记失业人员；毕业年度内高校毕业生。高校毕业生是指实施高等学历教育的普通高等学校、成人高等学校应届毕业的学生；毕业年度是指毕业所在自然年，即1月1日至12月31日。

②企业招用建档立卡贫困人口，以及在人力资源社会保障部门公共就业服务机构登记失业半年以上且持《就业创业证》或《就业失业登记证》（注明“企业吸纳税收政策”）的人员，与其签订1年以上期限劳动合同并依法缴纳社会保险费的，自签订劳动合同并缴纳社会保险当月起，在3年内按实际招用人数予以定额依次扣减增值税、城市维护建设税、教育费附加、地方教育附加和企业所得税优惠。定额标准为每人每年6 000元，最高可上浮30%，各省、自治区、直辖市人民政府可根据本地区实际情况在此幅度内确定具体定额标准。城市维护建设税、教育费附加、地方教育附加的计税依据是享受本项税收优惠政策前的增值税应纳税额。

按上述标准计算的税收扣减额应在企业当年实际应缴纳的增值税、城市维护建设税、教育费附加、地方教育附加和企业所得税税额中扣减，当年扣减不完的，不得结转下年使用。

所称企业是指属于增值税纳税人或企业所得税纳税人的企业等单位。

③国务院扶贫办在每年1月15日前将建档立卡贫困人口名单及相关信息提供给人力资源社会保障部、税务总局，税务总局将相关信息转发给各省、自治区、直辖市税务部门。人力资源社会保障部门依托全国扶贫开发信息系统核实建档立卡贫困人口身份信息。

④企业招用就业人员既可以适用上述税收优惠政策，又可以适用其他扶持就业专项税收优惠政策的，企业可以选择适用最优惠的政策，但不得重复享受。

⑤上述税收政策执行期限为2019年1月1日至2021年12月31日。纳税人在2021年12月31日享受该税收优惠政策未满3年的，可继续享受至3年期满为止。《财政部 税务总局 人力资源社会保障部关于继续实施支持和促进重点群体创业就业有关税收政策的通知》（财税〔2017〕49号）自2019年1月1日起停止执行。

所述人员，以前年度已享受重点群体创业就业税收优惠政策满3年的，不得再享受该税收优惠政策；以前年度享受重点群体创业就业税收优惠政策未满3年且符合上述规定条件的，可按规定享受优惠至3年期满。

各地财政、税务、人力资源社会保障部门、扶贫办要加强领导、周密部署，把大力支持和促进重点群体创业就业工作作为一项重要任务，主动做好政策宣传和解释工作，加强部门间的协调配合，确保政策落实到位。同时，要密切关注税收政策的执行情况，对发现的问题及时逐级向财政部、税务总局、人力资源社会保障部、国务院扶贫办反映。

（3）增值税税控系统专用设备。

纳税人初次购买增值税税控系统专用设备（包括分开票机）支付的费用，可凭购买增值税税控系统专用设备取得的增值税专用发票，在增值税应纳税额中全额抵减（抵减额为价税合计额），不足抵减的可结转下期继续抵减；缴纳的技术维护费，可凭技术维护服务单位开具的技术维护费发票，在增值税应纳税额中全额抵减，不足抵减的可结转下期继续抵减。

**3. 不征税项目**

（1）一级土地开发。

纳税人与地方政府合作，投资政府土地改造项目（包括企业搬迁、危房拆除、土地平整等土地整理工作）。符合《国家税务总局关于纳税人投资政府土地改造项目有关营业税问题的公告》（国家税务总局公告2013年第15号）所规定的“投资行为”的，取得的投资收益不属于营业税征税范围，不征收营业税。投资方收取固定或保底收益的，按照贷款服务税目征收增值税。

该公告虽已全文废止，但之前符合规定投资行为在营改增之前仍然适用。

（2）融资性售后回租（回购）。

《国家税务总局关于融资性售后回租业务中承租方出售资产行为有关税收问题的公告》（国家税务总局公告2010年第13号）规定，承租方以融资为目的将资产出售给经批准从事融资租赁业务的企业后，又将该项资产从该融资租赁企业租回的，承租方出售资产的行为，不征收增值税。

（3）代收住宅专项维修金。

《营业税改征增值税试点有关事项的规定》（财税〔2016〕36号文件附件2）第一条第（二）项规定，不征收增值税项目包括房地产主管部门或者其指定机构、公积金管理中心、开发企业以及物业管理单位代收的住宅专项维修资金。

**4. 新增留抵税额退还**

自2019年4月1日起，试行增值税期末留抵税额退税制度。

（1）同时符合以下条件的纳税人，可以向主管税务机关申请退还增量留抵税额：①自2019年4月税款所属期起，连续六个月（按季纳税的，连续两个季度）增量留抵税额均大于零，且第六个月增量留抵税额不低于50万元；②纳税信用等级为A级或者B级；③申请退税前36个月未发生骗取留抵退税、出口退税或虚开增值税专用发票情形的；④申请退税前36个月未因偷税被税务机关处罚两次及以上的；⑤自2019年4月1日起未享受即征即退、先征后返（退）政策的。

（2）增量留抵税额是指与2019年3月底相比新增加的期末留抵税额。

（3）纳税人当期允许退还的增量留抵税额，按照以下公式计算：

允许退还的增量留抵税额=增量留抵税额 × 进项构成比例 ×60%

进项构成比例，为2019年4月至申请退税前一税款所属期内已抵扣的增值税专用发票（含税控机动车销售统一发票）、海关进口增值税专用缴款书、解缴税款完税凭证注明的增值税额占同期全部已抵扣进项税额的比重。

**5.相关文件依据**

（1）免征增值税项目文件依据：《财政部 国家税务总局关于全面推开营业税改征增值税试点的通知》（财税〔2016〕36号）。

（2）扣减增值税项目文件依据：《财政部 税务总局 退役军人部关于进一步扶持自主就业退役士兵创业就业有关税收政策的通知》（财税〔2019〕21号）、《财政部 税务总局关于进一步支持和促进重点群体创业就业有关税收政策的通知》（财税〔2019〕22号）、《财政部、国家税务总局关于增值税税控系统专用设备和技术维护费用抵减增值税税额有关政策的通知》（财税〔2012〕15号）。

（3）不征税项目文件依据：《国家税务总局关于纳税人投资政府土地改造项目有关营业税问题的公告》（国家税务总局2013年第15号公告）、《国家税务总局关于融资性售后回租业务中承租方出售资产行为有关税收问题的公告》（国家税务总局公告2010年第13号）、《财政部 国家税务总局关于全面推开营业税改征增值税试点的通知》（财税〔2016〕36号）。

（4）新增留抵税额退还文件依据：《财政部 税务总局 海关总署关于深化增值税改革有关政策的公告》（财政部 税务总局 海关总署公告2019年第39号）。

## 问题8–2

**房地产业有哪些重要的增值税优惠项目?**

**解析：**

**1.房地产业“统借统还”业务增值税处理**

房地产企业统借统还业务要想享受免征增值税的优惠，应具备以下几个条件：

（1）统借统还业务的适用主体是企业集团。

税收政策对于统借主体并无明确界定，但在实践中，税务机关把握企业集团依据的是国家工商行政管理总局《企业集团登记管理暂行规定》（工商企字〔1998〕第59号）规定的条件。该文件规定，企业集团是指以资本为主要联结纽带的母子公司为主体，以集团章程为共同行为规范的母公司、子公司、参股公司及其他成员企业或机构共同组成的具有一定规模的企业法人联合体。企业集团的母公司注册资本在5 000万元人民币以上，并至少拥有5家子公司；母公司和其子公司的注册资本总和在1亿元人民币以上；集团成员单位均具有法人资格。企业集团应持有工商行政管理机关颁发的《企业集团登记证》，企业集团本身不具有企业法人资格，其名称可以在宣传和广告中使用，但不得以企业集团名义订立经济合同，从事经营活动。在实际判断时，需要注意的是，以股东身份投资另一企业，属于母公司控股子公司，同属一个母公司的企业，或自己冠名为“集团”，但未办理企业集团设立登记的企业，这些企业之间只是单纯的股权投资与被投资关系，并非真正意义上的企业集团。

（2）统借统还业务的资金来源于金融机构借款或对外发行债券。

例如，甲房地产企业集团以10%的利率从另一家房产企业融资1亿元，然后按照同样的利率水平拨给其子公司使用，就不能按统借统还免增值税业务处理。

（3）统借方支付的利率与资金使用方支付统借方的利率一致。

统借统还业务应按不高于支付给金融机构的借款利率水平或者支付的债券票面利率水平执行，强调统借方支付的利率与资金使用方支付统借方的利率一致。

例如，甲房地产企业集团以10%的利率从银行取得借款后，以统借统还的方式按10%利率拨给其子公司乙公司，同时向乙公司收取3%的管理服务费，就不满足利率一致性的要求，不能享受统借统还免增值税待遇。

又如，甲房地产企业集团从银行取得两笔借款，利率分别为10%和12%，然后甲集团按综合利率11%将两笔借款资金分拨给子公司乙公司和丙公司使用，甲集团向乙公司和丙公司收取的利息就不满足利率一致性的要求，不能享受免税待遇。

（4）统借统还业务中对资金拨付的路径有要求。

要么是企业集团或者企业集团中的核心企业拨给下属单位；要么是集团所属财务公司拨给企业集团或者集团内下属单位。

例如，甲房地产企业集团以10%的利率从银行取得借款后，以统借统还的方式按10%利率转贷给其子公司乙公司，乙公司再以同样的利率转贷给下属子公司丙公司，乙公司收取丙公司的利息就不满足资金拨付路径要求，不能免增值税。

**2.一级土地开发增值税处理**

当前，一些纳税人（以下称投资方）与地方政府合作，投资政府土地改造项目，土地拆迁、安置及补偿工作由政府指定其他纳税人进行，投资方负责按计划支付土地整理所需资金，同时，与规划设计单位和施工单位签订劳务合同，协助政府完成土地规划设计、场地平整、地块周边绿化等工作，并直接向规划设计单位和施工单位支付设计费和工程款，当该地块符合国家土地出让条件时，地方政府将该地块进行挂牌出让，实现的收益或亏损均由投资方自行承担。通过该投资行为，投资者获得的收益如何进行税务处理要从两方面来分析：

（1）如果社会民间投资者与政府签订的国有土地一级开发协议中约定如下内容：当土地达到招挂拍的条件，土地对外拍卖，无论拍卖价是否超过社会民间投资者投入一级土地开发的投资成本（包括投资资金的融资成本费用），政府在一定的期限内偿还投资者投入的资本金和有关资本金所发生的融资利息费用。

此时投资者获得政府给予的投资成本和融资利息费用视同为贷款服务，按照贷款服务缴纳增值税和企业所得税。

根据《销售服务、无形资产、不动产注释》第一条第（五）项“金融服务”的规定，贷款服务是指将资金贷与他人使用而取得利息收入的业务活动，以货币资金投资收取的固定利润或者保底利润，按照贷款服务缴纳增值税。基于此规定，政府与社会民间投资签订的国有土地一级开发协议约定：民间投资者不承担风险，无论开发的国有土地对外拍卖，拍卖价高于还是低于社会民间投资者在国有土地一级开发中的投资本金，政府都保证在一定期限内偿还社会民间投资者的投资本金，而且还按照银行同期限的贷款利率支付投资融资利息。这种合同约定的实质是，社会民间投资者以货币资金投资收取固定利润或者保底利润，对该固定利润或者保底利润应按照贷款服务缴纳增值税。同时，社会民间投资者获得的融资利息应该缴纳企业所得税。

（2）如果社会民间投资者与政府签订的国有土地一级开发协议中约定如下内容：社会民间投资者投资政府土地改造项目（包括企业搬迁、危房拆除、土地平整等土地整理工作）。其中，土地拆迁、安置及补偿工作由地方政府指定其他纳税人进行，投资方负责按计划支付土地整理所需资金；同时，投资方作为建设方与规划设计单位、施工单位签订合同，协助地方政府完成土地规划设计、场地平整、地块周边绿化等工作，并直接向规划设计单位和施工单位支付设计费和工程款。当该地块符合国家土地出让条件时，地方政府将该地块进行挂牌出让，若成交价低于投资方投入的所有资金，亏损由投资方自行承担；若成交价超过投资方投入的所有资金，则所获收益归投资方所有或者由政府和社会投资者按照一定比例进行分配。

此时社会投资者投入资金并承担项目风险和损益的行为，即利益和风险共担，属于合同联营行为（投资行为的一种），投资者获得的收益不缴纳增值税，只缴纳企业所得税。

《营业税改征增值税试点实施办法》（财税〔2016〕36号文件附件1）第一条规定：在中华人民共和国境内（以下称境内）销售服务、无形资产或者不动产（以下称应税行为）的单位和个人，为增值税纳税人，应当按照该办法缴纳增值税。《中华人民共和国民法通则》第五十三条规定："企业之间或者企业、事业单位之间联营，按照合同的约定各自独立经营的，它的权利和义务由合同约定，各自承担民事责任"。该条是对"合同型联营"的法律界定，合同型联营，是指联营各方按照合同的约定相互协作，独立经营的一种散型的共同经营体，联营各方要遵循共负盈亏、共担风险的基本原则，实质上合同型联营是一种投资行为。另外，《营业税改征增值税试点过渡政策的规定》（财税〔2016〕36号文件附件3）第一条第（三十七）项规定："土地所有者出让土地使用权，免增值税"。根据该条规定，政府将开发的熟地对外"招拍挂”，所获得的土地出让金免增值税。

基于以上分析，社会投资者与政府签订的国有土地一级开发协议，投资者获得的收益根据开发完成的一级土地拍卖市场的波动而波动。即地方政府将该开发完成的国有土地进行挂牌出让，若成交价低于投资方投入的所有资金，亏损由投资方自行承担；若成交价超过投资方投入的所有资金，则所获收益归投资方所有或者由政府和社会投资者按照一定比例进行分配。投资者获得的收益是投资收益，没有发生销售行为，不征收增值税，只征收企业所得税。

[**例**] 某企业与地方政府合作，投资某土地改造项目：土地拆迁、安置及补偿工作由地方政府指定其他纳税人进行，投资方负责按计划支付土地整理所需资金，同时，与规划设计单位和施工单位签订劳务合同，协助政府完成土地规划设计、场地平整、地块周边绿化等工作，并直接向规划设计单位和施工单位支付设计费和工程款，使该地块符合国家土地出让的条件。该企业总共投资1亿元，并与某规划设计单位和施工单位签订设计和施工合同，支付设计费和工程款共5 000万元，支付建筑物拆除、平整土地和拆迁补偿费共5 000万元，使该土地达到国家土地出让的条件。该土地通过招挂拍程序，获得不包括土地出让金的土地拍卖价15 000万元，全归该投资方企业所有，应如何进行增值税税务处理？

**分析**：根据以上社会投资者投资国有土地一级开发，投资方向政府土地改造项目投入资金并承担项目风险和损益的行为，属于投资行为，不征收增值税。

**3.母公司将其土地变更到全资子公司名下开发的增值税处理**

举例说明如下。

[**例**] A公司于2016年3月1日，以120万元/亩的价格，通过招投标手续购入白湖片区D8地块共52亩，现国土部门对该片区综合评估约为140万元/亩。A公司领导层商议一致同意：将白湖片区D8地块过户到A公司100%控股的具有房地产开发资质的全资子公司B公司名下进行综合开发。但该地块如何变更到B公司名下，面临两种合同签订方案：一是A公司与B公司签订土地划转协议：将该地块按账面净值划转到

B公司名下；二是A公司与B公司签订协议：将该地块以增资扩股的形式投资入股到B公司名下。请分析两种合同签订方案的涉税成本。

**分析：**

（1）第一种合同签订方案的增值税处理。

对于案例中A公司将其名下的土地资产无偿划转B公司名下，根据《国家税务总局关于资产（股权）划转企业所得税征管问题的公告》（国家税务总局公告2015年第40号）第一条第（二）项的规定，100%直接控制的母子公司之间，母公司向子公司按账面净值划转其持有的股权或资产，母公司没有获得任何股权或非股权支付。母公司按冲减实收资本（包括资本公积，下同）处理，子公司按接受投资处理。基于以上税收政策的规定，A公司的账务处理如下：

借：资本公积/实收资本（账面净值）

贷：无形资产——土地使用权（土地的账面净值）

从会计核算可以发现，A公司按原账面价值划转，无增值，因此，无须缴纳增值税、土地增值税。

（2）第二种合同签订方案（投资扩股方式）的涉税成本分析。

《营业税改征增值税试点实施办法》（财税〔2016〕36号文件附件1）第十条规定：销售服务、无形资产或者不动产，是指有偿提供服务、有偿转让无形资产或者不动产。第十一条规定：有偿，是指取得货币、货物或者其他经济利益。《营业税改征增值税试点有关事项的规定》（财税〔2016〕36号文件附件2）第一条规定：适用一般计税方法的试点纳税人，2016年5月1日后取得并在会计制度上按固定资产核算的不动产或者2016年5月1日后取得的不动产在建工程，其进项税额应自取得之日起分2年从销项税额中抵扣，第一年抵扣比例为60%，第二年抵扣比例为40%。《财政部 税务总局 海关总署关于深化增值税改革有关政策的公告》（财政部 税务总局 海关总署公告2019年第39号）规定，自2019年4月1日起，《营业税改征增值税试点有关事项的规定》第一条第（四）项第1点、第二条第（一）项第1点停止执行，纳税人取得不动产或者不动产在建工程的进项税额不再分2年抵扣。此前按照上述规定尚未抵扣完毕的待抵扣进项税额，可自2019年4月税款所属期起从销项税额中抵扣。取得不动产，包括以直接购买、接受捐赠、接受投资入股、自建以及抵债等各种形式取得不动产，不包括房地产开发企业自行开发的房地产项目。

从上述规定可以得出，企业将无形资产、不动产投资入股换取被投资企业股权的行为属于有偿取得“其他经济利益”，且被投资企业取得不动产包括“接受投资入股”形式取得的不动产，其进项税额准予从销项税额中抵扣。这就意味着企业以土地使用权等无形资产和房屋等不动产投资应作为销售缴纳增值税，并可计算销项税额、开具增值税专用发票给被投资企业作为抵扣进项税额的凭据。因此以非货币性资产投资要视同销售缴纳增值税。

《财政部 国家税务总局关于进一步明确全面推开营改增试点有关劳务派遣服务、收费公路通行费抵扣等政策的通知》(财税〔2016〕47号)第三条第(二)项规定:“纳税人转让2016年4月30日前取得的土地使用权，可以选择适用简易计税方法，以取得的全部价款和价外费用减去取得该土地使用权的原价后的余额为销售额，按照5%的征收率计算缴纳增值税。”基于此规定，A公司以白湖片区D8地块增资扩股到B公司，需缴纳增值税：（140–120）×52÷（1+5%）×5%=49.5（万元）。

**4.政府收回国有土地使用权而给予的土地补偿款的增值税处理**

实践中，政府收回国有土地使用权的，经过“招拍挂”程序，摘牌企业向政府的土地储备中心交纳一定的土地出让金，办理土地使用权过户手续，同时，摘牌企业向被政府收回土地使用权的原土地使用者支付一定的土地补偿费用。对于该笔土地补偿费用应如何进行税务处理?

土地补偿款的增值税处理：免征增值税。

《营业税改征增值税试点过渡政策的规定》(财税〔2016〕36号文件附件3）第一条第（三十七）项规定：“土地所有者出让土地使用权和土地使用者将土地使用权归还给土地所有者，免增值税”。基于此规定，被政府收回土地使用权的原土地使用者收到摘牌企业支付的土地补偿费用免征增值税。

**5. 土地摘牌企业受托拆迁（代理拆迁、拆迁补偿）获得政府给予土地返还款的涉税处理**

国家收回国有土地使用权后，土地进入土地储备中心，然后通过挂牌交易，摘牌企业获得政府一定的土地返还款，代理政府从事拆迁和土地整理工作。摘牌企业获得政府给予的土地返还款该如何进行税务处理？根据《销售服务、无形资产、不动产注释》第一条第（四）项建筑服务的规定，“其他建筑服务”，包括拆除建筑物或者构筑物、平整土地、园林绿化、建筑物平移、爆破、表面附着物（包括岩层、土层、沙层等）剥离和清理等工程作业。摘牌企业代委托方向原土地使用权人支付拆迁补偿费的行为属于“经纪代理服务”行为，《营业税改征增值税试点有关事项的规定》第一条第（四）项第4款规定：“经纪代理服务，以取得的全部价款和价外费用，扣除向委托方收取并代为支付的政府性基金或者行政事业性收费后的余额为销售额。向委托方收取的政府性基金或者行政事业性收费，不得开具增值税专用发票。”基于此规定，摘牌企业应以提供经纪代理服务取得的全部收入为销售额计算缴纳增值税。

**［例］**某房地产开发企业通过“招拍挂”购入土地100亩，与国土部门签订的出让合同价格为10 000万元，企业已缴纳10 000万元。协议约定：在土地出让金入库后以财政支持的方式给予乙方补助3 000万元（含增值税），用于该项目10 000平方米土地及地上建筑物的拆迁费用支出。国土部门委托房地产开发公司进行建筑物拆除、平整土地并代委托方向原土地使用权人支付拆迁补偿费。约定返还的3 000万元中，1 000万元（含增值税）用于拆迁费用，2 000万元用于动迁户补偿。企业实际向动迁户支付补偿款1 500万元。应如何进行增值税税务处理？

**分析：**根据《销售服务、无形资产、不动产注释》第一条第（四）项建筑服务的规定，拆除建筑物或者构筑物应依照“建筑服务”缴纳增值税。另外，根据《营业税改征增值税试点有关事项的规定》第一条第（四）项第4款的规定，经纪代理服务，以取得的全部价款和价外费用，扣除向委托方收取并代为支付的政府性基金或者行政事业性收费后的余额为销售额计算缴纳增值税。因此，本案例土地返还款3 000万元的税务处理如下：

（1）由于拆迁建筑劳务是清包工劳务，根据《营业税改征增值税试点有关事项的规定》第一条第（七）项的规定，一般纳税人以清包工方式提供的建筑服务，可以选择适用简易计税方法计税。以清包工方式提供建筑服务，是指施工方不采购建筑工程所需的材料或只采购辅助材料，并收取人工费、管理费或者其他费用的建筑服务。基于此规定，房地产公司将拆迁建筑劳务外包给拆迁公司，拆迁公司提供建筑物拆除、平整土地劳务取得的收入1 000万元，应按建筑服务业，选择简易计税方法缴纳增值税29.1万元［1 000÷（1+3%）×3%］，并且拆迁公司向房地产公司开具3%的增值税专用发票。

（2）代理支付动迁补偿款不可以在计算增值税销售额时进行扣除，对于直接支付给被拆迁户的拆迁补偿款，由于被拆迁户收到拆迁补偿款没有发生增值税纳税义务，不需要向房地产公司开具发票，因此，房地产公司代国土部门向原土地使用权人支付拆迁补偿费不可以抵扣增值税。基于此分析，房地产公司增值税销项税额为113.21万元［2 000÷（1+6%）×6%］。所以，房地产公司应缴纳增值税84.11万元（113.21–29.1）。

**6. 孵化园和创业园的增值税处理**

《财政部 税务总局 科技部 教育部关于科技企业孵化器、大学科技园和众创空间税收政策的通知》（财税〔2018〕120号）规定：

“一、自2019年1月1日至2021年12月31日，对国家级、省级科技企业孵化器、大学科技园和国家备案众创空间自用以及无偿或通过出租等方式提供给在孵对象使用的房产、土地，免征房产税和城镇土地使用税；对其向在孵对象提供孵化服务取得的收入，免征增值税。本通知所称孵化服务是指为在孵对象提供的经纪代理、经营租赁、研发和技术、信息技术、鉴证咨询服务。

二、国家级、省级科技企业孵化器、大学科技园和国家备案众创空间应当单独核算孵化服务收入。

三、国家级科技企业孵化器、大学科技园和国家备案众创空间认定和管理办法由国务院科技、教育部门另行发布；省级科技企业孵化器、大学科技园认定和管理办法由省级科技、教育部门另行发布。本通知所称在孵对象是指符合前款认定和管理办法规定的孵化企业、创业团队和个人。

四、国家级、省级科技企业孵化器、大学科技园和国家备案众创空间应按规定申报享受免税政策，并将房产土地权属资料、房产原值资料、房产土地租赁合同、孵化协议等留存备查，税务部门依法加强后续管理。

2018年12月31日以前认定的国家级科技企业孵化器、大学科技园，自2019年1月1日起享受本通知规定的税收优惠政策。2019年1月1日以后认定的国家级、省级科技企业孵化器、大学科技园和国家备案众创空间，自认定之日次月起享受本通知规定的税收优惠政策。2019年1月1日以后被取消资格的，自取消资格之日次月起停止享受本通知规定的税收优惠政策。”

## 问题8–3

**房地产业增值税优惠项目如何进行账务处理?**

**解析:**

**1. 免税项目的账务处理**

[**例**] 某民办幼儿园在2019年3月按规定的收费标准收取学费50万元，符合增值税免税规定。

**分析:** 会计处理如下:

实现收入时:

借：银行存款　500 000

　贷：主营业务收入　500 000

**2. 扣减增值税项目的账务处理**

[**例1**] 2019年5月某房地产公司当月销售收入（含税）2 834万元，当月成本费用支出1 800万元（其中，进项税额100万元），当年新招用失业人员20人，经税务机关依法确认定额扣减增值税8万元。

**分析**：会计处理如下：

实现收入时：

借：银行存款　28 340 000

贷：主营业务收入　26 000 000

应交税费——应交增值税（销项税额）　2 340 000

支出成本费用时：

借：主营业务成本　1 700 000

应交税费——应交增值税（进项税额）　100 000

贷：银行存款　1 800 000

减免增值税款时：

借：应交税费——应交增值税（减免税款）　80 000

贷：营业外收入——补贴收入　80 000

［**例2**］2019年5月，A企业首次购入增值税税控系统设备，支付价款300元，同时支付当年增值税税控系统专用设备技术维护费280元。当月两项合计抵减当月增值税应纳税额580元。

**分析**：账务处理如下：

（1）首次购入增值税税控系统专用设备。

借：固定资产——税控设备　300

贷：银行存款　300

（2）发生防伪税控系统专用设备技术维护费。

借：管理费用　280

贷：银行存款　280

（3）抵减当月增值税应纳税额。

借：应交税费——应交增值税（减免税款）　580

贷：管理费用　300

递延收益　280

### 3.不征税项目的账务处理

**［例］** 甲房地产企业2017年1月1日将一栋已完工的商务楼销售给乙银行（经批准具有从事融资租赁业务的资质），售价为5 000万元。该栋商务楼的建造成本为4 500万元。合同约定2019年12月31日房地产企业将该栋商务楼重新购回，回购价为5 600万元。会计处理上，这项交易实质上是房地产企业将房产做抵押担保，向银行借款5 000万元，期限3年，应付利息600万元。

**分析：** 暂不考虑其他相关税费，房地产企业的账务处理如下（单位：万元）：

（1）出售房产时：

| | | |
|---|---|---|
| 借：银行存款 | 5 000 | |
| 　贷：其他应付款 | | 5 000 |
| 借：发出商品 | 4 500 | |
| 　贷：开发产品 | | 4 500 |

（2）2018年度和2019年度末计提应付利息时：

| | | |
|---|---|---|
| 借：财务费用 | 200 | |
| 　贷：其他应付款 | | 200 |

（3）2019年12月31日重新回购房产时：

| | | |
|---|---|---|
| 借：其他应付款 | 5 400 | |
| 　　财务费用 | 200 | |
| 　贷：银行存款 | | 5 600 |
| 借：开发产品 | 4 500 | |
| 　贷：发出商品 | | 4 500 |

### 4.新增留抵税额退还的账务处理

**［例1］** 假定纳税人3月所属期期末留抵是100万元，4—9月期末留抵分别是110万元、105万元、120万元、130万元、140万元、150万元，其他条件假定都满足，请判断是否符合进项税留抵退税条件？

**分析：**4—9月增量留抵税额分别是10万元、5万元、20万元、30万元、40万元、50万元，且9月增量留抵不低于50万元，符合条件。

上述进项构成比例，为2019年4月至申请退税前一税款所属期内已抵扣的增值税专用发票（含税控机动车销售统一发票）、海关进口增值税专用缴款书、解缴税款完税凭证注明的增值税额占同期全部已抵扣进项税额的比重。

计算公式为：

进项构成比例=（2019年4月至申请退税前一纳税期抵扣的增值税专用发票+海关进口增值税专用缴款书+解缴税款完税凭证的增值税额）/同期全部已抵扣进项税额

[**例2**]（接上例）A公司2019年3月底的留抵税额是100万元，2019年9月的留抵税额是180万元，假定A公司满足申报退税的5个条件，该公司4月到9月申报抵扣的进项税额是500万元。这500万元的进项税额包含农产品计算、旅客运输抵扣的进项税额，其中只有400万元属于已抵扣的增值税专用发票、海关进口增值税专用缴款书和解缴税款完税凭证上注明的增值税税额。

**分析：**4—9月允许退还的增量留抵税额=增量留抵税额 × 进项构成比例 ×60%=（10+5+20+30+40+50）×（400 ÷ 500）×60%=74.4（万元）。

在收到退还增值税期末留抵税额时：

借：银行存款　　744 000

　　贷：应交税费——应交增值税（进项税额转出）　　744 000

## 问题8–4

**房地产业增值税优惠项目如何进行纳税申报？**

**解析：**假设某增值税一般纳税人2018年9月营业收入为487 889.84元，其中，开具增值税普通发票123 917.10元，未开票收入363 972.74元。应填报的纳税申报表见图8–1。

- **B05 增值税纳税申报表（一般纳税人适用）**
- B06 增值税纳税申报表附列资料一（本期销售情况明细）
- B07 增值税纳税申报表附列资料二（本期进项税额明细）
- B08 增值税纳税申报表附列资料三（应税服务扣除项目明细）
- B09 增值税纳税申报表附列资料四（税额抵减情况表）
- B47 增值税纳税申报表附列资料（五）
- B44 增值税减免税申报明细表
- BFJ 附加税（费）申报表

图8–1

具体申报如下：

第一步，首先填列表B06第19栏，免税不能抵扣，不用填写表B07，如果取得了专票且认证通过，需同时填写表B07的抵扣和转出栏次。开具的增值税普通发票填写在“开具其他发票”栏，没有开具发票主要是个人消费者没有索取发票的，这里也需要申报，哪怕是免税也需要如实填写，填写在“未开具发票”栏次。如图8–2所示。

**增值税纳税申报表附列资料（一）**

**（本期销售情况明细）**

税款所属时间：20XX年XX月XX日至20XX年XX

纳税人名称：（公章）XXX公司 章

| 项目及栏次 | | | 开具增值税专用发票 | | 开具其他发票 | | 未开具发票 | |
|---|---|---|---|---|---|---|---|---|
| | | | 销售额 | 销项（应纳）税额 | 销售额 | 销项（应纳）税额 | 销售额 | 销项（应纳）税额 |
| | | | 1 | 2 | 3 | 4 | 5 | 6 |
| 四、免税 | 货物及加工修理修配劳务 | 18 | | | | —— | | —— |
| | 服务、不动产和无形资产 | 19 | —— | —— | 123,917.10 | —— | 363,972.74 | —— |

图8–2

第二步，填写表B44，在序号2下双击添加增值税优惠政策（见图8–3），与备案信息一致，接着在“免征增值税项目销售额”中填写487 889.84元，如图8–4所示。

| 减免税项目名称 | 政策名称 | 减免性质代码 |
|---|---|---|
| 医疗机构提供的医疗服务免征增值税优惠 | 《财政部 国家税务总局关于全面推开营业税改征增值税试点的通知》(财税〔2016〕36号) | 1 123 406 |

图8–3

**增值税减免税申报明细表**

税款所属时间：自20XX年XX月01日至20XX年XX月XX日

纳税人名称（公章）：XXX公司　　金额单位：元至角分

| 一、减税项目 | | | | | |
|---|---|---|---|---|---|
| 减税性质代码及名称 | 期初余额 | 本期发生额 | 本期应抵减税额 | 本期实际抵减税额 | 期末余额 |
| | 1 | 2 | 3=1+2 | 4≤3 | 5=3-4 |
| 合计 | 0.00 | 0.00 | 0.00 | 0.00 | 0.00 |
| 二、免税项目 | | | | | |
| 免税性质代码及名称 | 免征增值税项目销售额 | 免税销售额扣除项目本期实际扣除金额 | 扣除后免税销售额 | 免税销售额对应的进项税额 | 免税额 |
| | 1 | 2 | 3=1-2 | 4 | 5 |
| 出口免税 | 0.00 | —— | —— | —— | —— |
| 其中：跨境服务 | 0.00 | —— | —— | —— | —— |
| 《财政部 国家税务总局关于全面推开营业税改征增值税试点的通知》（财税〔2016〕36号附件3第一条第（七）款） | 487,889.84 | 0.00 | 487,889.84 | 0.00 | 0.00 |
| 合计 | 487,889.84 | 0.00 | 487,889.84 | 0.00 | 0.00 |

图8–4

第三步，返回主表B05，在表B06和表B44中填写的数字会自动带入表B05，核对数据是否准确。如图8–5所示。

**增值税纳税申报表**

**（一般纳税人适用）**

根据国家税收法律法规及增值税相关规定制定本表。纳税人不论有无销售额，均应按税务机关核定的纳税期限填写本表，

税款所属时间：自201XX年XX月01日至20XX年XX月XX日　　填表日期：20XX年XX月XX日

| | | | |
|---|---|---|---|
| 纳税人识别号 | X X X X X X X X X X X X X X X X X X X X | 所属行业： | 填写 |
| 纳税人名称 | XXX公司（公章） | 法定代表人姓名 | 某某 |
| 注册地址 | 税务登记证件所注明的详细地址 | | |
| 开户银行及账号 | XX银行XXXXXXXXXXXXXXXXXX | 登记注册类型 | 据实填写 |

| 项目 | | 栏次 | 一般项目 本月数 | 一般项目 本年累计 |
|---|---|---|---|---|
| 销售额 | （一）按适用税率计税销售额 | 1 | | |
| | 其中：应税货物销售额 | 2 | | |
| | 应税劳务销售额 | 3 | | |
| | 纳税检查调整的销售额 | 4 | | |
| | （二）按简易办法计税销售额 | 5 | | |
| | 其中：纳税检查调整的销售额 | 6 | | |
| | （三）免、抵、退办法出口销售额 | 7 | | |
| | （四）免税销售额 | 8 | 487,889.84 | 3,917,527.47 |
| | 其中：免税货物销售额 | 9 | | |
| | 免税劳务销售额 | 10 | | |

图8–5

确认无误后，点击“报送”，增值税纳税申报就完成了。

## 问题8–5

**房地产业增值税优惠项目发票如何开具?**

**解析:** 以爱信诺金税盘为例，发票开具过程中，在添加商品编码时，“享受优惠政策”栏选择“是”，“优惠政策类型”栏选择“免税”，“税率”栏自动跳转为“免税”，示例如图8–6所示。

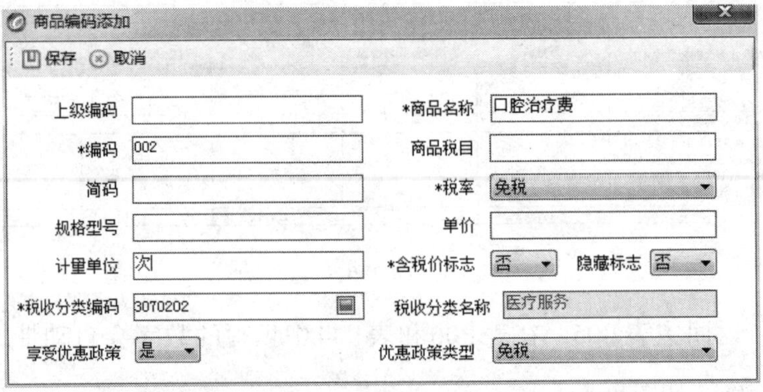


图8–6

实际开出的发票示例（注意“税率”栏不是“0%”）如图8–7所示。

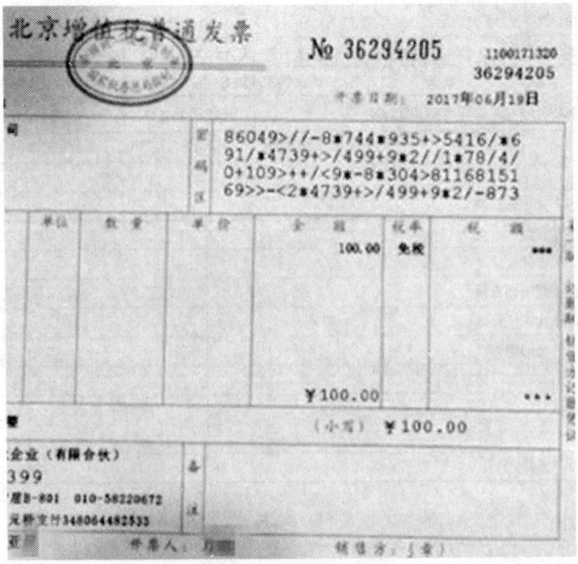


图8–7

## 问题8–6

**房地产业增值税优惠项目如何备案?**

**解析：**

**1.备案资料**

（1）公共租赁住房经营管理单位出租公共租赁住房免征增值税优惠（减免性质代码：01011704，政策依据：财税〔2016〕36号文件），应报送：《纳税人减免税备案登记表》2份。

（2）企业安置随军家属免征增值税优惠（减免性质代码：01011809，政策依据：财税〔2016〕36号文件），应报送：①《纳税人减免税备案登记表》2份；②军（含）以上政治和后勤机关共同出具的加盖部队公章的“安置随军家属达到规定比例企业”证明材料复印件；③师（含）以上政治机关出具的随军家属证明复印件；④劳动合同或服务协议原件及复印件；⑤工资发放清单；⑥企业为职工缴纳的社会保险费记录；⑦安置随军家属名单；⑧职工名单。

（3）企业安置军转干部免征增值税优惠（减免性质代码：01011810，政策依据：财税〔2016〕36号文件），应报送：①《纳税人减免税备案登记表》2份；②转业干部就业人员占全部在职职工比例的情况说明；③师（含）以上部队颁发的转业证件复印件；④劳动合同或服务协议复印件；⑤工资发放清单；⑥企业为职工缴纳的社会保险费记录；⑦安置军队转业干部名单；⑧职工名单。

（4）企业招用退役士兵扣减增值税优惠（减免性质代码：01011812，政策依据：财税〔2019〕21号文件），应报送：①《纳税人减免税备案登记表》2份；②《中国人民解放军义务兵退出现役证》或《中国人民解放军士官退出现役证》原件及复印件；③企业与新招用自主就业退役士兵签订的劳动合同（副本）复印件；④企业为职工缴纳的社会保险费记录；⑤自主就业退役士兵本年度在企业工作时间表。

（5）养老机构提供的养老服务免征增值税优惠（减免性质代码：01012709，政策依据：财税〔2016〕36号文件），应报送：①《纳税人减免税备案登记表》2份；

②民政部门核发的社会福利机构设置批准证书原件及复印件；③有关部门批准成立的文件或出具的从业认定证明原件及复印件；④收费标准和符合相关优惠条件书面声明材料。

（6）招录重点群体就业扣减增值税优惠（减免性质代码：01013609，政策依据：财税〔2019〕22号文件），应报送：①《纳税人减免税备案登记表》2份；②县以上人力资源社会保障部门核发的《企业吸纳重点群体就业认定证明》复印件；③《重点群体人员本年度实际工作时间表》。

（7）国家大学科技园收入免征增值税（减免性质代码：01021904，政策依据：财税〔2016〕98号文件），应报送：①《纳税人减免税备案登记表》2份；②国务院科技和教育行政主管部门出具的符合国家大学科技园的证明材料。

（8）科技企业孵化器收入免征增值税（减免性质代码：01021905，政策依据：财税〔2016〕89号文件），应报送：①《纳税人减免税备案登记表》2份；②国务院科技行政主管部门出具的符合科技企业孵化器的证明材料。

（9）资产重组免征增值税优惠（减免性质代码：01052402、01052403、01059901，政策依据：财税〔2011〕116号、财税〔2013〕53号、财税〔2011〕13号文件），应报送：《纳税人减免税备案登记表》2份。

（10）将土地使用权转让给农业生产者用于农业生产免征增值税（减免性质代码：01099903，政策依据：财税〔2016〕36号文件），应报送：①《纳税人减免税备案登记表》2份；②转让或发包（或出租）土地使用权合同原件及复印件。

（11）从事学历教育的学校提供的教育服务免征增值税优惠（减免性质代码：01101402，政策依据：财税〔2016〕36号文件），应报送：①《纳税人减免税备案登记表》2份；②普通学校办学许可证，或国家承认其学员学历的各类学校经地（市）级以上人民政府或者同级政府的教育行政部门批准成立的文件，或技工学校、高级技工学校经省级及以上人力资源社会保障行政部门批准成立的文件，或技师学院经省级人民政府批准成立的文件原件及复印件；③取得收入的书面声明材料。

（12）土地所有者出让土地使用权和土地使用者将土地使用权归还给土地所有者免征增值税优惠（减免性质代码：01129927，政策依据：财税〔2016〕36号文件），应报送：《纳税人减免税备案登记表》2份。

**2. 备案流程**

办理渠道：办税服务厅（场所）。

办理时限：资料齐全、符合法定形式、填写内容完整的，税务机关受理后即时办结。

办理结果：税务机关反馈《纳税人减免税备案登记表》。

## 问题 8–7

**享受增值税优惠项目有哪些注意事项？**

**解析：**具体注意事项如下：

（1）纳税人享受增值税税收优惠政策需要办理减免税报批或备案手续，并按照规定进行核算、纳税申报，否则不能享受增值税税收优惠政策。

①减免税分为报批类减免税和备案类减免税。报批类减免税是指应由税务机关审批的减免税项目；备案类减免税是指取消审批手续的减免税项目和不需税务机关审批的减免税项目。

②纳税人享受报批类减免税，应提交相应资料，提出申请，经具有审批权限的税务机关审批确认后执行。未按规定申请或虽申请但未经有权税务机关审批确认的，纳税人不得享受减免税。

③纳税人享受备案类减免税，应提请备案，经税务机关登记备案后，自登记备案之日起执行。纳税人未按规定备案的，一律不得享受减免税。

④纳税人兼营免税、减税项目的，应当分别核算免税、减税项目的销售额；未分别核算销售额的，不得免税、减税。

（2）纳税人依法可以享受减免税待遇，但未享受而多缴税款的，凡属于无明确规定需经税务机关审批或没有规定申请期限的，纳税人可以在《税收征收管理法》第五十一条规定的期限内申请减免税，要求退还多缴的税款，但不加算银行同期存款利息。

纳税人申请报批类减免税的，应当在政策规定的减免税期限内，向主管税务机关提出书面申请，并报送以下资料：①减免税申请报告，列明减免税理由、依据、范围、期限、数量、金额等；②财务会计报表、纳税申报表；③有关部门出具的证明材料；④税务机关要求提供的其他材料。纳税人报送的材料应真实、准确、齐全。

（3）纳税人不得隐瞒有关情况或者提供虚假材料等手段骗取减免税。

（4）纳税人享受减免税的条件发生变化时，应及时向税务机关报告，经税务机关重新审查后办理减免税。

（5）减免税税款有规定用途的，纳税人应当按规定用途使用减免税税款。

（6）纳税人已享受减免税的，应当纳入正常申报，进行减免税申报。在减免税期间无论当期是否有应交税费发生，都要对减免税情况予以申报。

（7）纳税人享受减免税到期的，应当申报缴纳税款。

（8）纳税人免税项目，一律不得开具增值税专用发票（国有粮食购销企业销售免税粮食除外）。放弃免税权的增值税一般纳税人提供应税服务可以开具增值税专用发票。

（9）纳税人一经放弃免税权，其提供的全部应税服务均应按照适用税率征税，不得选择某一免税项目放弃免税权，也不得根据不同的对象选择部分应税服务放弃免税权。

（10）纳税人在免税期内购进用于免税项目的货物、加工修理修配劳务或者应税服务所取得的增值税扣税凭证，一律不得抵扣。

（11）纳税人要求放弃免税权，应当以书面形式提交放弃免税权声明，报主管税务机关备案。纳税人自提交备案资料的次月起，按照现行有关规定计算缴纳增值税。放弃免税权的增值税一般纳税人提供应税服务可以开具增值税专用发票。

## 问题8-8

**房地产业增值税特殊优惠项目有哪些?**

**解析：**

**1.公共租赁住房税收优惠政策**

《财政部 税务总局关于公共租赁住房税收优惠政策的公告》(财政部 税务总局公告2019年第61号)规定：

"一、对公租房建设期间用地及公租房建成后占地，免征城镇土地使用税。在其他住房项目中配套建设公租房，按公租房建筑面积占总建筑面积的比例免征建设、管理公租房涉及的城镇土地使用税。

二、对公租房经营管理单位免征建设、管理公租房涉及的印花税。在其他住房项目中配套建设公租房，按公租房建筑面积占总建筑面积的比例免征建设、管理公租房涉及的印花税。

三、对公租房经营管理单位购买住房作为公租房，免征契税、印花税；对公租房租赁双方免征签订租赁协议涉及的印花税。

四、对企事业单位、社会团体以及其他组织转让旧房作为公租房房源，且增值额未超过扣除项目金额20%的，免征土地增值税。

五、企事业单位、社会团体以及其他组织捐赠住房作为公租房，符合税收法律法规规定的，对其公益性捐赠支出在年度利润总额12%以内的部分，准予在计算应纳税所得额时扣除，超过年度利润总额12%的部分，准予结转以后三年内在计算应纳税所得额时扣除。

个人捐赠住房作为公租房，符合税收法律法规规定的，对其公益性捐赠支出未超过其申报的应纳税所得额30%的部分，准予从其应纳税所得额中扣除。

六、对符合地方政府规定条件的城镇住房保障家庭从地方政府领取的住房租赁补贴，免征个人所得税。

七、对公租房免征房产税。对经营公租房所取得的租金收入，免征增值税。公租房经营管理单位应单独核算公租房租金收入，未单独核算的，不得享受免征增值税、房产税优惠政策。

八、享受上述税收优惠政策的公租房是指纳入省、自治区、直辖市、计划单列市人民政府及新疆生产建设兵团批准的公租房发展规划和年度计划，或者市、县人民政府批准建设（筹集），并按照《关于加快发展公共租赁住房的指导意见》（建保〔2010〕87号）和市、县人民政府制定的具体管理办法进行管理的公租房。

九、纳税人享受本公告规定的优惠政策，应按规定进行免税申报，并将不动产权属证明、载有房产原值的相关材料、纳入公租房及用地管理的相关材料、配套建设管理公租房相关材料、购买住房作为公租房相关材料、公租房租赁协议等留存备查。”

**2.开发建设经济适用房**

开发建设经济适用房主要有以下几个方面的税收优惠政策：

以划拨方式取得土地使用权的，免交契税；如果是以出让方式取得土地使用权的，应按综合地价4%的税率缴纳契税。

《中华人民共和国土地增值税暂行条例》第八条规定，纳税人建造普通标准住宅出售，增值额未超过扣除项目金额20%的，免征土地增值税。普通标准住宅各省规定不一样。经济适用房是指政府提供政策优惠，限定套型面积和销售价格，按照合理标准建设，面向城市低收入住房困难家庭供应，具有保障性质的政策性住房。

根据《国务院办公厅转发建设部等部门关于做好稳定住房价格工作意见的通知》（国办发〔2005〕26号）的规定，享受税收优惠政策的住房原则上应同时满足以下条件：住宅小区建筑容积率在1.0以上，单套建筑面积在120平方米以下，实际成交价格低于同级别土地上住房平均交易价格1.2倍以下。

《房地产开发经营业务企业所得税处理办法》（国税发〔2009〕31号文件印发）第八条规定，企业销售未完工开发产品的计税毛利率由各省、自治、直辖市税务局按下列规定进行确定：属于经济适用房、限价房和危改房的，不得低于3%。

纳税人需要注意的是，要想享受税收优惠政策，房地产开发商要按规定向税务机关报送经济适用房资料。虽然各地实际情况可能有所不同，但主要包括项目计划批准证书、立项报告、经济适用房批准文件及主管税务机关要求报送的其他资料。

**案例分享**

### 房地产业增值税税收优惠政策的适用

A公司于2018年通过“竞配建”模式取得一块土地用于房地产开发，承诺建设小学、公立医院、社会车位、养老设施、周边的绿地工程等公共配套设施，并在项目完工后无偿转让给当地政府。同时A公司在2019年4月以自行开发后自用2年的一栋房产评估作价8 000万元入股到B公司，取得B公司30%的股权，该房产2018年底建成并竣工，占地面积1 800平方米。双方约定共同承担投资风险，相应的权属变更手续已于当月完成。

（1）针对A公司的无偿转让行为该如何处理？

（2）针对A公司的投资行为该如何处理？

**分析**：（1）针对A公司的无偿转让行为的处理。

《营业税改征增值税试点实施办法》第十四条规定：“下列情形视同销售服务、无形资产或者不动产：……（二）单位或者个人向其他单位或者个人无偿转让无形资产或者不动产，但用于公益事业或者以社会公众为对象的除外”。配建房作为企业取得土地使用权的附加条件，属于“用于公益事业或者以社会公众为对象”的情形，属于不征收增值税情形。《中华人民共和国公益事业捐赠法》第三条规定，公益事业包括救助灾害、救济贫困、扶助残疾人等困难的社会群体和个人的活动，教育、科学、文化、卫生、体育事业，环境保护、社会公共设施建设，促进社会发展和进步的其他社会公共和福利事业等非营利的事项。公益性捐赠是指纳税人通过中国境内非盈利的社会团体、国家机关，向教育、民政等公益事业和遭受自然灾害地区、贫困地区的捐赠。关于社会公众，国家宪法释义为：社会公众为参与社会活动的民众群体。因此企业无偿移交的小学、公立医院、社会车位、养老设施、周边的绿地工程等公共配套设施属于公益性无偿捐赠，不征收增值税。

那么对于配建房的成本可否允许在增值税上作为土地价款在销售额中扣除？对于配建房事项在土地出让合同中有明确约定的，根据《房地产开发企业销售自行开发的房地产项目增值税征收管理暂行办法》（国家税务总局公告2016年第18号）规定，支付的土地价款，是指向政府、土地管理部门或受政府委托收取土地价款的单位直接支付的土地价款。且在计算销售额时从全部价款和价外费用中扣除土地价款，应当取得省级以上（含省级）财政部门监（印）制的财政票据。后财税〔2016〕140号文件第七条规定，向政府部门支付的土地价款，包括土地受让人向政府部门支付的征地和拆迁补偿费用、土地前期开发费用和土地出让收益等。因此，对于配建房事项在土地出让合同中有明确约定的，可以视同为土地成本的构成部分，并要求缴纳契税。但在实务中一般政府部门对配建面积移交不视为缴交实物地价，房地产企业无法取得政府开具土地财政票据，是否可以扣除需要事先与主管税务机关沟通确定。

（2）针对A公司投资行为的处理。

《营业税改征增值税试点实施办法》第十条规定，销售服务、无形资产或者不动产，指有偿提供服务、有偿转让无形资产或者不动产。同时，第十一条规定，有偿指取得货币、货物或者其他经济利益。本案例中，A公司将房产投资入股换取B公司股权的行为属于有偿取得“其他经济利益”，属于销售不动产行为，应缴纳增值税。A公司需缴纳增值税660.55万元［8 000÷（1+9%）×9%］。值得提醒的是：营改增前，根据《财政部 国家税务总局关于股权转让有关营业税问题的通知》（财税〔2002〕191号）规定，以无形资产、不动产投资入股，参与接受投资方利润分配，共同承担投资风险的行为，不征收营业税。所以，在日常征管过程中，部分企业往往认为营改增前不属于营业税征收范围，营改增后理所当然也不属于增值税征收范围，这种理解是错误的，企业应避免这一错误的认识。

【知识链接】

### 关于土地一级开发增值税适用税目问题的地方解释口径（部分）

对于土地一级开发的营业税或者增值税政策，国家层面尚没有明确规定。营改增以后，河北、北京、安徽和湖北相继给出了若干解释口径。

1. 河北省解释口径。

纳税人（以下称投资方）与地方政府合作，投资政府土地改造项目（包括企业搬迁、危房拆除、土地平整等土地整理工作），符合《国家税务总局关于纳税人投资政府土地改造项目有关营业税问题的公告》（国家税务总局2013年第15号公告）所规定的“投资行为”的，取得的投资收益不属于增值税征税范围，不征收增值税。投资方收取固定或保底收益的，按照贷款服务税目征收增值税。

如纳税人受托进行建筑物拆除、平整土地并代委托方向原土地使用权人支付拆迁补偿费，其提供建筑物拆除、平整土地劳务取得的收入属于“建筑服务”税目；代委托方向原土地使用权人支付拆迁补偿费的行为属于“经纪代理”税目。

2. 北京市解释口径。

（1）《北京国税营改增热点问题（2016年6月17日）》指出，“纳税人从事一级土地开发取得的收入，按照提供建筑服务缴纳增值税。”

（2）《北京市规划和国土资源管理委员会 北京市国税局 北京市地税局 北京市财政局关于土地一级开发项目涉及增值税发票等有关问题的通知》（市规划国土发〔2017〕186号）规定，“政府土地储备机构为主体、委托企业实施的土地一级开发项目中，受托企业从政府储备机构收取款项并代为支付的行为属于代收转付，其收取的该部分款项不属于增值税征收范围，不开具增值税发票。政府储备机构须使用受托企业开具的收据和储备机构开户银行回单作为记账凭证。

受托一级开发企业代为支付的款项不属于增值税征收范围或最终收款方不能自行开具发票的，受托一级开发企业可以取得收据，并以收据和开户银行回单作为资金往来凭证。”

3.安徽省解释口径。

纳税人在一级土地开发工程中，提供拆迁、土地平整、三通一平或七通一平服务取得的收入按建筑服务缴税；对其向政府提供支付拆借款资金取得的利息收入，按贷款服务缴税。

4.湖北省解释口径。

原湖北省国税局2017年12月29日发布《湖北省营改增问题集》，其中第31项解答如下：“房地产企业进行土地一级开发，适用一般计税方法的，其销售额能否扣除相应的土地价款？可以扣除。”

## 房地产业企业所得税优惠

### 一、企业所得税优惠事项管理目录内

详见表8-1。

### 二、房地产企业所得税特殊项目

1.房地产开发经营企业销售未完工开发产品的计税毛利率（福建省）。

《国家税务总局福建省税务局关于房地产开发经营业务企业所得税计税毛利率有关问题的公告》（国家税务总局福建省税务局公告2019年第4号）规定：“房地产开发经营企业销售未完工开发产品的计税毛利率按下列规定确定：

（一）开发项目位于福州市城区（鼓楼区、台江区、晋安区、仓山区、马尾区、长乐区、琅岐经济区）的，计税毛利率为15%。

（二）开发项目位于除福州市城区以外的其他地方的，计税毛利率为10%。

（三）属于经济适用房、限价房和危改房的，计税毛利率为3%。”

2.采取开发项目合作方式。

《房地产开发经营业务企业所得税处理办法》（国税发〔2009〕31号文件印发）规定：“企业以本企业为主体联合其他企业、单位、个人合作或合资开发房地产项目，且该项目未成立独立法人公司的，按下列规定进行处理：

表8-1　现行企业所得税优惠事项管理目录

| 序号 | 优惠事项名称 | 政策概述 | 主要政策依据 | 主要留存备查资料 | 享受优惠时间 | 后续管理要求 |
|---|---|---|---|---|---|---|
| 1 | 国债利息收入免征企业所得税 | 企业持有国务院财政部门发行的国债取得的利息收入免征企业所得税。 | 1.《中华人民共和国企业所得税法》第二十六条第一项；<br>2.《中华人民共和国企业所得税法实施条例》第八十二条；<br>3.《国家税务总局关于企业国债投资业务企业所得税处理问题的公告》（国家税务总局公告2011年第36号）。 | 1.国债净价交易交割单；<br>2.购买、转让国债的证明，包括持有时间、票面金额、利率等相关材料；<br>3.应收利息（投资收益）科目明细账或按月汇总表；<br>4.减免税计算过程的说明。 | 预缴享受 | 由省税务机关（含计划单列市税务机关）规定。 |
| 2 | 取得的地方政府债券利息收入免征企业所得税 | 企业取得的地方政府债券利息收入（所得）免征企业所得税。 | 1.《财政部　国家税务总局关于地方政府债券利息所得免征所得税问题的通知》（财税〔2011〕76号）；<br>2.《财政部　国家税务总局关于地方政府债券利息免征所得税问题的通知》（财税〔2013〕5号）。 | 1.购买地方政府债券证明，包括持有时间、票面金额、利率等相关材料；<br>2.应收利息（投资收益）科目明细账或按月汇总表；<br>3.减免税计算过程的说明。 | 预缴享受 | 由省税务机关（含计划单列市税务机关）规定。 |

续表

| 序号 | 优惠事项名称 | 政策概述 | 主要政策依据 | 主要留存备查资料 | 享受优惠时间 | 后续管理要求 |
|---|---|---|---|---|---|---|
| 3 | 符合条件的居民企业之间的股息、红利等权益性投资收益免征企业所得税 | 居民企业直接投资于其他居民企业取得的权益性投资收益免征企业所得税。所称股息、红利等权益性投资收益，不包括连续持有居民企业公开发行并上市流通的股票不足12个月取得的投资收益。 | 1.《中华人民共和国企业所得税法》第二十六条第二项；<br>2.《中华人民共和国企业所得税法实施条例》第十七条、第八十三条；<br>3.《财政部 国家税务总局关于执行企业所得税优惠政策若干问题的通知》（财税〔2009〕69号）；<br>4.《国家税务总局关于贯彻落实企业所得税法若干税收问题的通知》（国税函〔2010〕79号）。 | 1.被投资企业的最新公司章程（企业在证券交易市场购买上市公司股票获得股权的，提供相关记账凭证、本公司持股比例以及持股时间超过12个月情况说明）；<br>2.被投资企业股东会（或股东大会）利润分配决议或公告、分配表；<br>3.被投资企业进行清算所得税处理的，留存被投资企业填报的加盖主管税务机关受理章的《中华人民共和国清算所得税申报表》及附表三《剩余财产计算和分配明细表》复印件；<br>4.投资收益、应收股利科目明细账或按月汇总表。 | 预缴享受 | 由省税务机关（含计划单列市税务机关）规定。 |

续表

| 序号 | 优惠事项名称 | 政策概述 | 主要政策依据 | 主要留存备查资料 | 享受优惠时间 | 后续管理要求 |
|---|---|---|---|---|---|---|
| 4 | 内地居民企业通过沪港通投资且连续持有H股满12个月取得的股息红利所得免征企业所得税 | 对内地企业投资者通过沪港通投资香港联交所上市股票取得的股息红利所得，计入其收入总额，依法计征企业所得税。其中，内地居民企业连续持有H股满12个月取得的股息红利所得，依法免征企业所得税。 | 《财政部 国家税务总局 证监会关于沪港股票市场交易互联互通机制试点有关税收政策的通知》（财税〔2014〕81号）。 | 1.相关记账凭证、本公司持股比例以及持股时间超过12个月的情况说明；<br>2.被投资企业股东会（或股东大会）利润分配决议或公告、分配表；<br>3.投资收益、应收股利科目明细账或按月汇总表。 | 预缴享受 | 由省税务机关（含计划单列市税务机关）规定。 |
| 5 | 内地居民企业通过深港通投资且连续持有H股满12个月取得的股息红利所得免征企业所得税 | 对内地企业投资者通过深港通投资香港联交所上市股票取得的股息红利所得，计入其收入总额，依法计征企业所得税。其中，内地居民企业连续持有H股满12个月取得的股息红利所得，依法免征企业所得税。 | 《财政部 国家税务总局 证监会关于深港股票市场交易互联互通机制试点有关税收政策的通知》（财税〔2016〕127号）。 | 1.相关记账凭证、本公司持股比例以及持股时间超过12个月的情况说明；<br>2.被投资企业股东会（或股东大会）利润分配决议或公告、分配表；<br>3.投资收益、应收股利科目明细账或按月汇总表。 | 预缴享受 | 由省税务机关（含计划单列市税务机关）规定。 |
| 6 | 投资者从证券投资基金分配中取得的收入暂不征收企业所得税 | 对投资者从证券投资基金分配中取得的收入，暂不征收企业所得税。 | 《财政部 国家税务总局关于企业所得税若干优惠政策的通知》（财税〔2008〕1号）。 | 1.购买证券投资基金记账凭证；<br>2.证券投资基金分配公告；<br>3.免税的分配收入明细账及按月汇总表。 | 预缴享受 | 由省税务机关（含计划单列市税务机关）规定。 |

续表

| 序号 | 优惠事项名称 | 政策概述 | 主要政策依据 | 主要留存备查资料 | 享受优惠时间 | 后续管理要求 |
|---|---|---|---|---|---|---|
| 7 | 取得铁路债券利息收入减半征收企业所得税 | 企业持有铁路债券取得的利息收入，减半征收企业所得税。 | 1.《财政部 国家税务总局关于铁路建设债券利息收入企业所得税政策的通知》(财税〔2011〕99号)；<br>2.《财政部 国家税务总局关于2014、2015年铁路建设债券利息收入企业所得税政策的通知》(财税〔2014〕2号)；<br>3.《财政部 国家税务总局关于铁路债券利息收入所得税政策问题的通知》(财税〔2016〕30号)。 | 1.购买铁路债券证明资料，包括持有时间、票面金额、利率等相关资料；<br>2.应收利息（投资收益）科目明细账或按月汇总表；<br>3.减免税计算过程的说明。 | 预缴享受 | 由省税务机关（含计划单列市税务机关）规定。 |
| 8 | 安置残疾人员所支付的工资加计扣除 | 企业安置残疾人员的，在按照支付给残疾职工工资据实扣除的基础上，按照支付给残疾职工工资的100%加计扣除。残疾人员的范围适用《中华人民共和国残疾人保障法》的有关规定。 | 1.《中华人民共和国企业所得税法》第三十条；<br>2.《中华人民共和国企业所得税法实施条例》第九十六条；<br>3.《财政部 国家税务总局关于安置残疾人员就业有关企业所得税优惠政策问题的通知》(财税〔2009〕70号)。 | 1.为安置的每位残疾人按月足额缴纳了企业所在区县人民政府根据国家政策规定的基本养老保险、基本医疗保险、失业保险和工伤保险等社会保险证明资料；<br>2.通过非现金方式支付工资薪酬的证明；<br>3.安置残疾职工名单及其《残疾人证》或《残疾军人证》；<br>4.与残疾人员签订的劳动合同或服务协议。 | 汇缴享受 | 由省税务机关（含计划单列市税务机关）规定。 |

续表

| 序号 | 优惠事项名称 | 政策概述 | 主要政策依据 | 主要留存备查资料 | 享受优惠时间 | 后续管理要求 |
| --- | --- | --- | --- | --- | --- | --- |
| 9 | 民族自治地方的自治机关对本民族自治地方的企业应缴纳的企业所得税中属于地方分享的部分减征或免征 | 依照《中华人民共和国民族区域自治法》的规定，实行民族区域自治的自治区、自治州、自治县的自治机关对本民族自治地方的企业应缴纳的企业所得税中属于地方分享的部分，可以决定减征或者免征。自治州、自治县决定减征或者免征的，须报省、自治区、直辖市人民政府批准。 | 1.《中华人民共和国企业所得税法》第二十九条；<br>2.《中华人民共和国企业所得税法实施条例》第九十四条；<br>3.《财政部 国家税务总局关于贯彻落实国务院关于实施企业所得税过渡优惠政策有关问题的通知》（财税〔2008〕21号）。 | 由省税务机关规定。 | 预缴享受 | 由省税务机关规定。 |
| 10 | 支持和促进重点群体创业就业企业限额减征企业所得税 | 企业招用建档立卡贫困人口，以及在人力资源社会保障部门公共就业服务机构登记失业半年以上且持《就业创业证》或《就业失业登记证》（注明“企业吸纳税收政策”）的人员，与其签订1年以上期限劳动合同并依法缴纳社会保险费的，自签订劳动合同并缴纳社会保险当月起，在3年内按实际招用人数予以定额依次扣减增值税、城市维护建设税、教育费附加、地方教育附加和企业所得税优惠。定额标准为每人每年6 000元，最高可上浮30%，各省、自治区、直辖市人民政府可根据本地区实际情况在此幅度内确定具体定额标准。城市维护建设税、教育费附加、地方教育附加的计税依据是享受本项税收优惠政策前的增值税应纳税额。<br>按上述标准计算的税收扣减额应在企业当年实际应缴纳的增值税、城市维护建设税、教育费附加、地方教育附加和企业所得税税额中扣减，当年扣减不完的，不得结转下年使用。 | 1.《财政部 国家税务总局 人力资源社会保障部关于继续实施支持和促进重点群体创业就业有关税收政策的通知》（财税〔2014〕39号）；<br>2.《财政部 税务总局 人力资源社会保障部 教育部关于支持和促进重点群体创业就业税收政策有关问题的补充通知》（财税〔2015〕18号）；<br>3.《财政部 国家税务总局 人力资源社会保障部关于扩大企业吸纳就业税收优惠适用人员范围的通知》（财税〔2015〕77号）；<br>4.《财政部 税务总局关于进一步支持和促进重点群体创业就业有关税收政策的通知》（财税〔2019〕22号）；<br>5.《国家税务总局 财政部 人力资源社会保障部 教育部 民政部关于继续实施支持和促进重点群体创业就业有关税收政策具体操作问题的公告》（国家税务总局公告2019年第10号）。 | 1.县以上人力资源社会保障部门核发的《企业吸纳重点群体就业认定证明》《重点群体人员本年度实际工作时间表》；<br>2.企业当年已享受增值税和附加税抵减税额优惠的证明资料。 | 汇缴享受 | 由省税务机关（含计划单列市税务机关）规定。 |

续表

| 序号 | 优惠事项名称 | 政策概述 | 主要政策依据 | 主要留存备查资料 | 享受优惠时间 | 后续管理要求 |
| --- | --- | --- | --- | --- | --- | --- |
| 11 | 扶持自主就业退役士兵创业就业企业限额减征企业所得税 | 企业招用自主就业退役士兵，与其签订1年以上期限劳动合同并依法缴纳社会保险费的，自签订劳动合同并缴纳社会保险当月起在3年内按实际招用人数予以定额依次扣减增值税、城市维护建设税、教育费附加、地方教育附加和企业所得税优惠。定额标准为每人每年6 000元，最高可上浮50%。纳税年度终了，如果企业实际减免的增值税、城市维护建设税、教育费附加和地方教育附加小于核算减免税总额，企业在企业所得税汇算清缴时以差额部分扣减企业所得税。当年扣减不完的，不再结转以后年度扣减。 | 1.《财政部 国家税务总局 民政部关于调整完善扶持自主就业退役士兵创业就业有关税收政策的通知》（财税〔2014〕42号）；<br>2.《财政部 税务总局 退役军人部关于进一步扶持自主就业退役士兵创业就业有关税收政策的通知》（财税〔2019〕21号）。 | 1. 招用自主就业退役士兵的《中国人民解放军义务兵退出现役证》《中国人民解放军士官退出现役证》或《中国人民武装警察部队义务兵退出现役证》《中国人民武装警察部队士官退出现役证》；<br>2. 企业与招用自主就业退役士兵签订的劳动合同（副本），为职工缴纳的社会保险费记录；<br>3. 自主就业退役士兵本年度在企业工作时间表；<br>4. 企业当年已享受增值税和附加税抵减税额优惠的证明资料。 | 汇缴享受 | 由省税务机关（含计划单列市税务机关）规定。 |

续表

| 序号 | 优惠事项名称 | 政策概述 | 主要政策依据 | 主要留存备查资料 | 享受优惠时间 | 后续管理要求 |
|---|---|---|---|---|---|---|
| 12 | 购置用于环境保护、节能节水、安全生产等专用设备的投资额按一定比例实行税额抵免 | 企业购置并实际使用《环境保护专用设备企业所得税优惠目录》、《节能节水专用设备企业所得税优惠目录》和《安全生产专用设备企业所得税优惠目录》规定的环境保护、节能节水、安全生产等专用设备的，该专用设备的投资额的10%可以从企业当年的应纳税额中抵免；当年不足抵免的，可以在以后5个纳税年度结转抵免。享受上述规定的企业所得税优惠的企业，应当实际购置并自身实际投入使用前款规定的专用设备；企业购置上述专用设备在5年内转让、出租的，应当停止享受企业所得税优惠，并补缴已经抵免的企业所得税税款。 | 1.《中华人民共和国企业所得税法》第三十四条；<br>2.《中华人民共和国企业所得税法实施条例》第一百条；<br>3.《财政部 国家税务总局关于执行环境保护专用设备企业所得税优惠目录 节能节水专用设备企业所得税优惠目录和安全生产专用设备企业所得税优惠目录有关问题的通知》（财税〔2008〕48号）；<br>4.《财政部 税务总局 国家发展改革委 工业和信息化部 环境保护部关于印发节能节水和环境保护专用设备企业所得税优惠目录（2017年版）的通知》（财税〔2017〕71号）；<br>5.《财政部 税务总局 应急管理部关于印发〈安全生产专用设备企业所得税优惠目录（2018年版）〉的通知》（财税〔2018〕84号）；<br>6.《财政部 国家税务总局关于执行企业所得税优惠政策若干问题的通知》（财税〔2009〕69号）；<br>7.《国家税务总局关于环境保护节能节水安全生产等专用设备投资抵免企业所得税有关问题的通知》（国税函〔2010〕256号）。 | 1.购买并自身投入使用的专用设备清单及发票；<br>2.以融资租赁方式取得的专用设备的合同或协议；<br>3.专用设备属于《环境保护专用设备企业所得税优惠目录》、《节能节水专用设备企业所得税优惠目录》或《安全生产专用设备企业所得税优惠目录》中的具体项目的说明；<br>4.专用设备实际投入使用时间的说明。 | 汇缴享受 | 由省税务机关（含计划单列市税务机关）规定。 |

续表

| 序号 | 优惠事项名称 | 政策概述 | 主要政策依据 | 主要留存备查资料 | 享受优惠时间 | 后续管理要求 |
| --- | --- | --- | --- | --- | --- | --- |
| 13 | 固定资产加速折旧或一次性扣除 | 企业在2018年1月1日至2020年12月31日期间新购进的设备、器具，单位价值不超过500万元的，允许一次性计入当期成本费用在计算应纳税所得额时扣除，不再分年度计算折旧。 | 《财政部、税务总局关于设备、器具扣除有关企业所得税政策的通知》（财税〔2018〕54号）。 | 1.企业属于重点行业、领域企业的说明材料［以某重点行业业务为主营业务，固定资产投入使用当年主营业务收入占企业收入总额50%（不含）以上］；<br>2.购进固定资产的发票、记账凭证（购入已使用过的固定资产，应提供已使用年限的相关说明）；<br>3.核算有关资产税法与会计差异的台账。 | 预缴享受 | 由省税务机关（含计划单列市税务机关）规定。 |

（1）凡开发合同或协议中约定向投资各方（即合作、合资方，下同）分配开发产品的，企业在首次分配开发产品时，如该项目已经结算计税成本，其应分配给投资方开发产品的计税成本与其投资额之间的差额计入当期应纳税所得额；如未结算计税成本，则将投资方的投资额视同销售收入进行相关的税务处理。据此分析，即使投资方投资额明显偏低，如稍高于、等于或低于分得开发产品的成本，税收上也不进行纳税调整。

（2）凡开发合同或协议中约定分配项目利润的，应按以下规定进行处理：企业应将该项目形成的营业利润额并入当期应纳税所得额统一申报缴纳企业所得税，不得在税前分配该项目的利润。同时不能因接受投资方投资额而在成本中摊销或在税前扣除相关的利息支出。投资方取得该项目的营业利润应视同股息、红利进行相关的税务处理。据此分析，投资方企业在税前分配利润的，或者以税前分配利润名义获取高额利息收入的，不得视为股息红利免税收入。只有税后分配利润的，才可以视为股息红利，作为免税收入处理。这种合作方式，既包括合作开发形式，也包括合资开发形式。”

3.特殊性重组项目。

《财政部 国家税务总局关于企业重组业务企业所得税处理若干问题的通知》（财税〔2009〕59号）和《财政部 国家税务总局关于促进企业重组有关企业所得税处理问题的通知》（财税〔2014〕109号）规定：

“五、企业重组同时符合下列条件的，适用特殊性税务处理规定：

（一）具有合理的商业目的，且不以减少、免除或者推迟缴纳税款为主要目的。

（二）被收购、合并或分立部分的资产或股权比例符合本通知规定的比例。

（三）企业重组后的连续12个月内不改变重组资产原来的实质性经营活动。

（四）重组交易对价中涉及股权支付金额符合本通知规定比例。

（五）企业重组中取得股权支付的原主要股东，在重组后连续12个月内，不得转让所取得的股权。

六、企业重组符合本通知第五条规定条件的，交易各方对其交易中的股权支付部分，可以按以下规定进行特殊性税务处理：

（一）企业债务重组确认的应纳税所得额占该企业当年应纳税所得额50%以上，可以在5个纳税年度的期间内，均匀计入各年度的应纳税所得额。企业发生债权转股权业务，对债务清偿和股权投资两项业务暂不确认有关债务清偿所得或损失，股权投资的计税基础以原债权的计税基础确定。企业的其他相关所得税事项保持不变。

（二）股权收购，收购企业购买的股权不低于被收购企业全部股权的50%，且收购企业在该股权收购发生时的股权支付金额不低于其交易支付总额的85%，可以选择按以下规定处理：

1.被收购企业的股东取得收购企业股权的计税基础，以被收购股权的原有计税基础确定。

2.收购企业取得被收购企业股权的计税基础，以被收购股权的原有计税基础确定。

3.收购企业、被收购企业的原有各项资产和负债的计税基础和其他相关所得税事项保持不变。

（三）资产收购，受让企业收购的资产不低于转让企业全部资产的50%，且受让企业在该资产收购发生时的股权支付金额不低于其交易支付总额的85%，可以选择按以下规定处理：

1.转让企业取得受让企业股权的计税基础，以被转让资产的原有计税基础确定。

2.受让企业取得转让企业资产的计税基础，以被转让资产的原有计税基础确定。

（四）企业合并，企业股东在该企业合并发生时取得的股权支付金额不低于其交易支付总额的85%，以及同一控制下且不需要支付对价的企业合并，可以选择按以下规定处理：

1.合并企业接受被合并企业资产和负债的计税基础，以被合并企业的原有计税基础确定。

2.被合并企业合并前的相关所得税事项由合并企业承继。

3.可由合并企业弥补的被合并企业亏损的限额=被合并企业净资产公允价值×截至合并业务发生当年年末国家发行的最长期限的国债利率。

4. 被合并企业股东取得合并企业股权的计税基础，以其原持有的被合并企业股权的计税基础确定。

（五）企业分立，被分立企业所有股东按原持股比例取得分立企业的股权，分立企业和被分立企业均不改变原来的实质经营活动，且被分立企业股东在该企业分立发生时取得的股权支付金额不低于其交易支付总额的85%，可以选择按以下规定处理：

1. 分立企业接受被分立企业资产和负债的计税基础，以被分立企业的原有计税基础确定。

2. 被分立企业已分立出去资产相应的所得税事项由分立企业承继。

3. 被分立企业未超过法定弥补期限的亏损额可按分立资产占全部资产的比例进行分配，由分立企业继续弥补。

4. 被分立企业的股东取得分立企业的股权（以下简称'新股'），如需部分或全部放弃原持有的被分立企业的股权（以下简称'旧股'），'新股'的计税基础应以放弃'旧股'的计税基础确定。如不需放弃'旧股'，则其取得'新股'的计税基础可从以下两种方法中选择确定：直接将'新股'的计税基础确定为零；或者以被分立企业分立出去的净资产占被分立企业全部净资产的比例先调减原持有的'旧股'的计税基础，再将调减的计税基础平均分配到'新股'上。

（六）重组交易各方按本条（一）至（五）项规定对交易中股权支付暂不确认有关资产的转让所得或损失的，其非股权支付仍应在交易当期确认相应的资产转让所得或损失，并调整相应资产的计税基础。

非股权支付对应的资产转让所得或损失＝（被转让资产的公允价值－被转让资产的计税基础）×（非股权支付金额 ÷ 被转让资产的公允价值）"

4. 股权、资产划转。

《财政部 国家税务总局关于促进企业重组有关企业所得税处理问题的通知》（财税〔2014〕109号）规定："对100%直接控制的居民企业之间，以及受同一或相同多家居民企业100%直接控制的居民企业之间按账面净值划转股权或资产，凡具有合理商业目的、不以减少、免除或者推迟缴纳税款为主要目的，股权或资产划转后连续

12个月内不改变被划转股权或资产原来实质性经营活动，且划出方企业和划入方企业均未在会计上确认损益的，可以选择按以下规定进行特殊性税务处理：

1. 划出方企业和划入方企业均不确认所得。

2. 划入方企业取得被划转股权或资产的计税基础，以被划转股权或资产的原账面净值确定。

3. 划入方企业取得的被划转资产，应按其原账面净值计算折旧扣除。”

# 第9章

# 营改增后房地产、建筑企业税收筹划实战

Answers and Explanations to
Common Questions on VAT for Real Estate Companies
Practice, Accounting and Case Studies

【本章导读】

长期以来，房地产业作为我国各行业中领先的经济增长点，在国家宏观调控以及市场自身的调节下整体纳税水平逐步趋于稳定。房地产开发企业自身性质导致其经营过程中需要大量的资金投入，在做好经营策划的基础上合理开展纳税筹划显得尤为重要。本章基于房地产企业经营各环节的相关业务涉及的增值税问题开展纳税筹划探讨，以期为同类企业提供增值税筹划的一些新思路。本章重点阐述三个内容，一是房地产、建筑行业的关系以及税收筹划方案，二是房地产、建筑企业经济合同涉税风险控制的税收策划，三是房地产企业如何进行事前税负分析与测算。

问题 9–1

**房地产企业老板在税收问题上存在哪些误区?**

A公司2019年9月通过法院判决取得某公司写字楼（未装修）一栋，折合价款8 000万元，已办理完结过户手续，2020年由于资金紧张欲出售该写字楼。B房地产公司看中该写字楼周边便利的交通环境和升值空间，双方谈妥以股权转让方式完成该笔业务交易。该写字楼目前价值12 000万元，且A公司账面上除该写字楼外，并无其他实质性资产，A公司实收资本2 000万元，双方拟定股权转让价值14 000万元。假如您是B公司老板，请判断是否值得投资。

**解析：**本次交易中，印花税［产权转移书据（股权协议书）］：14 000 × 0.05%= 70 000（元）。

契税（土地使用权、房产投资入股）：14 000 × 3%=420（万元）。

依据：《中华人民共和国契税暂行条例细则》第八条第一款规定，以土地、房屋权属作价投资、入股，应当按规定缴纳契税。

股权投资不交增值税，但股权资产的账面价值不变，也不能抵扣进项税额，将来再出售计税成本只能是8 000万元。为此不能投资。

现实中，一些房地产企业吝惜财会投资，轻视纳税筹划技术应用效果，造成其财会队伍中缺乏能够基于单位财务数据开展纳税筹划的综合素质较强的高层次人才。还存在个别房地产公司负责人，仰仗同税务领导干部的特殊社会关系，而不听取财会人员开展纳税筹划建议的现象。企业自身缺乏自查化解能力，又不肯外聘专家学者咨询和培训辅导，致使单位隐藏许多纳税风险。随着金税三期工程全面实施，税收征管全面规范，"阳光税收"下的可操作空间不复存在。房地产企业作为国民经济领域的"纳税大户"，巨大的税款支付压力，无时无刻不在冲击着密集的资金周转，迫使其积极开展纳税筹划。但从目前情况看，全国房地产企业财务人员从技术层面全面、系统和深入地开展纳税筹划的成功案例较少，大多仍停留在传统的税务交际攻关和账面调整收支等层面。事实上，缺乏财税专业基础和税务审计检查技术支撑的纳税筹划，很容易踩踏恶意避税甚至偷税的"红线"。一旦被税务检查发现，轻则进行调整补税，重则遭受税务处罚。现实中，因纳税筹划失当或错误而承担不应有经济损失的失败案例不胜枚举。

## 问题9-2

**房地产企业增值税税收筹划的基本思路是什么？**

**解析：**要始终主张房地产企业纳税筹划应遵循可创造经济利益但不违背税收法律政策的基本原则，严格恪守专人专职专部门从事纳税筹划方案研究、制定和落实的专业化技术思想，结合企业经营内容结构和购销业务流程，由其财务或内设税收管理部门牵头，加强税收管控，要求采购和经营等各部门积极协同配合落实，确保纳税筹划方案设计科学，落实到位。具体包括但不限以下三方面：

**1.进项税额的筹划**

包括：一是强化采购发票审核管理，二是灵活选择采购合作方，三是劳务用工费抵扣的筹划。

依照《财政部 国家税务总局关于全面推开营业税改征增值税试点的通知》（财税〔2016〕36号）规定，房地产开发企业和施工单位向雇工支付的工资费用不得计算抵扣进项税额。但通过劳务公司招募工人且对劳务公司统一结算并取得增值税专票的，可凭专票注明税额予以抵扣。据此，建议企业集中向劳务公司雇佣工人，或在用工结束后付出低于可扣除进项税金额的价款给劳务公司，由其代为开具劳务用工费的增值税专用发票。劳务公司增值税一般纳税人和小规模纳税人劳务费发票税率和征收率分别是6%和3%。这样，既可以使雇工费用支付能够符合进项税额抵扣条件，依法依规获得抵扣；同时，还能够降低零散雇工带来的延时误工和岗位素养不一致等风险。

**2. 进项税额转出的筹划**

《增值税暂行条例》第十条规定：一般纳税人购进货物专门用于非增值税应税项目、免税项目、集体福利、个人消费的，其进项税额不得抵扣，而是直接计入工程的成本或其他科目。房地产企业购进的用于自建项目建筑安装材料，并不能保证实际用料和预估料完全匹配，常常出现余料情况。对于这部分原材料日后可以用作其他经营性建筑安装项目或出售，并可做进项税抵扣处理从而减少当期增值税额。为了避免余料无法抵扣销项税给企业带来损失，企业可在购进物料准备用于增值税非应税项目时，首先进行认证予以抵扣并核算进项税额，实际将物料用于增值税非应税项目时再做进项税额转出处理。

**［例］**永嘉房地产公司于2019年8月购进一批板材，价款700万元（不含税），准备于当月开始建造一个仓库。此仓库于2020年3月竣工结算时，仍有200万元（不含税）的板材未使用，并准备投入当月某商品房建筑工程中。

**分析：**因构建自用仓库不属于应税项目，所以消耗外购板材不能抵扣进项税额。这样，该公司外购自用板材500万元所包含的进项税额可有两种会计处理办法：

（1）直接计入仓库施工项目的工程成本。

| | | |
|---|---|---|
| 借：在建工程 | 5 000 000 | |
| 　　贷：银行存款 | | 5 000 000 |

这样，可抵扣的进项税额为0。

（2）先抵扣后转出。

即取得增值税专用发票列明的板材进项税额，当月全部认证抵扣增值税额，待实际改变用途时再转出该进项税额，则购入板材当期可抵扣进项税=700/（1+13%）×13%=80.53（万元）。会计处理为：

借：原材料——板材　　6 194 700

应交税费——应交增值税（进项税额）　　805 300

贷：银行存款　　7 000 000

在仓库施工期，陆续转出进项税=500/（1+13%）×13%=57.52（万元）。会计处理为：

借：在建工程　　575 200

贷：应交税费——应交增值税（进项税额转出）　　575 200

从中可以看出，虽然永嘉房地产公司自建仓库的外购板材进项税额最终并没有获得扣除，但板材购进当期实际全部进项税额80.53万元均获得了抵扣。这样，公司就少支付税款57.52万元，从而为公司节约了资金消耗，等于财务为公司仓库建设期内筹集了57.52万元资金，大大增强了公司的资金周转能力。

**3. 销项税额的筹划**

根据简易计算公式“应交增值税=销项税额-（进项税额-进项税额转出）”，销项税从另一个角度决定着应交增值税额的大小。为实现最大限度减少销项税额的目标，我们从以下三方面给出建议：

（1）合理选择销售模式。

房地产企业大多采用预售和现售两种销售模式，这两种模式的财税处理不尽相同。预售购房是指购房者通过交付定金或预付款取得未来某指定期间获得现房权利的一种交易，其实质是对购房合约的一种期货买卖。优势在于以预定优惠的方式吸引更多的潜在客户，提高经营业绩，同时为企业带来一定资金流入，可在一定程度上缓解筹资压力。预售模式下，收到预售款当日即要办理预售许可，按照3%的预征率预缴增值税。相比于现售房收到全款时发生增值税纳税义务，预售方式下的纳税义务发生时间提前，然而从货币时间价值角度考虑，增值税前期少后期多是经济的。

因此，对于资金雄厚的企业而言，在保证资金充足的前提下综合考虑预售房带来的纳税义务发生时间提前、预售房优惠条款减少资金流入等因素后，可提高现售房的比例，同时尽可能在项目完工后实行分期收款，达到延期纳税的目的，以获取货币的时间价值；对于资金压力大且融资困难的企业，建议尽可能选择预售房销售模式，将其作为另一种融资渠道。

（2）适当分解租金收入。

房地产企业开发的产品中不乏不直接对外出售，而以租赁形式收取一定租金和物业管理费用等的情形。举例说明如下。

**[例]** 某房地产公司用于出租的商业用房年获取租金1 500万元（增值税税率9%），其中包含每年的物业费35万元（增值税税率6%）、水费20万元（增值税税率9%）、电费65万元（增值税税率13%）。

**分析：**

分解前：

应缴增值税=1 500×9%−35×6%−20×9%−65×13%=122.65（万元）；

应缴城市维护建设税和教育费附加=122.65×（3%+7%）=12.27（万元）；

应缴房产税=1 500×12%=180（万元）；

应缴企业所得税=（1 500−20−65−12.27−180）×25%=305.68（万元）；

税后净利润=（1 500−20−65−12.27−180）×（1−25%）=917.05（万元）。

假如对租赁业收入进行分解，单独签订租赁合同和物业合同，同时由承租人承担水电费用，此时合同约定租赁价款1 380万元（增值税税率9%），物业管理收入35万元（增值税税率6%）。

分解后：

应缴增值税=1 380×9%+35×6%=126.3（万元）；

应缴城市维护建设税和教育费附加=126.3×（3%+7%）=12.63（万元）；

应缴房产税=1 380×12%=165.6（万元）；

应缴企业所得税=（1 380+35−12.63−165.6）×25%=309.19（万元）；

税后净利润=（1 380+35−12.63−165.6）×（1−25%）=927.58（万元）。

合理地拆分租金部分与其他部分能够达到良好的节税效果，其本质在于，房产税是对房屋租金课税，如果将水电等费用从整体中剥离出来，看似减少了增值税可抵扣金额，多缴纳了增值税，实质上总税负却降低了。

（3）对买房送车销售业务进行筹划。

随着房地产业整体经营滑坡，产品销售成为房地产业攻坚战中一个举足轻重的环节，不少房地产企业开始采用多样化的销售模式，"买房送车"的售房宣传已然不是什么新鲜事物。然而业务达成后具体到会计处理上，合同拟定需要注意：

根据《增值税暂行条例实施细则》第四条规定，"将自产、委托加工或者购进的货物无偿赠送其他单位或者个人"的行为将视同销售处理。然而就该笔"捆绑销售"业务究竟是有偿赠与还是无偿赠与，部分地区税务机关与企业间存在争议。对于类似交易，官方有类似解答，例如，《河北省国家税务局关于全面推开营改增有关政策问题的解答（之七）》中的第四点指出："银行在提供金融服务时，赠送给客户的礼品不做视同销售处理。其他企业同类行为照此办理。"

购房者在参加"买房送车"活动时虽未直接支付汽车价款，但其成本已然包含于支付的总价款之中。然而实际生活中，购买者需要汽车的《机动车销售统一发票》才能上牌照，房地产企业必须提供给购房者购车发票。所以，最好的处理方式是在合同拟定时将全部价款拆分成购房款与购车款，即将全部价款剔除购车款后的金额作为合同中的购房款。这样不仅减少与税务机关的争议，也能保证车辆正常上牌照。

总之，房地产企业在增值税上具有一定的筹划空间，要通过在事前对企业的进项税业务、进项税额转出业务，以及销项税业务分别进行合理筹划，为企业在降低税负的同时提高效益，获得更多经济利益。

综上，房地产企业开展纳税筹划应注重财务、税务、审计各专业技术综合运用。从征地及土地“七通一平”开发，到勘察设计和物料装备采购，再到施工管理和验收，最后到房地产销售和租赁，每个环节都牵涉到税收。不论是税负较轻的印花税、耕地占用税、土地使用税，还是税额支付量较大的增值税和企业所得税等税种，都不能掉以轻心。特别是对于作为第一大税种的增值税筹划，务必从采购环节高度重视采购方式和增值税专票控制，确保最大限度地获得进项税额抵扣权益；同时，要认真研究制定科学的销售方案，采取灵活多样的销售形式和渠道，设计理想的交易价格、交易方法和最恰当的结算方式，即使不能减少销项税额，也要力争让纳税义务尽可能晚一些发生，以达到递延纳税的效果。这样，才能确保增值税筹划取得理想效果，消除增值税缴纳对企业资金支付过快、过多的影响，保证经营资金周转，防范资金链断裂的财务风险。

## 问题 9–3

**为什么会出现房地产行业高负债、建筑企业高垫资问题？**

**解析：**首先我们需要理清整个房地产建筑行业的业务链条。房地产、建筑行业是一个金字塔的模式，塔尖是房地产开发企业，塔底是广大的农民工。在塔尖和塔底之间有一些建筑总承包公司、建筑设计公司、建筑施工公司、建筑劳务公司、工头、班组等。开发一个楼盘一般是由房地产开发企业竞标拿地，竞得土地以后由建筑设计公司来进行设计开发，设计图纸通过审批以后就由建筑企业承包进行建筑施工。建筑施工企业在承接房地产开发企业的项目时，会承包建筑材料和所有项目相关的费用，然后统一跟房地产开发企业进行结算。建筑施工企业由于承包了材料等费用资金压力比较大，会把劳务这一块儿剥离出来，分包给专门的建筑劳务公司。建筑劳务公司来进行具体的施工，其下面又有很多挂靠的施工班组，比如木工、钢筋工、混泥土工、杂工等。

从这个业务链条可以看出，房地产、建筑行业其实是层层分包，利润的最大头是房地产开发企业，利润最低、做事最多的基本是建筑劳务公司下面的各种班组。而且一个房地产开发项目由于涉及的资金非常庞大，需要各级的分包企业层层垫资，加上较重的综合税赋，现在国内的房地产、建筑企业基本上是举步维艰！高负债、高风险、低利润基本上成了常态！那么有哪些税收筹划方案可以解决房地产行业的高负债、高垫资问题呢？

就整个行业链条来讲，比如班组、民工是不涉及税收筹划的，因为他们都是以拿到手的净收入来决定自己付出多少劳动的，不涉及缴税的问题。但是房地产开发企业、建筑设计企业、建筑施工企业、建筑劳务企业都有较大的税收筹划需求以及资金压力！最近几年整个房地产行业高负债、高杠杆率已经愈发普遍。这个时候资金对于企业来讲越发显得重要！本章会提供一种思路，通过这种思路可以有效地降低房地产开发企业一部分资金方面的压力。

## 问题9–4

**营改增后，房地产、建筑企业如何重新构建企业采购经营模式？**

**解析：**营改增之前，对于房地产开发企业而言，无论是包工包料，还是提供甲供材，两者都是营业税的计税依据，房地产开发企业提供的甲供材同样要征收营业税。但营改增之后，房地产开发企业购买的甲供材取得增值税专用发票的可以抵扣13%的增值税。而如果采用承包方包工包料方式的话，承包方无法分开核算时，从税法角度，对建筑施工企业应税劳务和货物销售的混合销售行为，应按9%的税率征收增值税，因此建筑企业会选择9%的增值税专用发票，从而降低企业的税负。但对于取得增值税专用发票的房地产开发企业，则会少计增值税进项税额，最终导致增值税税负水平上升。因此营改增之后，房地产开发企业应重新构建企业的经营模式，降低企业整体税负水平，达到使增值税税负合理、优化的目的。

在采购模式方面，建筑业、房地产业全部改为征收增值税后，甲供材的货物和建筑业的劳务都是同一个税种——增值税，营业税条件下税务处理的涉税难点、风险将全部消除。但与房地产业、建筑业相关的货物或劳务种类繁多，几乎各档税率都可能涉及。对应的税率不同就会有完全不同的抵扣结果，所以企业要考虑周详，特别要注意以下两点：

第一，谁采购？谁抵扣？由于甲供材一般为大宗材料，金额大、税款多，谁采购谁将享受税款抵扣的好处。但在建筑市场中甲方居于主导地位，这种强势的地位或可导致甲方将易于取得增值税专用发票的材料、设备、构配件等由自己来采购，而将难以取得发票的砂、土、石料等交由乙方采购。这样对甲乙双方的税负将产生很大的影响。所以营改增后要解决好谁采购、谁抵扣的问题。

第二，如何抵扣？虽然谁采购谁将抵扣税款，但能抵扣税款并不意味着税负一定降低。建筑业和房地产业的增值税税率都是9%。那么采购13%、6%税率的货物、劳务，将获得4个百分点税差收益、损失3个百分点税差；采购6%税率、3%征收率的货物、劳务，将损失3个百分点、6个百分点税差；采购9%税率的货物、劳务，进项销项税差将维持平衡。所以企业要根据材料、劳务的类别，分类管理、分别采取对策。

例如，某房地产开发公司与一建筑工程总承包公司签订了建筑工程承包合同，工程总造价为5 000万元，其中商品砼500万元，钢筋500万元，约定由房地产公司负责供应。钢筋的税率为13%，可抵扣税款为65万元（500×13%）；商品砼的征收率为3%，可抵扣税款为15万元（500×3%）。

假定商品砼按简易办法征收，按照《财政部 国家税务总局关于简并增值税征收率政策的通知》（财税〔2014〕57号）和《国家税务总局关于简并增值税征收率有关问题的公告》（国家税务总局公告2014年第36号）的规定，商品砼的征收率为3%，全部由甲方采购，则甲方可直接抵扣税款80万元。

如果甲方决定只采购钢筋，商品砼交由乙方采购，则甲方可抵扣的税款为：甲方自采钢筋的税款和乙方开来的商品砼部分的建筑业9%税率的税款：110万元（65+500×9%），这样甲方可多抵扣30万元。同样的道理，对于钢筋，若由乙方采购，乙方将获得20万元［500×（13%–9%）］税差，而乙方采购商品砼则将损失30万元［500×（9%–3%）］税差。哪方采购、采购何种货品涉及实实在在的利益，所以营改增后双方需要在商务谈判、合同签订等过程中协商好，以达到双方税负的大体均衡。

## 问题9-5

**甲供如何实现利益最大化?**

甲供材料、甲供设备一定能够实现税收利益吗?甲供与甲控有何区别?如何利用甲控实现最大利益?

**解析:**建设施工中“甲供材料”和“甲控材料”是甲乙双方的难题。甲供材需要在合同中明确数量或计算依据,一般认为应根据定额量计算供应数量,甲乙双方按定额量结算,超供的按市场价加采保费扣除,乙方节余的归乙方或双方另行协商奖励比例。甲控材料则是由甲方定品牌核价,同时也考虑乙方的部分利益(包括乙方的采保费),合理的情况下乙方可以理解。这两种方式都存在风险:不甲供,工程的造价、质量和维修就没保障,但也存在材料浪费、结算扣除超供容易扯皮、施工过程无法控制等问题。甲控材料由甲方定品牌核价,乙方就会没积极性,容易变成甲供。

那么如何利用招标和合同规避风险呢?

甲供材是由建设单位直接提供材料,从材料质量上讲,其质量与施工单位没有太大的关系,但施工单位有对其进行检查的义务,如果因施工单位未检查而将不合格材料应用到工程上,施工单位同样要承担相应的责任。从工程计价角度说,预算时甲供材必须进入综合单价;工程结算时,一般是扣甲供材费的99%,剩余1%作为甲供材料保管费。

甲控材是由施工单位购买、建设(监理)单位认价的材料,从质量的角度说,甲控材料的质量由施工单位负责,但由建设(监理)单位指定的品牌除外。从计价角度说,甲控材一般按暂估价计入预算,施工时,由施工单位报价,一般要选择三家以上的价格供建设单位参考。由建设(监理)单位根据市场价适当地加利润进行认价,同时得到施工单位的认可。认价后的材料价格作为结算时材料价格的依据。

实行甲供材料与甲控材料的划分原则,实际是跟房地产开发公司的项目运作战略、资金实力、是否有专门的材设采购部门等要素息息相关的。甲控材最大的优势是材料款由乙方垫付，相当于乙方变相垫资，甲方可以腾出更多的资金用于项目开发，缓解资金链的压力，同时甲方省去了材料采购的烦琐事宜，降低了管理成本。由于当前建筑开发领域基本属于甲方市场，乙方为了获得更多的项目，宁愿放弃一部分既得利益。因此很多房地产开发企业在项目谈判时，都将甲控材作为前提条件：第一，在甲控材的前提条件下，乙方赚取的材料差价要返还给甲方；第二，乙方因为集中采购，造成采购价格偏低所形成的材料价差要返还给甲方；第三，乙方以其他各种形式从供货方取得的“不正当”利益要按照规定返还给甲方。

## 问题 9-6

**如何通过国内税收洼地地区的财政扶持来缓解企业自身的资金压力?**

**解析：**房地产开发企业可以将利润高的分公司或者全资控股的子公司设立在国内的一些税收洼地，通过税收洼地地区的财政扶持来缓解企业自身的资金压力。以苏北的税收洼地为例，当地财政对于房地产行业相关的企业有力度较大的扶持政策。比如，对于房地产相关企业的增值税和所得税，当地财政可以将地方留存的50%~70%按月奖励给入驻企业。这些财政扶持资金可以解决房地产开发企业一部分的财税问题，缓解资金压力。

## 问题 9-7

**如何通过国内税收洼地地区的财政扶持来实现房地产企业盈利，最终转化为老板可支配的资金?**

如何通过税收洼地地区设立个人独资企业，享受核定征收税收优惠和返税政策？如何设立设计服务中心、营销策划中心实现房地产企业盈利，最终转化为老板可支配的资金？

**解析：**房地产企业可以充分利用税收洼地地区的区域性优惠政策，通过合理合法地享受地方税收政策来实现企业降低税负的目标。

**1.通过在上海崇明区等地设立独资企业，利用税收洼地扶持政策享受当地实行的应税所得税率低税负优惠政策**

下面来看一个财政扶持协议书的示例。

**财政扶持协议收**

甲方：上海永冠经济开发区

乙方：某科技（上海）有限公司

甲、乙双方本着诚实信用，协商一致，共同发展的原则，达成如下协议，以兹共同遵守：

一、乙方同意在上海永冠经济开发区内注册公司，注册地址为：上海永冠经济开发区（崇明县向化镇）

二、在乙方的注册过程中和公司设立后，甲方承诺为乙方提供工商、税务咨询及一条龙辅助服务。

三、甲、乙双方的承诺：

（一）甲方的承诺

甲方将依据企业对崇明区级财政的贡献情况，对乙方实施财政扶持奖励，注册满3年以上，且对崇明本级年度贡献不足3万元的企业，不予扶持。

（二）乙方的承诺

乙方将依据企业注册、经营情况，向甲方承诺在一个财政年度，缴纳对崇明本级年度贡献3万元以上。

四、财政扶持的标准：

四税合并（增值税、企业所得税、个人所得税、城建税）按崇明本级年度贡献的（达到100万元以上）70%予以扶持，崇明本级年度贡献达到300万元以上，给予申请“一事一议”扶持政策（约80%左右，具体以区政府批复为准）。

五、财政扶持的兑现：

财政扶持实行先征后奖，每三个月结算一次。

七、协议时间：三年自2019年7月1日至2021年6月30日，合同期满后续签。

八、本协议一式三份，甲方二份，乙方一份，双方签字盖章后生效。

九、本协议如有未尽事宜，若遇国家或地方政府的相关扶持奖励政策有重大调整时，本协议中规定的奖励比例亦将做出相应的调整。双方可依据现行政策签订补充协议或备忘录。补充协议或备忘录与本协议具有同等的效力。

| | |
|---|---|
| 甲方：上海永冠经济开发区 | 乙方：某科技（上海）有限公司 |
| 代表： | 代表： |
| 日期：2019年7月1日 | 日期：2019年7月1日 |
| 地址：崇明县向化镇 | 地址： |

**2.通过在税收洼地地区设立设计服务中心、营销策划中心等实现房地产企业盈利，最终转化为老板可支配的资金**

[**例**] 某客户信息如下：

1.主体公司属于建筑行业；

2.客户税务筹划需求：客户有许多供应商不能提供发票，造成无票支出很多，利润虚高，从而导致增值税、企业所得税和股东分红个人所得税的税负升高，期望通过税务筹划进行合理节税。

**分析**：根据客户信息做出如下税务筹划方案：采购中心方案+服务中心方案+灵活用工方案。

1.采购中心方案详解。

背景：客户供应商不能提供商品类足额发票，比如：缺少建材发票，造成利润虚高，进而导致增值税、企业所得税、股东分红个人所得税税负升高。

筹划思路：在税收洼地园区设立个人独资企业采购中心——上海××贸易中心，将建材类采购交由采购中心采购，利用税收洼地的税收优惠政策来节省税收。

税收洼地税收优惠政策：核定征收和返税政策。

筹划结果对比（以缺少500万元建材发票为例）见表9–1。

表9-1 筹划结果对比（以缺少500万元建材发票为例）

金额单位：元

| 对比项目 | 主体公司（税务筹划前） | 采购中心（税务筹划后） |
|---|---|---|
| 增值税（9%） | 412 844.04 | 412 844.04 |
| 城市维护建设税（5%） | 20 642.20 | 20 642.20 |
| 教育费附加（3%） | 12 385.32 | 12 385.32 |
| 地方教育附加（2%） | 8 256.88 | 8 256.88 |
| 生产经营所得个人所得税 | 0.00 | 35 371.56 |
| 企业所得税（5%~25%） | 1 033 256.88 | 0.00 |
| 股东分红个人所得税（20%） | 619 954.13 | 0.00 |
| 总纳税额 | 2 107 339.45 | 489 500.00 |
| 财政扶持（返税） | 0.00 | 101 013.41 |
| 实际纳税额 | 2 107 339.45 | 388 486.59 |
| 综合税负率 | 42.15% | 7.77% |
| 通过税务筹划，主体公司节税1 718 852.86元，节税比率高达81.57%。 | | |

2.服务中心方案详解。

背景：客户供应商不能提供服务类足额发票，比如：缺少建筑设计费发票，造成利润虚高，进而导致增值税、企业所得税、股东分红个人所得税税负升高。

筹划思路：在税收洼地园区设立个人独资服务中心——上海××建筑设计服务中心，将建筑设计服务交由服务中心提供，利用税收洼地的税收优惠政策来节省税收。

税收洼地税收优惠政策：核定征收和返税政策。

筹划结果对比（以缺少400万元设计费发票为例）见表9-2。

表9-2 筹划结果对比（以缺少400万元设计费发票为例）

金额单位：元

| 对比项目 | 主体公司（税务筹划前） | 服务中心（税务筹划后） |
|---|---|---|
| 增值税（3%） | 116 504.85 | 116 504.85 |
| 城市维护建设税（2.5%） | 2 912.62 | 2 912.62 |
| 教育费附加（1.5%） | 1 747.57 | 1 747.57 |

续表

| 对比项目 | 主体公司（税务筹划前） | 服务中心（税务筹划后） |
| --- | --- | --- |
| 地方教育附加（1%） | 1 165.05 | 1 165.05 |
| 生产经营所得个人所得税 | 0.00 | 76 004.85 |
| 企业所得税（5%~25%） | 969 417.48 | 0.00 |
| 股东分红个人所得税（20%） | 581 650.49 | 0.00 |
| 总纳税额 | 1 673 398.06 | 198 334.95 |
| 财政扶持（返税） | 0.00 | 28 239.17 |
| 实际纳税额 | 1 673 398.06 | 170 095.78 |
| 综合税负率 | 41.83% | 4.25% |
| 通过税务筹划，主体公司节税 1 503 302.28 元，节税比率高达 89.84%。 | | |

3. 灵活用工方案详解。

背景：建筑公司在实际经营中需要大量的劳务人员，发放大量工资，而往往发了工资没有缴纳个人所得税和社保，就意味着没有获得相应成本，如果缴纳了税款与社保，用工成本又会大大升高，因为劳务人员和公司是雇佣关系，进而会产生较高的用工风险。

（1）用工成本：个人所得税、社保、残保金、工会经费等。

（2）用工风险：雇佣关系。

筹划思路：利用灵活用工平台，将劳务人员提供的服务总包给灵活用工平台，再由平台分包给劳务人员。

筹划结果：（1）用工成本降低：公司不用再为劳务人员缴纳社保、个人所得税、残保金、工会经费等；（2）用工风险解除：由公司与劳务员工之间的雇佣关系转变为公司与平台的合作关系、平台与员工的分包关系。

灵活用工方案成本：8.5%，其中包含 6.6% 的增值税和附加税费，平台还会开具 6% 的增值税专票，实际公司只付出 1.9% 的费用。

筹划结果对比（以发放 200 万元工资为例）如下：

与灵活用工平台合作付出成本：200 × 8.5%=17（万元）。

其中 200 万元由平台全部发放给相应的劳务人员，17 万元为平台的服务费，平台还会开具217万元、税率6%的增值税发票，税额为：12.3万元，附加税费为：1.2万元，企业实际付出成本：17−12.3=4.7（万元）。

为实现以上的税收筹划方案，本地提供的核定征收和税收返还优惠政策包括：

（一）个人独资企业/合伙企业核定征收政策

1.企业所得税：享受核定征收，不核算成本。即企业所得税免税。

2.股东分红个人所得税：享受核定征收，分红个人所得税免税，股东分红直接体现到投资人个人账户。

3.生产经营所得个人所得税。

（1）核定征收，首先核定应税所得率（利润率）（见表9−3）。

表9−3 应税所得率

| 序号 | 行 业 | 应税所得率（利润率） | 我园区按照最低税率 |
|---|---|---|---|
| 1 | 工业、交通运输业、商业 | 5%~20% | 5% |
| 2 | 建筑业、房地产开发业 | 7%~20% | 7% |
| 3 | 饮食服务业 | 7%~25% | 7% |
| 4 | 娱乐业 | 20%~40% | 20% |
| 5 | 服务业 | 10%~30% | 10% |

（2）根据核定，应税所得额（利润）= 不含税收入 × 核定所得率（利润率）。

（3）生产经营所得个人所得税 = 应税所得额（利润）× 适用税率 − 速算扣除数。

（4）生产经营所得个人所得税按照适用税率缴纳（见表9−4）。

表9−4 生产经营所得个人所得税税率

| 级数 | 全年应纳税所得额（利润） | 税率 | 速算扣除数 |
|---|---|---|---|
| 1 | 不超过30 000元的 | 5% | 0 |
| 2 | 超过30 000元至90 000元的部分 | 10% | 1 500 |
| 3 | 超过90 000元至300 000元的部分 | 20% | 10 500 |
| 4 | 超过300 000元至500 000元的部分 | 30% | 40 500 |
| 5 | 超过500 000元以上的部分 | 35% | 65 500 |

4. 生产经营所得个人所得税按照行业分类具体税率为：服务业：0.5%~3.5%；商业/贸易：0.25%~1.75%；建筑业：0.35%~2.45%。

5. 个人独资企业/合伙企业所交税费为：增值税、附加税费、生产经营所得个人所得税，无企业所得税和股东分红个人所得税。

（二）企业税收扶持政策（返税）

本地对企业可扶持税种包括：增值税、企业所得税、个人所得税、附加税（见表 9–5）。

表9–5

| 级别 | 扶持级别 | 税　种 | 本级经济贡献计算方式 | 本级经济贡献扶持比例 | 转换实缴税金扶持比例 |
|---|---|---|---|---|---|
| 1 | 本级经济贡献<100 000元（税收） | 增值税 | 50% × 65%=32.5% | 50% | 16.25% |
| | | 企业所得税 | 40% × 50%=20% | 50% | 10.00% |
| | | 个人所得税 | 40% × 55%=22% | 50% | 11.00% |
| | | 城市维护建设税 | 65% | 50% | 32.50% |
| 2 | 100 000元≤本级经济贡献<500 000元（税收） | 增值税 | 50% × 65%=32.5% | 60% | 19.50% |
| | | 企业所得税 | 40% × 50%=20% | 60% | 12.00% |
| | | 个人所得税 | 40% × 55%=22% | 60% | 13.20% |
| | | 城市维护建设税 | 65% | 60% | 39.00% |
| 3 | 500 000元≤本级经济贡献<1 000 000元（税收） | 增值税 | 50% × 65%=32.5% | 65% | 21.13% |
| | | 企业所得税 | 40% × 50%=20% | 65% | 13.00% |
| | | 个人所得税 | 40% × 55%=22% | 65% | 14.30% |
| | | 城市维护建设税 | 65% | 65% | 42.25% |
| 4 | 1 000 000元≤本级经济贡献（税收） | 增值税 | 50% × 65%=32.5% | 70% | 22.75% |
| | | 企业所得税 | 40% × 50%=20% | 70% | 14.00% |
| | | 个人所得税 | 40% × 55%=22% | 70% | 15.40% |
| | | 城市维护建设税 | 65% | 70% | 45.50% |

## 问题9-8

**经济合同签订之前，财务部门如何进行有效涉税分析和涉税测算（即风险提示）?**

**解析**：举例说明如下：

［**例**］某房地产持有的物业房屋租赁合同内容如下：

甲乙双方本着“平等自愿、诚实守信”的原则，经友好协商，现就乙方租赁甲方“滨海新城商业中心东区”房产作为商业经营用途，甲方同意将该房产出租给乙方或乙方的合作伙伴事宜，达成共识一致同意按下列条款签订本合同：

一、租赁房产基本状况

1.甲方同意将位于中国福建省××市滨海新城商业中心东区房产出租给乙方作为商业用途使用。该租赁房产系商业用房，所在地块属宗地号为××范围。产权证号：（×××××），土地使用权证号：（×××××）；商场建筑面积约为6 300平方米，其中地面一层约1 300平方米、地面二层约5 000平方米（以下简称房产）。房产之详细建筑位置、使用范围以附件一《房产平面图红线圈定部分》为准（具体结构、数据以所附平面图尺寸为准，面积以房产证的建筑面积为准）。

2.租赁房产配套设施、设备及完整的房产技术条件：

（1）租赁房产内、外墙广告位（详见附件二招牌、广告位置图），乙方享有合法使用权。

（2）租赁房产附属设施和设备包括：中央空调、供电系统、消防设施、通讯系统、平板电梯、货梯、公共卫生间等，详见附件三《甲方移交乙方的设备、设施清单》和《公共设备、设施清单》。

（3）甲方提供本楼宇地面的小车停车位（约100辆）和摩托车、自行车停车位约300平方米供乙方经营免费使用（见附件四停车位方位示意图）。

（4）在乙方正式进驻甲方房产前，甲方必须交付已具备如附件五所述之房产技术条件的完整房产（详见附件五要求）。

二、租赁期限及房产交付

1.租赁期限。

（1）除非甲乙双方提前终止本合同，本合同所约定的租赁期限为18年，从2011年6月1日至2029年5月31日止。（其中2011年6月1日至2014年5月31日为优惠租赁期，共36个月）。

（2）甲方同意2011年6月1日至2014年5月31日共36个月为乙方优惠租赁期。在条件允许情况下，经甲方书面同意，乙方可提前进场施工，并将《工程施工进度计划表》报甲方备案。乙方无须承担租赁期之前提前进场施工期间的租金，但在此期间乙方施工实耗产生的水、电等费用由乙方承担，因装修产生的一切责任由乙方承担。如果乙方在优惠租赁期内的装修施工由于甲方原因受阻，甲方应负责解决，同时因装修施工导致其无法按时开业的，则应相应顺延优惠租赁期和租期。

2.租赁房产交付：甲方最迟应于2011年6月1日前向乙方交付满足如下条件房产：

（1）甲方的出租权相关证明合法有效；

（2）租赁房产通过消防验收及单体工程竣工验收；

（3）房屋空置；

（4）本合同约定的设备设施及相关配套齐全；

（5）已具备如附件五所述之房产技术条件的完整房产；

（6）租赁房产无任何权利瑕疵（包括但不限于产权争议、司法查封措施等）。

3.租赁房产交付时应签署《交接清单》及《接收确认单》（见附件六），由双方授权代表书面签字确认。未有交接清单及接收确认单，或交接、确认单上乙方授权代表未签字或签署保留意见的，均视为甲方未交付租赁房产。乙方任何行为包括提前进场装修均不得被视为乙方认可甲方已按照合同约定交付了租赁房产。甲方交付的房产不符合本合同约定条件的，视为未交付。如乙方未按甲方书面通知的时间与甲方办理租赁场所交付手续，则甲方通知的交付时间即作为租赁场所的正式交付之日。

三、租赁房产的租金、水电、空调、物业管理费、税费等

1.本合同所定义的租金包括但不限于：该租赁物范围的房租、租赁税金、租赁

房产内外墙双方确认的广告位使用费、公共设备设施使用费、公共设备设施维修保养费、公共设备设施年检费、物业管理费（大楼、场地、设备、安保、卫生等）以及地面停车场使用费等费用。商场内部的物业管理由乙方自行负责并承担相应费用。

2. 计租面积：为6 300平方米。

3. 租金：甲乙双方同意租赁房产在优惠租赁期间免收租金。租赁年度内的起始租金为每平方米每月人民币18元整，第三年起每两年环比递增5%；具体支付如表9-6所示。

表9-6　　金额单位：人民币，元

| 年限 | 时间起至 | 每平方米月租金 | 小计 | 年租金 | 备注 |
| --- | --- | --- | --- | --- | --- |
| 1 | 2011年6月1日至2012年5月31日 | 18 | / | / | 优惠租赁期36个月 |
| 2 | 2012年6月1日至2013年5月31日 | 18 | / | / | |
| 3 | 2013年6月1日至2014年5月31日 | 18.9 | / | / | |
| 4 | 2014年6月1日至2015年5月31日 | 18.9 | 119 070 | 1 428 840 | |
| 5 | 2015年6月1日至2016年5月31日 | 19.85 | 125 055 | 1 500 660 | |
| 6 | 2016年6月1日至2017年5月31日 | 19.85 | 125 055 | 1 500 660 | |
| 7 | 2017年6月1日至2018年5月31日 | 20.84 | 131 292 | 1 575 504 | |
| 8 | 2018年6月1日至2019年5月31日 | 20.84 | 131 292 | 1 575 504 | |
| 9 | 2019年6月1日至2020年5月31日 | 21.88 | 137 844 | 1 654 128 | |
| 10 | 2020年6月1日至2021年5月31日 | 21.88 | 137 844 | 1 654 128 | |

续表

| 年限 | 时间起至 | 每平方米月租金 | 小计 | 年租金 | 备注 |
|---|---|---|---|---|---|
| 11 | 2021 年 6 月 1 日至 2022 年 5 月 31 日 | 22.97 | 144 711 | 1 736 532 | |
| 12 | 2022 年 6 月 1 日至 2023 年 5 月 31 日 | 22.97 | 144 711 | 1 736 532 | |
| 13 | 2023 年 6 月 1 日至 2024 年 5 月 31 日 | 24.12 | 151 956 | 1 823 472 | |
| 14 | 2024 年 6 月 1 日至 2025 年 5 月 31 日 | 24.12 | 151 956 | 1 823 472 | |
| 15 | 2025 年 6 月 1 日至 2026 年 5 月 31 日 | 25.33 | 159 579 | 1 914 948 | |
| 16 | 2026 年 6 月 1 日至 2027 年 5 月 31 日 | 25.33 | 159 579 | 1 914 948 | |
| 17 | 2027 年 6 月 1 日至 2028 年 5 月 31 日 | 26.60 | 167 580 | 2 010 960 | |
| 18 | 2028 年 6 月 1 日至 2029 年 5 月 31 日 | 26.60 | 167 580 | 2 010 960 | |
| 总计 | 2011—2029 共 18 年 | | | 25 861 248 | |

说明：上述租金系按签订合同时甲方提供的图纸进行估算的建筑面积计算，具体的租金以按该租赁物的房产证的建筑面积（不含公摊面积）计算据实调整为准。

本条所列租金已考虑到甲方作为履行本合同义务而提供给乙方必要的及本合同和附件提供的房产技术投资和其他所有应由甲方提供服务项目的费用，除政府有关部门要求乙方缴纳的专项收费规定外，甲方将不再以任何名义向乙方另行收取本合同明确约定之外的其他任何费用。

4. 水、电费：甲方负责为乙方租赁房产申请并设立独立水、电计量表，并在乙方开业前办理完过户手续。乙方水、电须独立开户，费用由乙方直接与供电局和自来水厂结算。

5. 中央空调、电动扶梯、货梯等的电费：甲方为乙方提供独立全新的中央空调、电动扶梯、货梯等设施、设备，产权归甲方所有，设备调试合格后在乙方租赁范围内的部分由乙方负责管理，甲方应提供以上设备设施相应的资料，在乙方租赁范围内的用电部分直接计入乙方的独立电表。

6.安全和维护费：乙方自行承担租赁范围内的保安、保洁、自购及甲方移交给乙方的设备设施的维护、消防安全、财产保险及顾客的第三者责任保险等工作。

7.物业管理费：租金中含有物业管理费，甲方、乙方共同与甲方指定或委托的物业公司就物业服务内容签订物业管理合同，物业管理合同不再另向乙方收取费用。甲方指定或委托其他物业公司提供物业服务的，甲方应就该物业公司提供的物业服务承担连带责任，同时由甲方向该物业公司支付物业管理费用。

8.税费：因租赁合同发生的所有税费由双方按法律规定各自承担。

9.租赁场所的公摊水电费：乙方应承担租赁面积相应的公摊水电费。

四、付款、结算方式

1.履约保证金（定金）：乙方在合同签订之日起15个工作日内先向甲方支付首期定金人民币30万元；甲方按时合格交付租赁房产和附属场地、附属设施、设备后，乙方再付30万元人民币定金。乙方入驻后，人民币60万元的定金自动转为合同履约保证金，合同期满前2个月开始作为当月租金进行抵扣，结余部分在合同期满双方办理完租赁房产移交手续后7个工作日内无息退还给乙方。担保范围包括乙方在本合同项下负有的全部合同义务。双方确认：（1）若乙方在履约过程中出现违约行为需承担违约金或补偿金，甲方可从保证金中直接抵扣，乙方应于收到甲方通知后三日内补足保证金，否则每日应按照迟延补足金额的千分之一向甲方支付滞纳金；（2）保证金在合同履行期限内不得用于冲抵租金及乙方应缴的其他正常费用；（3）本合同履行完毕或因其他原因解除、终止后三日内，双方按照本合同约定进行结算，在乙方缴清租赁期间的全部租金及其他费用（包括但不限于租赁场所使用费用、物业管理费、税费、违约金等）、并将租赁场所按照本合同约定交还甲方后，甲方应于三个银行工作日内将剩余的保证金无息退还乙方。

2.租金每个月缴纳一次，甲方应于每月12日前提供当月合法有效的房屋租赁发票，乙方在收到发票后七个工作日内支付（未收到甲方租赁发票，乙方有权延迟支付），遇节假日则向后相应顺延。

相关附件略。

**分析：**关于与××公司租赁合同的涉税分析与测算如下：

1. 涉税事项。

本合同所定义的租金包括但不限于该租赁物范围的房租、租赁税金、租赁房产内外墙等广告使用费、附属设备设施使用费、维修使用费、年检费、物业管理费以及地面、地下停车场使用费等费用。预计需缴纳税费如下：

印花税：25 861 248 × 0.1% × 2=51 722（元）；

房产税：25 861 248 × 12%=3 103 350（元）；

增值税：25 861 248 ÷（1+9%）× 9%=2 135 332（元）；

附加税费：2 135 332 ×（3%+1%+5%）=192 180（元）；

土地使用税：6 300 ÷ 容积率 2.98 × 6 元 / 年 /$m^2$ × 18 年 =228 322（元）；

企业所得税：25 861 248 × 15% × 25%=969 797（元）（参照房地产企业核定利润率进行测算）；

总计 8 410 322 元，占租金收入 32.5%。

2011 年 6 月 1 日至 2014 年 5 月 31 日无租使用，应按《财政部、国家税务总局关于房产税 城镇土地使用税有关问题的通知》（财税〔2009〕128 号）规定，产权方依照房产余值缴纳房产税，因目前该工程尚未决算，主体建安单方造价按 2 500 元 /$m^2$ 进行预估，则三年预计需交房产税 425 250 元，计算公式为：2 500 元 /$m^2$ × 6 300$m^2$ × 75% × 1.2% × 3，占租金收入的 1.6%。

租赁房产附属设施和设备若计入房产原值，该部分价值也属房产税征税范围，因品牌、技术参数等不确定，尚无法计算房产税税负。

免费提供地面停车位，需确定车位的位置是否属于土地使用税免征范围（如市政街道 / 广场 / 绿化带等公共用地），如不免征则存在 6 元 / 年 /$m^2$ 的土地使用税。

综上所述，合同总体税负不小于租金收入的 34.1%。

2.解决方案。

（1）对上述租金包含范围建议以附件形式分类进行确定，避免物业管理费、广告使用费等被并入租金计税范围。比如月租金分解为以下明细：租金为10元/$m^2$、物业管理费为4元/$m^2$、内外墙广告使用费为1元/$m^2$、附属设施使用费2元/$m^2$、维修费等1元/$m^2$，则预计月需缴纳税费如下：

①租金适用：

房产税：6 300$m^2$×10元/$m^2$×12%=7 560（元）；

增值税及附加（不动产租赁）：6 300$m^2$×10元/$m^2$÷（1+9%）×9%×（1+3%+1%+5%）=5 670（元）。

②物业管理费适用：

增值税及附加（其他服务业）：6 300$m^2$×4元/$m^2$÷（1+6%）×6%×（1+3%+1%+5%）=1 555（元）。

③内外墙广告使用费适用（按租赁业征税）：

增值税及附加（租赁业）：6 300$m^2$×1元/$m^2$÷（1+6%）×6%×（1+3%+1%+5%）=389（元）。

④附属设施/设备若计入房产原值，则应适用房产税征收范围：

房产税：6 300$m^2$×2元/$m^2$×12%=1 512（元）；

增值税及附加：6 300$m^2$×2元/$m^2$÷（1+6%）×6%×（1+3%+1%+5%）=777（元）。

附属设施/设备若不计入房产原值，则适用租赁业计征增值税及附加，即777元。

⑤维修费适用：

增值税及附加（其他服务业）：6 300$m^2$×1元/$m^2$÷（1+6%）×6%×（1+3%+1%+5%）=389（元）。

综上所述，如此分解可避免将物业管理费、内外墙广告使用费、维修费等计入租金按12%的税率计征房产税，可合理规避税负。

（2）因房产税征税对象为产权人，建议成立资产管理公司以规避12%的房产税。

（3）因合同登记备案而产生的税费由双方各自承担。

以上测算基于税收政策不变及现金流量现值的假设前提。

3.规范酒店租赁合同涉税条款。

（1）应补充条款：由于乙方商品质量原因，对消费者造成经济损失或造成危害而导致法律诉讼，由乙方承担经济责任或相应法律责任，甲方不承担任何连带责任。

（2）建议通过谈判修改条款：出租人既出租房屋也出租场地，既出租房屋也出租机器设备，应将物业管理费从租金中分离出来。

其政策依据为：《中华人民共和国房产税暂行条例》（以下简称《房产税暂行条例》）规定，自用房屋的房产税税率为1.2%。房屋出租的房产税税率是12%。由于两项税率相差10倍，因此，出租人应对房屋出租过程中如何合理筹划税收加以关注。

根据相关规定，房产是以房屋形态表现的财产。房屋是指有屋面和围护结构（有墙或两边有柱），能够遮风避雨，可供人们在其中生产、工作、学习、娱乐、居住或储存物资的场所。独立于房屋之外的建筑物，如围墙、烟囱、水塔、变电塔、油池、油柜、酒窖菜窖、酒精池、糖蜜池、室外游泳池、玻璃暖房、砖瓦石灰及各种油气灌等，不属于房产。因此，需正确划分价款。

特别提醒：

筹划要点：出租人在签订房产出租合同时，对出租标的物中不属于房产的部分应单独标明，以达到降低房产税税负的目的。例如，出租人既出租房屋也出租场地，既出租房屋也出租机器设备，如果在租赁合同中能分别列明房屋租赁价款和非房屋租赁价款，只需就房屋租赁价款部分按12%税率缴税。

筹划风险：出租人可能从降低房产税税负目的出发，刻意提高非房屋出租价款，压低房屋出租的价款。对此，部分税务机关已联合物价、房产部门，根据地段出台房屋最低租金计税价格，若出租人房屋租金明显偏低且无正当理由，须按税务机关认可的最低租金计税价格缴税。

（3）建议借用现有的物业公司或新成立资产管理公司，即改变租赁合同主体，因为变出租为提供服务加出租可节税，降低税负。

①利用现有物业公司设计筹划方案。

目前，有很多专门从事房屋租赁的公司，既出租房屋也负责提供物业管理服务。因此，利用物业管理合同规避房产税比较普遍。

特别提醒：

筹划要点：出租人可通过提高物业服务收费，降低房租价格达到少交房产税目的。这种筹划的前提条件是出租方一般应有从事物业管理服务的经营范围，且确实在出租房屋的同时提供物业管理服务。

筹划风险：税务机关可能存在的最低租金计税标准是筹划的障碍。一般正规公司提供物业管理服务的收费，须取得物价部门收费许可，收费标准也需要审批。因此，出租方刻意抬高物业管理服务价格，不仅得不到税务机关的认可，而且可能受到物价部门的处罚。

②成立新的资产管理公司设计筹划方案。

开发商在房屋竣工后再出售房屋，然后成立一家资产管理公司。各购房者在购房时，由资产管理公司与购房者另外签订委托代理租房协议，而不是以开发商的名义与购房者签订租房合同，即利用转租筹划租赁房产税。由于转租方是新成立的资产管理公司，不是房屋产权所有人，因此转租方转租房屋时，只需要按转租价缴纳增值税，不需要缴纳房产税。

筹划方案的政策依据为：

第一，根据《房产税暂行条例》的规定，房产税由产权所有人缴纳。产权属于全民所有的，由经营管理的单位缴纳。产权出典的，由承典人缴纳。产权所有人、承典人不在房产所在地的，或者产权未确定及租典纠纷未解决的，由房产代管人或者使用人缴纳。因此，目前房屋转租不需要缴纳房产税。

第二，根据《国家税务总局关于发布〈纳税人提供不动产经营租赁服务增值税征收管理暂行办法〉的公告》（国家税务总局公告2016年第16号）的规定，物业公司为一般纳税人的，出租（转租）其2016年4月30日前取得（租入）的不动产，可以选择简易计税方法，按照5%的征收率计算应纳税额；出租（转租）其2016年5月1

日后取得（租入）的不动产，适用一般计税方法计税，税率为9%。物业公司为小规模纳税人的，按照5%征收率计算应纳税额。

第三，《城镇土地使用税暂行条例》规定：拥有房屋产权的个人，出租的房屋坐落在城镇土地使用税开征范围内的，应按房屋占地（含出租的院落占地）面积，依适用的土地等级税额，计算缴纳城镇土地使用税。

特别提醒：

筹划要点：利用转租进行租赁房产税筹划，与烟酒生产企业通过成立销售公司筹划消费税相似。出租人可以成立一个资产管理公司，将拟出租房产先以较低价格出租给该资产管理公司，再由后者统一按市价出租。转租房产的收入缴纳增值税，不需要再缴纳房产税。

筹划风险：由于出租方和资产管理公司是关联企业，两者之间的出租行为是关联交易，因此必定会受到税务机关房屋出租最低租金计税价格的制约。但是，若出租方准备对拟出租房屋进行翻新改造后重新出租，可先将未改造的房屋出租给资产管理公司，由后者进行装修改造后再转租，这种避税方案比较合理合法。

（4）三年免租以及维修费用抵缴房产租金的税务风险分析。

《关于房产税若干具体问题的解释和暂行法规》（财税地字〔1986〕8号文件附件一）规定：免税单位出租的房产应征收房产税；纳税单位和个人无租使用房产管理部门、免税单位及纳税单位的房产，应由使用人代缴房产税；纳税人在办理验收手续前已使用或出租、出借的新建房屋，应按规定征收房产税；承租人使用房产，以支付修理费抵交房产租金的，仍应由房产的产权所有人依照规定缴纳房产税。

《财政部、国家税务总局关于房产税 城镇土地使用税有关问题的通知》（财税〔2009〕128号）则对无租使用其他单位房产、出典房产、融资租赁房产的房产税政策进行了重新明确：①无租使用其他单位房产的应税单位和个人，依照房产余值代缴纳房产税；②产权出典的房产，由承典人依照房产余值缴纳房产税；③融资租赁的房产，由承租人自融资租赁合同约定开始日的次月起依照房产余值缴纳房产税。合同未约定开始日的，由承租人自合同签订的次月起依照房产余值缴纳房产税。

依据上述政策规定，作为出租方和承租方不仅要关注在三年免租期内房产税的纳税义务，还要明确以维修费用抵缴房产租金时的房产税纳税义务。

（5）建议合同条款包含控制连带责任。

《中华人民共和国税收征收管理法实施细则》第四十九条规定：承包人或者承租人有独立的生产经营权，在财务上独立核算，并定期向发包人或出租人上缴承包费或者租金的，承包人或者承租人应当就其生产、经营收入和所得纳税，并接受税务管理；但是，法律、行政法规另有规定的除外。

发包人或者出租人应当自发包或出租之日起30日内将承包人或者承租人的有关情况向主管税务机关报告。发包人或者出租人不报告的，发包人或者出租人与承包人或者承租人承担纳税连带责任。

以上规定明确了税收征收管理中履行报告义务的要求，因此在拟定合同条文时列明控制连带责任的相关内容，可以明确双方责任，认真履行税收义务，有效保护双方的利益。

## 问题9–9

**财务部门在房地产合同签订过程中必须分析的条款和必须关注的条款主要有哪些?**

**解析：**增值税具有环环抵扣的特点。营改增全面完成后，货物、劳务、服务都将加入抵扣链条，产业的上下游环节更加紧密。价税分离、进项抵扣等新变化会对试点纳税人的商业谈判、定价策略产生一定影响。试点纳税人应该利用税制特点，通过合理的商业安排和议价，促进自身业务发展，提高本环节的利润水平。

### 1.签订合同时必须加以分析的条款

在签订合同时，房地产开发企业需就签约主体、商品、服务性质、交易价款、纳税义务发生时间、价外费用、包税条款等事项进行明确。下面对其中四点进行具体分析。

（1）合同相对人的主体身份。

明确合同相对人的主体身份，其是一般纳税人还是小规模纳税人必须写入合同，并要求合同相对人提供税务登记证件的复印件作为合同的附件。要明确合同相对人开具发票的类型、能否抵扣、开具日期、送达期限等内容，并就开具发票造成的违约行为约定违约金、损失赔偿金。

（2）确定商品、服务的性质。

房地产开发企业在销售商品房时，可能会同时提供精装修及部分家具、家电，此时将涉及兼营和混合销售问题。财税〔2016〕36号文件规定，纳税人兼营不同税率或征收率项目，应当分别核算销售额，未分别核算的，从高适用税率；一项销售行为涉及服务和货物为混合销售，从事货物的生产，商贸纳税人按照销售货物缴税。其他纳税人按照销售服务缴税。关于如何界定相互关联的经营行为是“兼营”还是“一项行为”，财税〔2016〕36号文件中并未明确规定。

纳税人出租商业不动产时，通常会同时伴随提供物业服务、建筑业服务、代售水电，以及修理修配劳务等增值税应税项目。若适用兼营政策，纳税人须在合同中约定不同税率项目的金额，根据交易的实质清楚地描述具体服务内容，避免与税务机关就不同税率服务的内容和金额产生争议，带来税务风险。

（3）交易价款的确定。

首先，应对合同价格含税与否予以确认，明确价格和增值税额。由于增值税税率比较高，如果不能向上下游相对方转嫁税负，房地产开发企业的税负将明显上升。同时应注意合同条款中的服务费、预收性质费用以及违约金、滞纳金、赔偿款等各类价外费用。

（4）纳税义务发生时间的确定。

对于纳税义务发生时间，纳税人销售、出租不动产，为发生应税行为并收讫销售款项或者取得索取销售款项凭据的当天；先开具发票的，为开具发票的当天。收讫销售款项，是指纳税人销售、出租不动产过程中或者完成后收到款项。取得索取销售款项凭据的当天，是指书面合同确定的付款日期；未签订书面合同或者书面合同未确定付款日期的，为不动产权属变更的当天。企业可以通过合同约定付款日期，从而推迟纳税义务发生时间。

**2. 签订合同时应着重关注的条款**

根据财税〔2016〕36号文件及相关文件的规定，房地产开发企业应着重关注合同中的以下条款（见表9-7）。

表9-7 合同中应着重关注的条款

| 序号 | 条 款 | 说 明 |
| --- | --- | --- |
| 1 | 开工日期 | 房地产开发企业中的一般纳税人，销售自行开发的房地产老项目，可以选择适用简易计税方法按照5%的征收率计税。房地产老项目，是指《建筑工程施工许可证》注明的合同开工日期在2016年4月30日前的房地产项目，或《建筑工程施工许可证》未注明合同开工日期或者未取得《建筑工程施工许可证》但建筑工程承包合同注明的开工日期在2016年4月30日前的建筑工程项目。企业需注意日期节点是合同开工日期。 |
| 2 | 材料供应 | 房地产开发企业负责采购特殊材料、统配、部管材料及统配、部管的机电产品时，可以取得13%的进项抵扣，相较于9%的适用税率，可以获得一定的税率差。 |
| 3 | 合法有效的增值税抵扣凭证 | 选择一般计税方法的房地产开发企业，可以通过进项抵扣降低税负。合法有效的增值税抵扣凭证分为增值税专用发票、海关进口增值税专用缴款书、农产品收购发票、农产品销售发票、完税凭证等。其中企业应重点关注增值税专用发票的管理问题，要严格管控增值税专用发票资质信息。增值税专用发票涉及抵扣环节，取得不了增值税专用发票或者增值税发票不合规，都将对受票方造成法律和经济损失。营改增后可考虑将取得增值税发票作为一项合同义务列入合同的相关条款，同时考虑将增值税发票的取得和开具与收付款义务相关联。例如，明确仅在收到合规发票的条件下，才有付款义务。 |
| 4 | 视同销售 | 《增值税暂行条例实施细则》及财税〔2016〕36号文件规定，无偿提供服务、无偿转让无形资产或者不动产（但用于公益事业或者以社会公众为对象的除外）应视同销售并按照相关计算方式缴纳增值税。实践中随着市场竞争的逐渐激烈和销售模式的不断创新，在出租不动产时经常会提供“免租期”或“装修期”。在判断上述行为是否为无偿提供服务时，不仅要考虑促销行为的口号或名目，更应分析其是否与有偿服务紧密关联，是否实质上是一种折扣行为。在合同条款中，应尽量避免出现“免租期”或“装修期”等用语。对于精装修送家电，应在合同中列明配送家电的对价，降低视同销售风险。 |
| 5 | 退租、销售折让 | 如出现退租、销售折让等情形，可以通过开具红字专用发票的方式冲销销项税。为了在发生以上情况时能够顺利开票，应当在合同中明确承租方、购买方有义务协助企业开具红字增值税专用发票。 |
| 6 | 跨期合同 | 对于跨越营改增过渡期的合同，根据合同执行的实际情况，提出相关的过渡建议，如对原合同未尽涉税事宜追加补充条款。 |

## 问题9–10

**房地产企业购销合同应如何约定发票条款？如何彻底规避接受虚开增值税发票的风险？**

**解析**：举例说明如下：

[**例**] ××合同的部分内容如下：

第二条　技术要求及接收办法：技术要求及接收办法执行最新熔炼用废钢铁技术协议。

第三条　数量、基准单价：1 700吨 ±10%，2 560元/吨。

第四条　重量计算、交货地点：以买方指定地磅为准，买方指定货场交货。

第五条　运输方式及费用负担：卖方负责运输，费用由卖方承担。

第六条　验收标准、方法及提出意见的期限：以签订的技术协议为准，现场验货，如遇质量问题现场予以协商。

第七条　结算方式和期限：电汇转账，本合同为含税到厂价，结算时价格构成为：含税到厂价+质量奖惩额，13%增值税专用发票一票结算。遇挂牌价变化时提前一天通知，双方协商调整。

第八条　关于发票的特别声明：卖方须为买方开具合法、正式和有效的发票。卖方应承诺，如买方或任何第三方（包括但不限于买方财务部、审计部、政府税务机关、独立审计机构）在任何时候发现卖方开具的发票不符合要求，卖方应立即重新为买方开具符合要求的发票。如买方因为卖方开具的发票不符合要求而受到有关机关处罚，卖方还应全额赔偿买方因该等处罚而受到的损失，买方保留索赔权利。

**分析**：这是某企业商品购销合同中的若干条款，该公司能够将发票风险写入合同，应该说已经具有风险意识。但细看上述第八条仍然有以下六个方面需要完善：

（1）“关于发票的特别声明”，改为“关于发票的特别约定”或许更加贴切。

（2）“卖方须为买方开具合法、正式和有效发票”，“开具”二字后面须加上“并提交”三个字，因为现实中有过开具但不提交发票，造成超过抵扣期不能抵扣的案例与教训。

（3）“有效发票”的提法不够严谨，尚需加上是专用发票还是普通发票，因为即便是小规模纳税人，开专票也能抵扣3%的进项税额。

（4）“卖方应立即重新为买方开具符合要求的发票”和“全额赔偿买方因该等处罚而受到的损失”的提法需修改。试想：如果开票的卖方走逃失联了，找谁赔偿、找谁重开？这种约定字面上看很完整，实际上遇上走逃失联企业则成为一纸空文，非常被动。如果能约定只支付相当货款价值部分，进项税额部分等待完全抵扣或提供一定的保证金，则企业可规避接受虚开的风险。

（5）如果发票在邮寄过程中丢了，怎么办？因此须在合同之中约定赔偿责任和配合开具红字发票的有关证明手续，配合办理抵扣。

关于具体如何进行涉税筹划和控制，下面给出示范条款。

条款1：在购货方未付清货款前，货物所有权仍属于供货方。

条款2：承租方承租使用房屋的房产税及物业占地土地使用税由出租方承担。如果发生承租方缴纳前述税款的情况，承租方有权从应付出租人的租金中扣除并按银行同期贷款利率加计资金占用费。

条款3：运输费计算标准包括因提供运输服务所支付的人工费、设备维修费、保险和因提供运费服务而需缴纳的各项税金。

条款4：因税务代理人发生过错造成委托人未缴或者少缴税款并且导致委托人被税务机关处以罚款或/和停止供应发票的，由乙方赔偿甲方罚款损失。（此条款易达成。）

或：因税务代理人发生过错造成委托人未缴或者少缴税款并且导致委托人被税务机关追缴税款、加收滞纳金、停供发票、行政罚款的，由代理人承担。（此条款比较难达成。）

条款5：甲方项目建设期间等其他环节的所有税（除销售过程的增值税外）全部包含在乙方向甲方交纳的土地总价款等规费项目中，乙方不再另行承担。

或：甲方土地出让金地方留成部分（或其他政府规费项目）的一定比例或/及甲方

其他规费项目的××额度，作为投资开发扶持资金拨付乙方。

下面是采购合同增值税发票涉税自保示范条款。

条款1：供货方声明其具有增值税一般纳税人资质并同意向采购方开具增值税专用发票结算货款。

条款2：供货方应按规定及时向采购方开具和提交增值税专用发票；

在分次收付款过程中的任何结算时点，供货方开具并提交采购方的增值税专用发票的价税合计金额不得低于采购方已经支付的价税合计款项。

条款3：供货方开具的票据必须是由供货方从其发票主管税务机关购领或经其主管税务机关批准自印或监制的发票；供货方必须按照合同约定的价款（或采购方实际付款金额）开具票据并提供给采购方；供货方必须保证提供给采购方的发票的票面数据与供货方缴销税务机关和供货方所留存的发票存根联填列数据相符。

条款4：发生下列任意一种情况而给采购方造成经济损失的，供货方负责赔偿采购方有关经济损失：

（1）因供货方提供的发票不符合税务部门的要求，导致采购方从供货方取得的增值税专用发票不能认证抵扣进项税金；

（2）因供货方提供的发票不符合税务部门的要求或因供货方其他原因，导致采购方从供货方取得的增值税专用发票虽可通过认证抵扣进项税金，但认证后被税务机关以“比对不符”或“失控发票”等事由追缴税款。

条款5（商贸企业辅导期间特有条款）：

在采购方从供货方取得的进项税金抵扣凭证经税务机关交叉稽核比对无误获得抵扣以前，采购方有权暂不支付相当于前述抵扣税款的那部分款项。

条款6：供货方开具的增值税专用发票在送达采购方以前或之后如发生丢失、灭失或被盗，供货方均应负责按税法规定向采购方提供有关丢失发票的存根联复印件，均应负责提供供货方所在地主管税务机关开具的“增值税一般纳税人丢失防伪税控开具增值税专用发票已抄报税证明单”，积极协助采购方在税法规定期限内办理有关的进项税额的认证申办手续，否则，由此造成的经济损失，由供货方承担。

## 问题9-11

**如何由财务或内设税收管理部门牵头加强税收管控?**

**解析:** 营改增后房地产开发企业组织架构和成本管理等都会发生变化，财务人员要加强税收方面的管控。

### 1.加强采购环节的财税管理

（1）采购过程中要求票、货、款一致。纳税人购进货物或应税劳务，支付运输费用等，所支付款项的单位，与开具抵扣凭证的销售单位、提供劳务的单位一致，才能申报抵扣进项税额［依据:《国家税务总局关于加强增值税征收管理若干问题的通知》(国税发〔1995〕192号)］。要特别注意三方抵账协议的税收风险。

（2）谨慎代购材料。代购货物行为，同时具备以下条件的，不征增值税，不同时具备以下条件的，无论会计制度法规如何核算，均征收增值税:

①受托方不垫付资金;

②销售方将发票开给委托方，并由受托方将该发票转交给委托方;

③受托方按销售方实际收取的销售额和增值税额与委托方结算货款，并另外收取手续费［依据:《财政部、国家税务总局关于增值税、营业税若干政策法规的通知》(财税字〔1994〕26号)］。要特别注意垫资材料款有被征收增值税的风险。

### 2.注重现金流管理

（1）增值税纳税义务发生时间为纳税人取得销售款或取得索取销售款凭证的当天。先开发票的，为开具发票的当天。

收讫销售款项，是指纳税人提供应税服务过程中或者完成后收到款项或者取得索取销售款项凭据的当天;取得索取销售款项凭据的当天，是指书面合同确定的付款日期的当天，未签订书面合同或者书面合同未确定付款日期的，为应税服务完成的当天。

（2）难以利用账期融资。营改增后，房地产开发企业销售不动产开具发票，产生9%的销项税，此时需有足够的进项税抵扣，否则当期缴纳增值税压力较大。而上游材料供应商和建安企业开具增值税专用发票通常要求及时付款，导致房地产企业难以利用账期融资。

（3）税款缴纳波动较大。房地产开发企业存在预付工程款、合同完成后一次性结算价款以及大型项目采取按工程进度支付款项，竣工后清算等结算方式，可能存在工程前期投入多，而收入少甚至无收入的情况，长时间内只有进项税没有销项税。进入销售期产生大量销项税，出现集中缴纳增值税情况，产生较大资金压力。

因为按照政策规定进项税金在360日内均可抵扣，所以财务人员应综合考虑，从企业整体角度出发，平衡销项税金和进项税金。

**3. 利润考核指标发生变化**

营改增后利润考核指标也会发生如下变化：

（1）税率上升减利润。税负可能上升，会减少利润。

（2）税制改革会影响财务报表数据。增值税是价外税，需进行价税分离后才能对收入进行确认。房地产开发企业收入是按不含税价格进行确认的，相对于营改增前有减无增。同理可知，对能取得增值税专用发票的，成本也会下降；如无法取得进项发票，成本变化不大。综合上述因素，房地产企业利润可能会减少。对于以上变化，房地产开发企业应选择具有一般纳税人资质的单位进行合作，核心目的是确保取得增值税专用发票，用于抵扣销项税金，降低企业税负，提高企业利润。对无法取得增值税专用发票的单位或个人，首先争取取得代开增值税专用发票（仅能抵扣3%）；其次对无法提供增值税专用发票的单位或个人，通过重新议价方式进行合作，减少企业损失。

**问题9-12**

**营改增后房地产企业如何利用小微企业税收优惠政策进行税收筹划？**

**解析：**小微企业所得税优惠政策规定：自2019年1月1日至2021年12月31日，对小型微利企业年应纳税所得额不超过100万元的部分，减按25%计入应纳税所得额，按20%税率缴纳企业所得税；对年应纳税所得额超过100万元但不超过300万元的部分，减按50%计入应纳税所得额，按20%税率缴纳企业所得税。

确定为小微企业的3个条件包括：（1）应纳税所得额不超过300万元；（2）从业人数不超过300人；（3）资产总额不超过5 000万元。

一个公司（符合小微企业条件）年应纳税所得额是200万元，2018年需要缴纳：200×25%=50（万元）的企业所得税，2019年只需要缴纳：200×10%-5=15（万元）的企业所得税，降税力度达到了70%。为此，房地产企业要充分应用蜂窝原理在房地产上下游产业链中设立小微企业进行利润消化。如房地产企业采购沙石料可利用小微企业，保洁公司可利用小微企业，物业公司可利用小微企业。

## 问题9-13

**公益性捐赠能否进行税收筹划?**

**解析：**

**1.赞助支出税前列支的条件是“公益性”，即公益性赞助**

我们来看“同一首歌走进莆田”活动的赞助说明。

**“同一首歌走进莆田”活动主办单位赞助说明**

一、“同一首歌走进莆田”活动概况

1.时间：2007年12月8日，星期六19：00-22：30；

2.地点：莆田市体育中心体育场；

3.主题：妈祖缘·海峡情；

4.票务：根据剧组要求，此次晚会门票将不对外公开销售，不出现票面价格，中国移动莆田分公司作为此次晚会社会零散门票的唯一票务合作伙伴。

二、赞助条件

赞助：人民币200万元，现金。

三、回报权益

1.晚会名誉权益：

（1）在此次晚会宣传期间，宣传内容上都体现企业名称及标识；

（2）享受晚会主办单位称号，并可以在企业以后宣传中体现此称号：

“同一首歌走进莆田·相约雪津”宣传标语；

“同一首歌走进莆田”主办单位称号。

2.晚会流程权益：

（1）晚会开场前VCR节目2分钟内容；

（2）晚会期间企业领导上台发表讲话；

（3）主持人在晚会中3次播报感谢企业信息；

（4）晚会节目互动中出现相关企业产品信息。

3.中央电视台宣传资源权益：

（1）《同一首歌》节目播出字幕中体现冠名单位名称；

（2）节目播出中出现三次企业领导现场镜头；

（3）出现企业歌迷献花镜头。

4.莆田宣传资源权益：

（1）门票封套的封底、封二、封三、内页两个版面的广告权；

（2）节目单封二、封三广告权；

（3）莆田电视台节目专访两次；

（4）湄洲日报《同一首歌晚会·会前专刊》封面半版；

（5）湄洲日报《同一首歌晚会·会后专刊》封面半版。

5.晚会现场布置回馈权益：

（1）体育场外围大门各赠送一个气拱门；

（2）体育场外围赠送广告条幅、画面四块；

（3）场地看台赠送两块广告位；

（4）晚会现场各路口位置各两块广告位。

6.门票回馈权益：

门票回馈总数为1 100张，票面总额为1 142 400元，门票均以方阵形式提供，提供2个场内方阵，在摄影机方阵内；并享有购买门票之相关折扣权，并优先保证。门票详情见表9–8。

表9-8 门票详情 金额单位：元

| | 钻石票 | 黄金票 | 白银票 |
|---|---|---|---|
| 场地A类票 | 1 988 | 1 588 | 1 188 |
| 场地B类票 | 888 | 666 | 498 |
| 场地C类票 | 288 | 228 | 138 |

7.明星资源回馈权益：

（1）享有晚会明星演唱歌曲2首选择权；

（2）享有3个名额上台为明星进行献花，明星由企业挑选。

8.庆功宴回馈权益：

（1）享有晚会结束后庆功宴两桌名额（10人/桌）；

（2）宴会人员与晚会明星合影留念；

（3）企业领导人或其他人员与两个明星单独合影。

### 2.用时间换空间

［**例**］某省会城市举办全国农民运动会，政府号召举全民之力办好本届运动会。某实力房地产企业楼盘刚动工不久，尚未预售，企业开发前期没有利润，但为了响应政府号召办好运动会，该房地产企业通过某非营利机构捐赠600万元大力支持办会，请问该企业这600万元税前能否列支？（假设该企业前三年均没有利润。）

**分析**：根据现行税法规定，企业没有利润是不能列支的。《企业所得税法》规定，可列支限额为利润总额的12%，该企业没有利润就没有限额，因此不能列支。如果采用时间换空间筹划思维，则可以达到税前列支的目的。具体操作是，签订捐赠合同时约定600万元捐赠资金先行支付，捐赠票据等到账面有利润产生时再开具，这样税前就可以扣除，因为捐赠列支受比例限制，而对于捐赠时间、地点及捐物捐钱等税法的确没有限制。

### 3.万××与雅×捐赠案例分析比较

［**例**］2008年5月12日，四川汶川地区发生里氏8级地震，灾情及救灾抗震工作

牵动每个人的心，全国各族人民、企业和社会团体纷纷捐款、捐物。其中有两家房地产上市公司的捐赠行为值得研究，一是万××公司，公司公告显示，将在未来的3~5年以参与灾区的临时安置、灾后恢复与重建工作等形式捐献1亿元（资料来源：万××公司公告）；二是雅×公司宣布直接捐赠5 000万元货币资产以及大股东陈卓林兄弟以个人名义捐赠5 000万元（资料来源：网易财经新闻）。两家公司虽然都是捐款1亿元，但由于捐赠的方式和时间不同，在税务上会产生较大差异，下面从税务的角度，探讨不同捐赠方式对企业税务成本的影响。

**分析**：捐赠作为一种特殊的经营行为，在税务上可享受一定的税收优惠。《企业所得税法》第九条规定，企业发生的公益性捐赠支出，在年度会计利润总额12%以内的部分，准予在计算应纳税所得额时扣除。但捐赠方式和时点不同，也会产生差异。结合上述两家公司的捐赠行为，我们从以下四个方面进行分析。

（1）捐赠主体的选择。

万××公司捐赠主体是公司本身，雅×公司捐赠主体分别是公司和陈氏兄弟个人。按规定，万××公司有可能被允许在企业所得税税前列支1亿元（假设万××公司是通过政府部门或公益性团体捐赠而非直接捐赠，而且有足够的税前会计利润），而雅×公司被允许在企业所得税税前列支的最大捐赠额是5 000万元，另外5 000万元个人捐赠不能在企业所得税税前列支，只能在其个人所得税税前抵扣。两者相比，雅×公司为此将有可能少抵扣企业所得税：5 000×25%=1 250（万元）。而陈氏兄弟当年是否有这么多的个人所得税纳税义务不好判断。

（2）捐赠资产的选择。

捐赠资产不同，其中的税收负担也有可能不同。万××公司捐赠的是未来的开发产品，其捐赠额是以开发成本计算还是市场价格计算，在公告中未予明确。在企业实物捐赠中通常都存在这样的捐赠额度计量问题，对于捐赠企业而言，无疑留有一定的空间，无论从经营宣传角度还是从税务角度看，都有回旋空间。而直接捐赠现金，捐赠金额已经确定，也就不存在税务筹划的空间了。

另一方面，税法规定，捐赠的开发产品需视同销售缴纳相应的增值税、土地增值税以及企业所得税，三项合计税负率有可能达12%以上。以捐赠1亿元为例，万××公司有可能为此多支出税负1 200万元。而雅×公司捐赠现金则不存在这样的问题，两者有较大差异。

（3）捐赠额度和年度的选择。

《企业所得税法》规定，公益性捐赠在当年会计利润的12%以内可以税前扣除，超过部分则不允许税前扣除。万××公司公告中宣布1亿元捐赠将在未来3到5年内，根据实际逐年支出。那么，万××公司就可以根据当年的会计利润来确定本年度的捐赠额度，给企业留下一定的税务筹划空间（虽然万××公司很大，但据了解此项捐赠最终主要是由其四川公司来实现的，其当年利润就未必一定超过几亿元，所以会有一定的调节空间）。而雅×公司一次性在2008年捐赠，如果该捐赠额度在会计利润12%以外，则不能在企业所得税税前扣除（事实上，2008年雅×公司全年利润为亿元）。如果捐赠当年度亏损或者盈利不足冲减捐赠额度，则该部分捐赠扣除额不能在税前扣除，会增加企业未来的所得税负担。当然，上述两家地产公司都是业绩非常优秀的公司，存在上述情况的可能性不大。另外，针对汶川大地震，国家税务总局专门发文规定，所有的捐赠均可100%在税前列支。我们这里只是举例而已，换到其他捐赠企业和其他捐赠项目就不一定了。故而，捐赠额度与捐赠年度的选择很重要，企业在捐赠时如能考虑自己当年会计利润的多少，无疑会给自己留下更多的运作空间。

（4）捐赠途径的选择。

《企业所得税法》规定，企业如通过县级以上人民政府及其组成部门或公益性社会团体进行捐赠，可以在企业年度会计利润的12%以内扣除，超过部分在计算企业所得税时须做纳税调整，换句话说，只能在企业所得税税后列支。但如通过中国红十字会、宋庆龄基金会等机构捐赠则可以100%税前列支，不受此比例限制。而如果企业自行捐赠，则不能在企业所得税税前列支，必须做纳税调整。

我们根据报道资料推测，雅×公司的1亿元捐赠应该是通过政府部门或慈善机构完成的，其支出如能取得捐赠专用票据，可以在税前直接列支。但存在的问题是，捐赠公司会担心，款项有可能会被有关部门或机构中途截留或抽取管理费，真正能到受灾群众手中的不知道会有多少。而万××公司通过直接参与灾后重建工作，可以让灾区人民直接受惠，享受到100%的捐赠，但也可能存在由于不能取得捐赠专用票据而无法在企业所得税税前列支的问题。现实中，有很多企业和个人，由于各种各样的原因，不愿意通过政府部门或慈善机构捐赠，而采取直接捐赠方式，导致其公益善举不能享受所得税税前扣除，增加了捐赠企业的税收负担。在此我们建议，类似万××公司这样的善举，可以自行建设，待房屋建好后再通过政府相关部门或慈善机构"定向捐赠"，中间有专人负责落实与监督，则有可能解决信息不透明带来的其他问题，同时也可以解决税前入账问题，降低企业税负，提高企业捐款的热情和积极性。

一方有难，八方支援。捐赠行为无疑应大力提倡，但不同的捐赠行为与方式给企业带来的税负影响会有所不同，值得广大纳税人注意。

**4. 法律依据**

根据《企业所得税法》及相关法律法规，企业通过以下公益性机构捐赠可以100%在所得税税前扣除：福利性、非营利性的老年服务机构、红十字事业、农村义务教育、公益性青少年活动场所、世博会、第二十九届奥运会、中国老龄事业发展基金会、中国华文教育基金会、中国绿化基金会、中国妇女发展基金会、中国关心下一代健康体育基金会、中国生物多样性保护基金会、中国教育发展基金会、中国红十字会、中华健康快车基金会、孙冶方经济科学基金会、中华慈善总会、中国法律援助基金会、中华见义勇为基金会、宋庆龄基金会、中国福利会、中国残疾人福利基金会、中国扶贫基金会、中国煤矿尘肺病治疗基金会、中华环境保护基金会。

**问题 9–14**

**营改增后人工费可否抵扣增值税进项税额？营改增后劳务派遣发票与劳务分包发票有何区别？劳务付款如何设计流程？**

**解析：**现行税法规定，企业造表发放的人工工资（人工费）不能抵扣进项税额。

劳务派遣发票与劳务分包发票有明显区别，劳务派遣发票可以按一般计税方法计税也可选择差额计税（简易计税），前者可以抵扣6%，后者只能抵扣3%。

传统用工模式如图9-1所示。

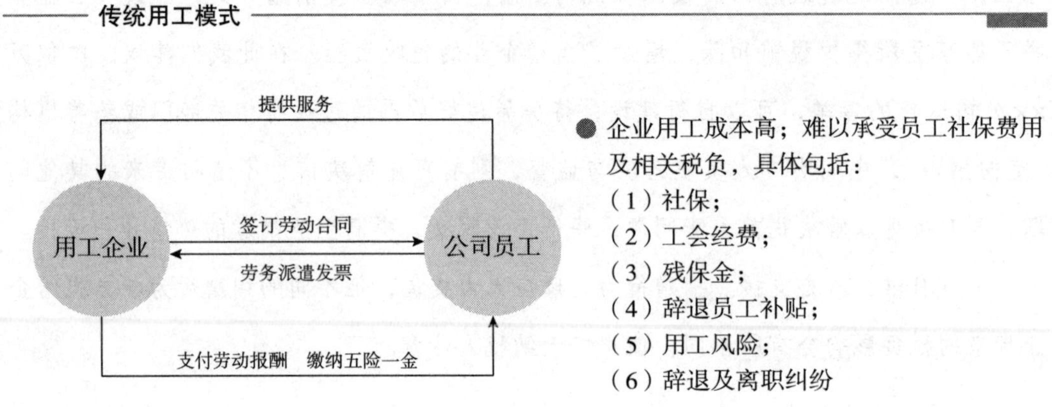


图9-1

灵活用工模式如图9-2所示。

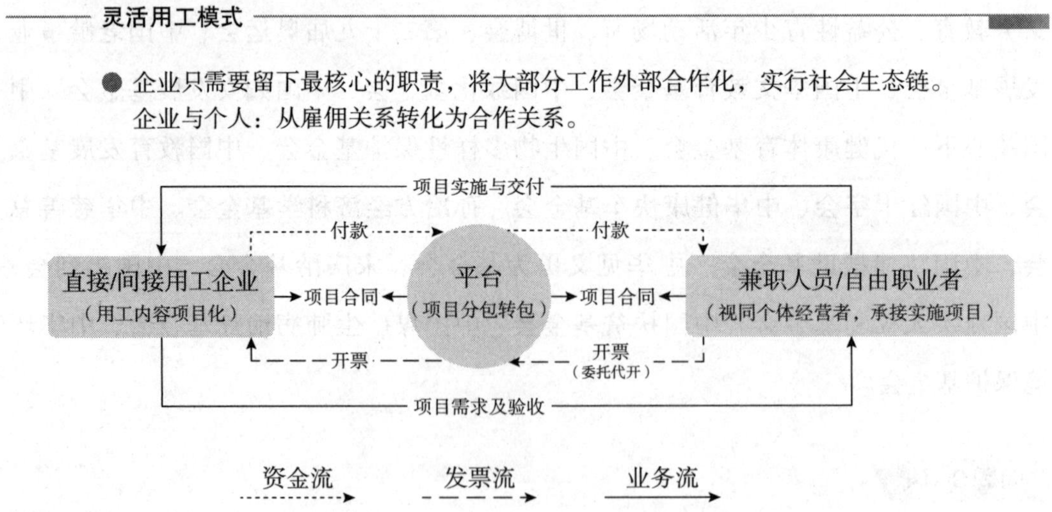


图9-2

下面我们来看灵活用工模式下企业成本核算的筹划效果，同时与传统用工模式下的效果进行比较。详见图9-3、表9-9和表9-10。

## 灵活用工模式

● 业务场景

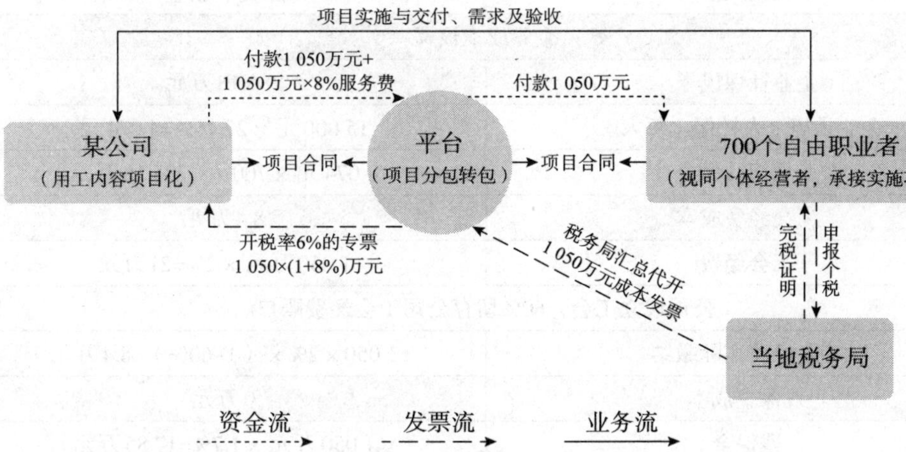


图9–3

表9–9　灵活用工模式下的筹划效果

| 用工关系 | 承包关系 |
|---|---|
| 个人收入性质 | 临时经营所得 |
| 企业成本核算 | |
| 企业服务费成本 | 13.44万元 |
| 服务费 | 1 050万元 × 8%=84万元 |
| 增值税抵扣 | 1 050万元 × 6%=63万元 |
| 同时无须缴纳增值税对应的附加税费 | 63万元 × 12%=7.56万元 |
| 企业实际服务费 | 84万元 –63万元 –7.56万元 =13.44万元 |
| 企业实际服务费成本费率 | 13.44万元 /1 050万元 =1.28% |
| 自由职业者社保成本 | 87.45万元 |
| 自由职业者社保标准 | 1 240元 / 人 |
| 合计发放 | 1 240元 / 人 × 700人 =86.8万元 |
| 服务费 | 86.8万元 × 8%=6.94万元 |
| 增值税抵扣 | （86.8+6.94）万元 × 6%=5.62万元 |
| 同时无须缴纳增值税对应的附加税费 | 5.62万元 × 0.12=0.67万元 |
| 社保部分实际服务费 | 6.94万元 –5.62万元 –0.67万元 =0.65万元 |

表9-10　传统用工模式下的效果

| 用工关系 | 劳动关系 |
|---|---|
| 个人收入性质 | 工资、薪金 |
| 企业成本核算 | |
| 企业社保成本 | 285.18万元 |
| 企业承担个人社保（每人） | 15 000元 ×27.16%=4 074元 |
| 企业承担社保合计 | 4 074元 ×700人=285.18万元 |
| 工会经费成本 | 8.4万元 |
| 工会经费 | 1 050万元 ×2%=21万元 |
| 公司成立工会，60%留存公司工会经费账户 | |
| 工会经费实际缴纳 | 1 050×2%×（1-60%）=8.4万元 |
| 残保金成本 | 0万元 |
| 残保金 | 1 050万元 ×1.7%=17.85万元 |
| 安排大约18个残疾人就业，可以避免此部分开支，但残疾人可能达不到预期工作效果。 | |

结论：企业成本节省：（285.18+8.4）-（13.44+87.45）=192.69（万元）。

## 问题9-15

**集团公司拿地，项目公司办证，票据在集团公司，票据是否有效？**

**解析**：实践中，往往存在房地产公司（一般是母公司）先参与土地竞拍中标，然后，再成立一个项目公司（该项目公司一定是母公司的子公司）对中标的土地进行独立开发的现象。这种房地产母公司中标拿地，后注册成立项目公司（子公司）开发的现象，在实践中存在以下两种情况：

第一种情况：房地产母公司出钱拿地，获得土地出让金收据，未办理土地证，拟成立子公司开发。

房地产母公司已经中标拿地，母公司与土地管理部门签订《国有土地使用权出让协议》，并交纳土地出让金取得土地出让金合规票据入账，但是还没有取得国有土地使用权证书，然后拟在项目所在地设立全资子公司或项目公司对该土地进行开发。

第二种情况：房地产母公司出钱拿地，获得土地出让金收据，并取得土地证，拟成立子公司开发。

房地产母公司已经中标拿地，母公司与土地管理部门签订《国有土地使用权出让协议》，并交纳土地出让金，取得国有土地使用权证书以及土地出让金合规票据入账，然后拟在项目所在地设立全资子公司或项目公司对该土地进行开发。

**1. 上述两种情况规避税收风险的法律依据分析**

（1）国土资发〔2006〕114号文件第十条第（二）款第6项的规定。

根据《招标拍卖挂牌出让国有土地使用权规范（试行）》（国土资发〔2006〕114号）第十条第（二）款第6项“申请人竞得土地后，拟成立新公司进行开发建设的，应在申请书中明确新公司的出资构成、成立时间等内容。出让人可以根据招标挂牌出让结果，先与竞得人签订《国有土地使用权出让合同》，在竞得人按约定办理完新公司注册登记手续后，再与新公司签订《国有土地使用权出让合同变更协议》；也可按约定直接与新公司签订《国有土地使用权出让合同》”的规定，土地竞得人在提交的《投标（竞买）申请书》中约定成立新公司进行开发建设，并明确新公司的出资构成、成立时间等内容，在竞得人按约定成立新公司后，出让人与新公司签订《国有土地使用权出让合同变更协议》，以新公司名义受让国有土地使用权的，视同出让人将土地使用权直接出让给新公司，按出让国有土地使用权征收有关税款；否则，属于土地竞得人受让国有土地使用权后再将国有土地使用权转让至新公司的行为，应按转让国有土地使用权征收有关税款。

（2）财税〔2016〕140号文件第八条的规定。

《财政部 国家税务总局关于明确金融 房地产开发 教育辅助服务等增值税政策的通知》（财税〔2016〕140号）第八条规定：“房地产开发企业（包括多个房地产开发企业组成的联合体）受让土地向政府部门支付土地价款后，设立项目公司对该受让土地进行开发，同时符合下列条件的，可由项目公司按规定扣除房地产开发企业向政府部门支付的土地价款。

（一）房地产开发企业、项目公司、政府部门三方签订变更协议或补充合同，将土地受让人变更为项目公司；

（二）政府部门出让土地的用途、规划等条件不变的情况下，签署变更协议或补充合同时，土地价款总额不变；

（三）项目公司的全部股权由受让土地的房地产开发企业持有。”

特别提醒，在适用该文件的规定时，必须注意以下两点：第一，以上三个条件必须同时满足，否则项目公司不可以扣除房地产开发企业向政府部门支付的土地价款；第二，如果存在多个房地产开发企业组成的联合体一起中标拿地，则项目公司的全部股权必须由参与中标土地的多个房地产开发企业组成的联合体共同持有。如果只有一家房地产企业参与中标拿地，则项目公司的全部股权，即100%的股权必须由该参与土地中标的一家房地产企业持有。

**2.规避税收风险的合同签订技巧**

（1）规避第一种情况的税收风险的合同签订技巧。

通过《投标（竞买）申请书》中的约定进行规避。

①母公司（土地竞得人）在向国土部门提交的《投标（竞买）申请书》中约定以下内容：

A.拟成立子公司进行开发建设；

B.拟成立子公司的出资构成、成立时间；

C.房地产母公司代替拟成立子公司垫付土地出让金，土地出让金的收据等子公司注册成立后直接开给子公司名下。

②与国土部门协商一致，根据招标挂牌出让结果，国土部门先与房地产母公司签订《国有土地使用权出让合同》，在房地产母公司办理完子公司注册登记手续后，再与子公司签订《国有土地使用权出让合同变更协议》；或者约定国土部门直接与子公司签订《国有土地使用权出让合同》。

（2）规避第二种情况的法律税收风险具体分析。

①法律税收风险分析。

在第二种情况下，房地产母公司取得国有土地使用权证书，法律上该土地使用权属于房地产母公司。因此，房地产母公司支付土地出让金并获得合规票据，必须在房地产母公司这里入账计土地成本，然后母公司将其中标的土地过户到其设立的全资子公司或项目公司，这是一种土地转让行为，将面临一定的税收和法律风险。

A.法律风险分析。房地产母公司将其中标的土地过户到其拟成立的子公司进行开发，是一种违法行为。

根据《城市房地产管理法》第三十九条的规定，“以出让方式取得土地使用权的，转让房地产时，应当符合下列条件：（一）按照出让合同约定已经支付全部土地使用权出让金，并取得土地使用权证书；（二）按照出让合同约定进行投资开发，属于房屋建设工程的，完成开发投资总额的百分之二十五以上，属于成片开发土地的，形成工业用地或者其他建设用地条件”。基于此规定，房地产母公司对中标取得的属于房屋建设工程的土地，如果没有投入任何资金进行开发，或者即使投入了资金进行开发，但投资额达不到开发投资总额的25%以上，房地产母公司就不可以将该土地转让到其子公司名下，让子公司进行开发。因此这是一种违法行为，根据《城市房地产管理法》第六十六条的规定，由县级以上人民政府土地管理部门没收违法所得，可以并处罚款。

B.税收风险分析。如果房地产母公司对其中标取得的土地进行投资开发，投资超过投资总额的25%，则意味着房地产母公司投资的不再是单纯的土地使用权，而是在建工程或在建项目投资，应按照不动产转让缴纳增值税、土地增值税和企业所得税。这时房地产母公司面临缴纳较多税收的风险。

《国家税务总局关于印发〈土地增值税宣传提纲〉的通知》（国税函发〔1995〕110号）第六条第（二）项规定，对取得土地使用权后投入资金，将生地变为熟地转让的，计算其增值额时，允许扣除取得土地使用权时支付的地价款、交纳的有关费用，和开发土地所需成本再加计开发成本的20%以及在转让环节缴纳的税金。基于此规定，如果房地产母公司对其中标取得的土地进行投资开发，投资超过投资总额的25%，转让到其子公司名下，土地增值税加计扣除时，不可以扣除土地成本，房地产母公司将承担较重的土地增值税税负。

②规避法律税收风险的法律依据分析。

A.财税〔2014〕109号文件第三条的规定。

《财政部 国家税务总局关于促进企业重组有关企业所得税处理问题的通知》（财税〔2014〕109号）第三条规定，对100%直接控制的居民企业之间，以及受同一或相同多家居民企业100%直接控制的居民企业之间按账面净值划转股权或资产，凡具有合理商业目的、不以减少、免除或者推迟缴纳税款为主要目的，股权或资产划转后连续12个月内不改变被划转股权或资产原来实质性经营活动，且划出方企业和划入方企业均未在会计上确认损益的，可以选择按以下规定进行特殊性税务处理：

第一，划出方企业和划入方企业均不确认所得。

第二，划入方企业取得被划转股权或资产的计税基础，以被划转股权或资产的原账面净值确定。

第三，划入方企业取得的被划转资产，应按其原账面净值计算折旧扣除。

B.财税〔2015〕37号文件第六条第二款的规定。

《财政部 国家税务总局关于进一步支持企业事业单位改制重组有关契税政策的通知》（财税〔2015〕37号）第六条第二款规定："同一投资主体内部所属企业之间土地、房屋权属的划转，包括母公司与其全资子公司之间，同一公司所属全资子公司之间，同一自然人与其设立的个人独资企业、一人有限公司之间土地、房屋权属的划转，免征契税。"

C.财税〔2014〕116号文件第二条的规定。

《财政部 国家税务总局关于非货币性资产投资企业所得税政策问题的通知》（财税〔2014〕116号）第二条规定："企业以非货币性资产对外投资，应对非货币性资产进行评估并按评估后的公允价值扣除计税基础后的余额，计算确认非货币性资产转让所得。"

## 问题9–16

**A房地产企业均为新项目，为一般纳税人，采用一般计税方法，支付工程款时，财务只接受增值税专用发票，业务人员纷纷找老板告状，财务应当怎么做？**

**解析：**支付工程款时，财务只接受增值税专用发票，因企业是一般纳税人，采用一般计税方法，从原则上说是对的，但现实情况很复杂，为避免业务人员纷纷找老板告状，财务部门应当出台《企业或公司发票管理办法》等制度，同时应当设立进项业务抵扣清单，并形成手册，让全体员工有章可循。发票管理制度范本如下：

**中国××省分公司外来发票管理办法**

第一章　总　则

第一条　为进一步加强公司外来发票管理，规范公司经营行为，保护公司财产安全，减少公司涉税风险，根据《中华人民共和国发票管理办法》（中华人民共和国国务院令第587号）、《中华人民共和国发票管理办法实施细则》（国家税务总局令第25号）、《省财政票据管理暂行办法》（财综〔2008〕54号）及集团公司相关文件精神，制定本办法。

第二条　本办法所称发票包括公司在购销商品、接受服务以及从事其他经营活动中，取得的由税务机关监制的发票，及由财政部门监制的国家机关、事业单位或社会团体提供的收费票据和军队收费票据。

第三条　各公司应通过强化企业内部控制和基础管理工作，加强发票的管理，维护公司整体利益。

第二章　外来发票的管理责任

第四条　公司外来发票接收部门（以下简称接收部门）是外部发票管理的直接责任部门，负责对其接收发票的真实性、有效性进行直接审核，及时向财务部门传递发票，并及时更换不合规发票。

第五条　财务部门是外来发票管理的专业部门，负责：建立外来发票管理制度；对外来发票管理知识、真伪鉴别知识等的培训；对各部门提交的发票进行复核，对不合规发票退回接收部门进行更换。

第六条　各公司要建立并严格履行公司外来发票的管理流程，完善外来发票多点稽核的工作机制。

第七条　各公司要定期组织和参加票据管理知识、真假发票鉴别等内容的培训，不断增强员工索取合规发票的意识和鉴别票据真伪的能力，有效防范发票风险。

## 第三章　外来发票的管理流程

第八条　加强对供应商(含服务提供商、合作商等)准入的审核管理。在招投标、合同签订等环节，加强对供应商营业执照、税务登记等有关资质、资料的审核，确保供应商能够提供合规发票。

与供应商签订的合同中应当明确，我方根据供应商提供的合规发票支付款项。

第九条　接收部门应根据实际发生的业务，主动向对方单位索取合规票据。同时，应结合业务开展情况对开票单位、开票时间、经营项目、单价、数量、金额、签章等情况进行合规性审核，确保发票真实，确保内容与实际经济事项一致。必要时应借助12366纳税服务热线、税务网站等渠道对发票的真实性、合法性进行验证。

第十条　设置部门报账员的单位，报账员应对票据进行复核，尽早甄别发现不合规票据并进行更换，避免因更换发票影响业务活动开展。

第十一条　财务部门应根据付款申请、合同信息等资料，对发票的种类、联次、开票单位、时间、项目、金额等进行专业复核。对于不合规的发票，不得作为财务报销或付款凭证，应及时退还业务部门更换。

第十二条　建立大额发票验证制度。

大额发票是指定额发票单次报销金额在500元以上，非定额发票单张金额在5 000元以上的发票。各公司可根据业务性质细化不同业务的大额发票标准。

对于大额发票，要逐一进行验证，验证内容包括开票单位、开票内容、发票真伪等。如果验证后反馈信息为空，发票很可能是假发票；如果“领购纳税人名称”与发票盖章单位不一致，即为借用发票。

第十三条　建立供应商黑名单制度。

各公司应将历史年度多次提供不合规发票的合作方，或当年提供不合规发票2次及以上的合作方，列入供应商黑名单并进行重点审核。

对于列入黑名单的供应商，在不合规发票没有整改前，财务部门不得与其结算款项；经沟通无法解决不合规发票的，应立即停止与其合作，情节严重的应向税务机关举报。

第十四条　财务部门应根据日常工作中掌握的合同、账务等信息，对需要取得但未取得发票的事项及时与业务部门沟通，督促其尽快取得票据。

## 第四章　主要业务的发票管理

第十五条　货物购置类费用

应取得税务部门监制的商业类、工业类等发票，其中，属于车辆采购的，应取得机动车销售统一发票。销售方提供发票时，应在发票中将货物名称、单价、金额等信息按明细逐一列明；销售方确实无法在发票中提供明细的，应另行提供货物销售明细清单并加盖发票专用章作为发票附件。

第十六条　渠道拓展服务费

渠道代理商必须提供合规发票，到税务机关代开发票的，应提供加盖发票专用章的税务代开发票。

部分渠道代理商因月服务费金额很小、位置偏远等实际条件所限，确实难以开具发票的，经主管税务机关同意后，也可采取由我公司协助代开的方式。即我公司依据协议、实际渠道拓展服务费等资料以对方名义到税务机关代开发票，代开发票相应税金从应付渠道拓展服务费中扣减。具体实施时，应制定操作细则。

第十七条　水电费

应取得水电费原始发票。如因与其他企业或个人共用水电，确实无法获得原始发票，根据相关税收规定，应使用合同、原始水电费发票复印件和分割单等凭证（经双方签章）。在结算过程中，我公司负担的水、电费单价应与原始水电费发票中单价一致。

要认真复核水、电费开户信息与公司全称是否相符，以保证后期发票信息的规范开具。

第十八条　房屋租赁费

应取得出租方开具的发票，如出租方无法开具发票，应要求其到税务机关代开发票。各级公司到税务机关为出租方代开的发票，或用本公司发票为出租方代开的发票，均属于不合规发票。

第十九条　修理费（不含代维费）

应根据不同业务属性分别取得不同类型的修理费发票。通信线路、房屋建筑物的修理、修缮，其他各种设备修理费，应取得税务部门监制的经营项目为修理费的发票。

第二十条　施工费

应取得税务部门监制的经营项目为工程款或施工费的发票。施工方机构所在地与劳务发生地不在同一区县的，应由施工方在劳务发生地主管税务机关代开发票。

第二十一条　会议费

应取得对方开具的经营项目为会议费的发票。报销时还应提供会议费证明材料作为支持凭证，会议费证明材料应包括：会议通知、时间、地点、出席人员、内容、目的、费用标准、支付凭证等。

经营项目为餐费的发票不得作为会议费报销。

## 第五章　其他票据管理

第二十二条　财政票据种类及使用范围

财政票据主要包括非税收入收款收据、罚没票据、捐赠票据、社会团体会费票据、医疗票据、行政事业单位资金往来结算收据等。

（一）非税收入收款收据，适用于国家机关、事业单位、政府依法委托的其他机构在依法征收行政事业性收费、政府性基金、罚没收入、彩票发行费、国有资源（资产）有偿使用收入、国有资本经营收益以及其他非税收入时使用。

（二）罚没票据，适用于具有处罚权的国家机关或法律授权的事业单位按照法律、法规和规章规定，收取罚款或没收财物时使用。

（三）捐赠票据，适用于各级国家机关、事业单位、社会团体及其他组织接受捐赠（款、物）时使用。

（四）医疗票据，适用于政府主办的非营利性医疗机构从事医疗卫生服务取得收入时使用。

（五）社会团体会费票据，适用于由社会团体登记管理机关批准成立的社会团体向单位会员和个人会员收取会费时使用。

（六）行政事业单位资金往来结算收据，适用于国家机关事业单位发生资金往来结算业务时使用。

第二十三条　要根据财政票据的使用范围，审核外来票据是否规范。资金往来结算收据仅作为收款单位向付款单位或个人出具的收到款项的凭证，不能用于收取行政事业性收费、政府性基金等非税收入项目，不得作为报销凭证。

第二十四条　军队收费票据

租赁军队单位的空余房地产，可以使用套印国家财政部和中国人民解放军票据监制章的军队收费票据作为报销凭证。其他业务均不得使用军队收费票据作为报销凭证。

## 第六章　不合规发票种类

第二十五条　根据《中华人民共和国发票管理办法》等有关规定，以下为不合规发票：

1. 真发票使用不当

主要包括借用其他单位的发票；跨地区使用发票；跨行业使用发票（如渠道拓展服务费使用国税发票等）；发票项目金额更改；发票付款人不是公司全称；发票大小写金额不一致；多联发票没有套写；发票项目不全或者与经营范围不一致；内容不真实，字迹不清楚；没有加盖发票专用章等。

2. 白条

主要包括应取得而未取得发票。如报刊杂志订阅单、培训费收据，公路车票无道路票证专用章，资金往来结算收据等。

3. 假发票

4. 过期及作废发票

即开票日期超出发票规定截止使用日期的发票等。

## 第七章　不合规发票的处理

第二十六条　不合规发票的更换

无论在哪个环节发现不合规发票，必须由经办人员及时更换。更换时限为5个工作日以内且不得跨会计核算期间。

第二十七条　不合规发票的追溯检查

一经发现供应商提供不合规发票的，必须组织财务审核人员、业务经办人员对该供应商全部发票进行检查，对问题发票进行限期整改。

第二十八条　定期通报制度

财务部门应建立不合规票据的定期通报制度。在日常发票合规性审核中，对不合规发票进行分类统计，定期通报发票审核情况，包括各部门提交不合规发票数量、金额；不合规发票种类、项目、违规原因；出票方名称、发票替换情况；供应商黑名单等内容，以促进和提高外来发票的规范性。

第二十九条　责任追究

员工利用虚假票据、代开发票等方式虚报、冒领或套取公司资金的，按照《中国××省分公司员工奖惩办法》的规定，尚未构成犯罪的，应视情节轻重和造成的后果，给予警告直至留用察看的处分；构成犯罪的，移交司法机构处理。

第八章　附　则

第三十条　本办法由省公司财务部负责解释。

第三十一条　本办法自发布之日起实施。

**【知识链接】**

## 营改增后企业合同管理的八大要点

营改增对企业带来的并不仅仅是税率的简单变化，它对企业内部的财务管理、涉税管理、客户管理、合同管理、现金流管理等方面都将产生重大影响。企业应积极利用营改增这一契机，通过改善和优化自身的内部管理体系最大限度地利用营改增带来的机遇，并降低潜在的风险。合同管理是企业完善内部管理体系中的重要一环，合同条款的具体内容将直接影响企业的税负承担及税款交纳。营改增后企业合同管理中需要注意以下要点问题：

**一、合同签订时应当审查对方的纳税资格，并在合同中完善当事人名称和相关信息**

（1）营改增之后，原来的服务提供方可能从营业税纳税人变为增值税一般纳税人，服务提供方的增值税作为进项税额可以被服务接受方用以抵扣。因此，签订合同时要考虑服务提供方是一般纳税人还是小规模纳税人，提供的结算票据是增值税专用发票还是普通发票，增值税税率是多少，能否抵扣，再分析、评定报价的合理性，从而有利于节约成本、降低税负，达到合理控税、降本增效的目的。

（2）合同双方名称的规范性要求要高于原来的营业税纳税体系。在原营业税体系下，虽然也有发票开具的规范性要求，但相对而言，增值税体系下对服务提供方开具发票的要求更为严格。在原有体系下并不需要特别提供纳税人识别号信息，但现在服务接受方需要把公司名称、纳税人识别号、地址、电话、开户行、账号信息主动提供给服务提供方，用于服务提供方开具增值税专用发票。

**二、合同中应当明确价格、增值税额及价外费用等**

（1）增值税属于价外税，价格和税金是分离的，这一点与营业税完全不同。增值税的含税价和不含税价，不仅对企业的税负有不同的影响，而且对企业收入和费用影响很大，如果不做特别约定，营业税一般由服务的提供方或者无形资产的转让方承担。而增值税作为价外税，一般不包括在合同价款中。

（2）增值税税率相对于营业税税率较高，如果不能向上下游相对方转嫁税负，服务提供方或者无形资产的转让方税负将明显上升。因此，营改增以后，需要在合同价款中注明是否包含增值税。鉴于采购过程中，会发生各类价外费用，价外费用金额涉及增值税纳税义务以及供应商开具发票的义务，有必要在合同中约定价外费用以及价外费用金额是否包含增值税。

**三、合同中对不同税率的服务内容应当分项核算**

营改增之后，同一家企业可能提供多种税率的服务，甚至同一个合同中包含多种税率项目的情况也会经常发生。对兼营的不同业务，此时一定要在合同中明确不同税率项目的金额，明确地根据交易行为描述具体的服务内容，并进行分项的明细核算，以免带来税务风险。

## 四、发票提供、付款方式等条款的约定

（1）因为增值税专用发票涉及抵扣环节，所以开具不了增值税专用发票或者增值税发票不合规，都将给受票方造成法律风险和经济损失，应当考虑将取得增值税发票作为一项合同义务列入合同的相关条款，同时考虑将增值税发票的取得和开具与收付款义务相关联。一般纳税人企业在营改增后可考虑在合同中增加"取得合规的增值税专用发票后才支付款项"的付款方式条款，规避提前支付款项后发现发票认证不了、取得虚假发票等情况发生。

（2）因虚开增值税专用发票的法律后果非常严重，最高会面临无期徒刑的刑罚，因此在合同条款中应特别加入虚开条款。明确约定如开票方开具的发票不规范、不合法或涉嫌虚开，开票方不仅要承担赔偿责任，而且不能免除其开具合法发票的义务。

（3）合同中应当约定一方向另一方开具增值税专用发票的，一方应派专人或使用挂号信件或特快专递等方式在发票开具后及时送达对方，如逾期送达导致对方损失的，可约定相应的违约赔偿责任。

（4）在涉及货物质量问题的退货行为时，如果退货行为涉及开具红字增值税专用发票的行为，应当约定对方需要履行协助义务。

## 五、注意规避三流不一致的风险

（1）为了防范虚开增值税发票，国家税务总局曾出台规范性文件要求"三流一致"。所称"三流一致"，是指资金流（银行的收付款凭证）、票流（发票的开票人和收票人）和物流（或劳务流）相互统一，即收款方、开票方和货物销售方或劳务提供方必须是同一个法律主体，而且付款方、货物采购方或劳务接收方必须是同一个法律主体，如果三流不一致，将不能对税款进行抵扣。

（2）合同中应当约定由供应方提供其发出货物的出库凭证及相应的物流运输信息。如果货物由供应方指定的第三方发出，为了避免三流不一致、导致虚开发票的行为，需要明确供应方提供与第三方之间的采购合同等资料。

（3）对于委托第三方支付和收款等三流不一致的情形，可以通过签订三方合同的

方式减少风险，也可通过约定由第三方付款的方式来解决，但需要提供相应委托协议，以防止被认定为虚开增值税专用发票的行为。当然，在实际签订合同时仍需要根据具体情况进行设定。

（4）对于分批交货合同增值税专用发票的开具，为了做到“三流一致”，防止出现虚开增值税专用发票的情形，应当在合同中约定在收货当期开具该批次货物的增值税专用发票。（注意：涉及分期付款的，基于防范虚开增值税发票风险考虑，在需方实际收到供方的货物时，供方产生开具增值税专用发票的义务。如果货物不是分期交付，则分期付款行为并不会影响增值税专用发票的开具。）

## 六、对于跨期合同的处理

（1）营改增后未执行完毕的合同，应将未执行部分涉及的税金，由营业税调整为增值税。合同条款修订的过程中可能存在以下风险：一是涉税事项界定不清晰，可能存在重复征税的风险；二是合同对增值税发票信息不明确，取得增值税发票信息错误，导致增值税进项税款不得抵扣，增加税负；三是未执行完的事项如涉及增值税多个税目，而从合同条款上没有详细区分不同税率项目的合同价格，可能导致从高适用税率征税。

（2）对于上述风险，可从以下三个方面进行规避：一是要严格区分合同执行时间及纳税义务发生时间，如果纳税义务发生在营改增之前，按原合同条款执行；如果纳税义务发生在营改增之后，应与合同方签订相对应的补充协议；二是需要明确供应商应提供增值税发票类型以及合同双方银行账户和纳税人信息，保证合规使用增值税发票；三是对部分供应商合同条款进行修订，按照营改增政策要求，修改合同总价、不含税价格、增值税金额，明确提供发票类型、价款结算方式与开票事宜等内容。

## 七、合同中应当约定合同标的发生变更时发票的开具与处理

（1）合同标的发生变更，可能涉及混合销售、兼营的风险，需要关注发生的变更是否对己方有利。必要时，己方需要在合同中区分不同项目的价款。

（2）合同变更如果涉及采购商品品种、价款等增值税专用发票记载项目发生变化的，则应当约定作废、重开、补开、红字开具增值税专用发票。如果收票方取得增值

税专用发票尚未认证抵扣，则可以由开票方作废原发票，重新开具增值税专用发票；如果原增值税专用发票已经认证抵扣，则由开票方就合同增加的金额补开增值税专用发票，就减少的金额开具红字增值税专用发票。

**八、关注履约期限、地点和方式等其他细节**

营改增之后，增值税服务的范围大幅增加，很多企业的业务可能是跨境服务。根据营改增的税收优惠政策规定，境内单位在境外提供建筑服务、文体服务是暂免征收增值税的，此时可以在合同中对履约地点、期限、方式等进行合理的选择，以便税务机关审查时能够准确认定是否符合免税政策条件。

营改增对于企业而言是一项全面而系统的工作，企业在实施过程中不能简单定义为税种的改变，而应该从多个角度，分析企业生产、销售以及经营的各个税负环节，重新审视和改变现有内部控制流程。律师在对企业的合同进行管理时，需要对营改增的整体思路和企业的经营现状进行全面的了解，从而更好地为企业的发展保驾护航。

## 自持物业房产税税收筹划

房地产企业自持物业部分，主要收入来自租金收入，租金收入除了缴纳流转税及其附加税费外，还要承担租金12%的房产税，可以说房产税是自持物业中税负较重的一个税种，如何降低出租环节的房产税，自然也就是税务筹划的一个重要组成部分。

**一、自持物业房产税税收的常见困惑**

（1）出租标的不仅包括房屋，通常还包括房屋内外部附属设施及配套服务费、机器设备、办公用品、附属用品、其他服务等，合同签署不当会导致房产税税基扩大。

（2）低于1年的免租期，合同签署不当会增加房产税税收负担。

例如，某房产原值500万元（计算余值时当地允许扣除30%），每月租金10万元，免租期三个月，则应纳房产税为：500×（1−30%）×1.2%×3/12+10×9×12%=11.85（万元）。

也就是说，这种情况下本年房产税为“3个月从价计征+9个月从租计征”。

（3）空租期是否按照从价计征征收房产税？

（4）在物业处于“冷商”阶段，通常会有免租金或低租金运营情况，无收入或低收入还要缴纳房产税。

## 二、常用的税收筹划方法

（1）“租两手”。

因为房产税属于财产税，对于一宗财产原则上只征一道税。所以，通常的筹划方法是，先按照“批发价”“整租”给运管公司（关联企业），然后运管公司再按照“零售价”“散租”给租户，即通过降低第一道租金达到缩小税基从而降低房产税税负的目的。

注意：这种方法对于少数对“转租”环节按照“差额”征收房产税的地区无效；同时，第一道租金的“合理程度”是会不会被税务局调整的关键。

（2）把租金拆分为“房租+服务费”或“房租+设备租金+服务费”。因为房产税只针对房屋租金征收，所以将租金收入合理拆分为“房租+服务费”或“房租+设备租金+服务费”，可以达到缩小税基从而降低房产税税负的效果。同时，一般纳税人服务业增值税税率为6%，比不动产租赁增值税税率9%要低，也就是说，将租金拆分为“租金+服务费”在降低房产税税负的同时还有降低增值税税负的效果。

注意：“房租+设备租金+服务费”模式下，因为一般纳税人不动产租赁增值税税率为9%，动产租赁增值税税率为13%，有可能出现增加的增值税大于降低的房产税税额情况，要结合具体情况处理。

（3）特殊时期考虑税负转嫁。

按照税法规定，房产税的纳税人可能是产权人，也可能是经营管理单位、房产代管人或使用人、承典人等，这为税负转嫁提供了可行依据。开发商在免租金或低租金运营时期（冷商期），可以在合同中约定由承租人承担房产税，达到税负转嫁目的。

（4）低于1年免租期的解决方法。

对低于1年免租期情况，可以改变租金约定方式，以前面例子为例，把“每月租金10万元，免租期三个月”改为“第一年租金90万元，第二年租金120万元……”，则3个月从价计征的房产税就可以规避掉了，可减少房产税1.05万元。

（5）空租期的解决方法

处于空租期的房屋，只要纳税人未转为自用用途，仍旧处于待租、招租状态，就不应转为从价征税房屋征税，仍应作为从租征税房屋管理。所以，空租期的解决方法就是不要转为自用，而是保持待租、招租状态。

**三、结语**

上述方法只是常用的税收安排，具体项目的筹划要根据项目自身特点、当地税收环境、企业自身资源等条件，与专业公司合作，“量身定做”适合的筹划方案，为企业创造更多价值的同时规避税务风险。

# 第10章 房地产企业特定事项会计处理实务

Answers and Explanations to
Common Questions on VAT for Real Estate Companies
Practice, Accounting and Case Studies

【本章导读】

营改增后房地产企业的会计核算也发生了较大的变化，常规业务的会计事项处理在各个章节均有例解，本章着重就以下内容进行阐述和示例分析：一是营改增后以及新收入准则（即《企业会计准则第14号——收入》）出台后的会计处理新变化；二是特殊事项的会计处理实务，三是容易出错的疑难问题分析解答。

问题10-1

**增值税会计核算的主要政策依据有哪些?**

**解析**：增值税会计核算的主要政策依据包括：

（1）《财政部关于印发企业执行新税收条例有关会计处理规定的通知》（财会字〔1993〕83号）；

（2）《财政部关于对增值税会计处理有关问题补充规定的通知》（财会字〔1995〕22号）（已废止）；

（3）《财政部关于减免和返还流转税的会计处理规定的通知》（财会字〔1995〕6号）；

（4）《国家税务总局关于印发〈增值税日常稽查办法〉的通知》（国税发〔1998〕44号）（已废止）；

（5）《国家税务总局关于增值税一般纳税人用进项留抵税额抵减增值税欠税问题的通知》（国税发〔2004〕112号）；

（6）《国家税务总局关于印发〈增值税一般纳税人纳税辅导期管理办法〉的通知》（国税发〔2010〕40号）；

（7）《财政部关于印发〈营业税改征增值税试点有关企业会计处理规定〉的通知》（财会〔2012〕13号）（已废止）；

（8）《财政部关于印发〈增值税会计处理规定〉的通知》（财会〔2016〕22号）。

## 问题10-2

**房地产企业取得土地使用权应当使用哪个会计科目？**

房地产企业通过招牌挂方式取得土地使用权，通过银行支付土地出让金15亿元，应如何应用会计科目？记入“开发成本——土地征用及拆迁补偿费”科目是否正确？

**解析：**关于企业取得的土地使用权应如何应用会计科目，不能一概而论，不分情景一律计入开发成本是错误的。

（1）如果这块土地用于开发项目，应该记入“开发成本——土地征用及拆迁补偿费”科目，即借记“开发成本——土地征用及拆迁补偿费”科目，贷记“银行存款”科目。

（2）如果这块土地暂时没有确定使用用途，应该记入“无形资产——土地使用权”科目，即借记“无形资产——土地使用权”科目，贷记“银行存款”科目。

（3）如果取得的土地使用权用于出租或升值，应该记入“投资性房地产”科目，即借记“投资性房地产”科目，贷记“银行存款”科目。

（4）在土地取得办法改革即土地使用权市场化流转之前则是记入“固定资产——土地”科目。

（5）如果企业从事一级土地开发，则记入“金融资产”科目。

（6）如果这块地用于开发项目但尚未开发，则记入“开发成本——综合成本”科目。

## 问题10-3

**进项税加计扣除的会计分录该如何编制？**

比如本月进项税额是10万元，没有销项税额，加计抵减的10%怎么算？怎么编制会计分录？或者本月进项税额10万元，销项税额15万元，又怎么计算？怎么编制会计分录？

**解析：**《财政部 税务总局 海关总署关于深化增值税改革有关政策的公告》（财政部 税务总局 海关总署公告2019年第39号）规定：纳税人应按照当期可抵扣进项税额的10%计提当期加计抵减额。按照现行规定不得从销项税额中抵扣的进项税额，不得计提加计抵减额；已计提加计抵减额的进项税额，按规定做进项税额转出的，应在进项税额转出当期，相应调减加计抵减额。计算公式如下：

当期计提加计抵减额＝当期可抵扣进项税额 × 10%

当期可抵减加计抵减额＝上期末加计抵减额余额＋当期计提加计抵减额－当期调减加计抵减额

本例的会计分录为：

借：应交税费——应交增值税（进项税额加计抵减额）　　10 000

　贷：其他收益——其他　　10 000

**问题10–4**

**支付境外设计费或境外销售策划服务费应如何进行账务处理？**

2020年7月，N房地产开发企业，接受加拿大B公司提供的地产项目销售策划服务，合同总价人民币180万元。当月计划完成，加拿大B公司在境内没有代理机构，N企业办理扣缴增值税手续，取得扣缴通用缴款书，并将扣税后的价款支付给B公司。书面合同、付款证明和B公司的对账单齐全。应如何进行账务处理？

**解析：**N企业账务处理如下：

（1）扣缴增值税税款的会计处理为：

借：应交税费——应交增值税（进项税额）　　101 886.79

　贷：银行存款　　101 886.79

（2）支付价款时的会计处理为：

借：在建工程　　1 698 113.21

　贷：银行存款　　1 698 113.21

问题10-5

**房地产企业购买税控系统设备的费用及系统的技术维护费如何进行账务处理？申报表如何填写？**

**解析：**

**1.会计核算规定及会计处理**

《增值税会计处理规定》（财会〔2016〕22号文件印发）中的“账务处理”部分规定：

“（九）增值税税控系统专用设备和技术维护费用抵减增值税额的账务处理。

按现行增值税制度规定，企业初次购买增值税税控系统专用设备支付的费用以及缴纳的技术维护费允许在增值税应纳税额中全额抵减的，按规定抵减的增值税应纳税额，借记‘应交税费——应交增值税（减免税款）’科目（小规模纳税人应借记‘应交税费——应交增值税’科目），贷记‘管理费用’等科目。”

（1）假设某企业2017年5月初次购入税控设备820元，取得增值税专用发票。

根据企业的资产管理制度，税控设备作为固定资产核算的，残值为0，按5年计提折旧。账务处理如下：

购置时：

借：固定资产　　820

　贷：银行存款　　820

6月计提折旧：

借：管理费用　　13.67

　贷：累计折旧　　13.67

同进时做如下账务处理：

借：应交税费——应交增值税（减免税款）

13.67（小规模纳税人科目为“应交税费——应交增值税”）

　贷：管理费用　　13.67

（2）根据企业的资产管理制度，税控设备计入当期费用的，做如下账务处理：

购置时：

借：管理费用　　820

　　贷：银行存款　　820

同时做如下账务处理：

借：应交税费——应交增值税（减免税款）

　　820（小规模纳税人科目为“应交税费——应交增值税”）

　　贷：管理费用　　820

**2. 实操提示**

（1）一般企业财务软件在会计报表取数的公式设置时，管理费用可能只取借方数，在这种情况下，管理费用贷方数需要以借方的负数反映，会计分录实际要写成：

借：应交税费——应交增值税（减免税款）

　　13.67（820）（小规模纳税人科目为“应交税费——应交增值税”）

　　借：管理费用　　–13.67（–820）

（2）一般纳税人选择简易计税方法的，税款的抵减通过“应交税费——简易计税”科目核算，会计分录要写成：

借：应交税费——简易计税

　　13.67（820）（小规模纳税人科目为“应交税费——应交增值税”）

　　借：管理费用　　–13.67（–820）

**3. 纳税申报表的填写**

以一般纳税人5月首次购置税控设备820元，取得增值税专用发票，一次计入当期费用为例。

（1）申报时，先填写增值税月（季）度申报表的附表四“税额抵减情况表”（见表10–1）。

表10-1 增值税纳税申报表附列资料（四）（部分）

（税额抵减情况表）

税款所属时间：2017年05月01日至2017年05月31日

纳税人名称：（公章） 金额单位：元至角分

| 序号 | 抵减项目 | 期初余额 | 本期发生额 | 本期应抵减税额 | 本期实际抵减税额 | 期末余额 |
|---|---|---|---|---|---|---|
| | | 1 | 2 | 3=1+2 | 4≤3 | 5=3-4 |
| 1 | 增值税税控系统专用设备费及技术维护费 | 0 | 820 | 820 | 820 | 0 |
| 2 | 分支机构预征缴纳税款 | | | | | |
| 3 | 建筑服务预征缴纳税款 | | | | | |
| 4 | 销售不动产预征缴纳税款 | | | | | |
| 5 | 出租不动产预征缴纳税款 | | | | | |

（2）填写附表“增值税减免税申报明细表”（见表10-2）。

表10-2 增值税减免税申报明细表（部分）

税款所属时间：自2017年05月01日至2017年05月31日

纳税人名称：（公章） 金额单位：元至角分

| 一、减税项目 | | | | | | |
|---|---|---|---|---|---|---|
| 减税性质代码及名称 | 栏次 | 期初余额 | 本期发生额 | 本期应抵减税额 | 本期实际抵减税额 | 期末余额 |
| | | 1 | 2 | 3=1+2 | 4≤3 | 5=3-4 |
| 合计 | 1 | 0 | 820 | 820 | 820 | 0 |
| 01129914-购置增值税税控系统专用设备抵减增值税 | 2 | 0 | 820 | 820 | 820 | 0 |
| | 3 | | | | | |
| | 4 | | | | | |

（3）填写增值税纳税申报表主表。

购置税控设备抵减增值税的金额反映在主表第23栏“应纳税额减征额”处。如果附表的数不能自动转入本栏，需要在本月数列填入820元。

**4. 税收政策解读**

《财政部 国家税务总局关于增值税税控系统专用设备和技术维护费用抵减增值税税额有关政策的通知》(财税〔2012〕15号)第一条规定：增值税纳税人2011年12月1日(含，下同)以后初次购买增值税税控系统专用设备(包括分开票机)支付的费用，可凭购买增值税税控系统专用设备取得的增值税专用发票，在增值税应纳税额中全额抵减(抵减额为价税合计额)，不足抵减的可结转下期继续抵减。增值税纳税人非初次购买增值税税控系统专用设备支付的费用，由其自行负担，不得在增值税应纳税额中抵减。

文件明确，企业购买税控设备时可全额抵减增值税的条件包括：

(1)首次购买税控设备；

(2)税控设备主要是指：金税卡、IC卡、读卡器或金税盘和报税盘；

(3)购置时取得增值税专用发票；

(4)本期抵减不完的，可以结转下期继续抵扣，一直到抵减完。本期抵减不完的，附表四"税额抵减情况表""增值税减免税申报明细表"的"本期实际抵减税额"和主表第23栏"应纳税额减征额"填写的是实际可抵减的金额，差额结转到附表四"税额抵减情况表""增值税减免税申报明细表"的"期末余额"列。

企业发生税控设备维护费的财税处理比照首次购置税控设备处理。

**问题 10–6**

**出售于2017年1月份购买的某设备应如何进行账务处理?**

A企业2020年3月出售于2017年1月份购买的某设备(未抵扣设备进项税额)，该设备原值20万元，已计提折旧5万元，售价12万元，适用13%的增值税税率。企业应如何进行账务处理?

E企业，增值税一般纳税人，2019年1月初次购买增值税税控系统专用设备，支付设备费用1.1万元以及缴纳技术维护费330元，并取得增值税专用发票。企业应如何进行账务处理?

**解析**：A企业的账务处理如下：

（1）出售设备转入清理：

借：固定资产清理　　150 000

　　累计折旧　　50 000

　贷：固定资产　　200 000

（2）收到出售设备价款：

借：银行存款　　120 000

　贷：固定资产清理　　120 000

（3）按3%征收率减按2%计算出应交增值税：

120 000/（1+3%）×2%=2330（元）

借：固定资产清理　　2 330

　贷：应交税费——未交增值税　　2 330

（4）结转固定资产清理：

借：营业外支出　　32 330

　贷：固定资产清理　　32 330

E企业的账务处理如下：

（1）2019年1月购买增值税税控系统专用设备和缴纳技术维护费时：

借：固定资产　　11 000

　　管理费用　　330

　贷：银行存款　　11 330

同时：

借：应交税费——应交增值税（减免税款）　　11 330

　贷：递延收益　　11 000

　　管理费用　　330

（2）2020年2月按期计提增值税税控系统专用设备折旧时：

借：管理费用　　1 000

　贷：累计折旧　　1 000

同时：

借：递延收益　　1 000

　　贷：管理费用　　1 000

## 问题10-7

**享受限额扣减增值税优惠政策应如何进行账务处理？应记入哪个会计科目？**

某房地产开发企业当年新招用持“就业失业登记证”人员2人，与其签订1年以上期限劳动合同并依法缴纳社会保险费，享受限额扣减增值税的定额标准为每人每年4 000元，则会计上该如何处理？

**解析：**一般纳税人享受限额扣减增值税优惠政策的，按规定扣减的增值税额，借记“应交税费——未交增值税”科目，贷记“营业外收入——政府补助”科目。

上述业务的会计处理如下：

借：应交税费——未交增值税　　8 000

　　贷：营业外收入——政府补助　　8 000

## 问题10-8

**企业所得税、增值税合并纳税与汇总纳税有何区别？**

如两个或者两个以上的纳税人，经财政部和国家税务总局批准可以视为一个纳税人合并纳税。这种情况是什么意思？可以举一个简单的例子说明吗？可以视为一个纳税人合并纳税情形的会计处理有何要求？

**解析：**在日常咨询工作中，经常被问到企业合并纳税与汇总纳税的问题，有时会被混为一谈，其实在税收法规中，两者属于完全不同的概念，合并纳税的概念强调无论被合并方的主体是否为法人，而汇总纳税的概念要求主体必须是总公司与分支机构的情形，这是两者最大的区别。

在税收实践中，不同税种的纳税主体不同，因此相关规定也不相同。对于增值税，无论是否为法人都是纳税主体，如分支机构也属于增值税纳税人，而企业所得税是法人税制，只有法人才是纳税主体，分支机构不是纳税主体。目前合并纳税已取消，只保留了汇总纳税。

**1.就企业所得税而言**

《国家税务总局关于印发〈跨地区经营汇总纳税企业所得税征收管理办法〉的通知》（国家税务总局公告2012年第57号）第二条规定，居民企业在中国境内跨地区（指跨省、自治区、直辖市和计划单列市，下同）设立不具有法人资格分支机构的，该居民企业为跨地区经营汇总纳税企业（以下简称汇总纳税企业），除另有规定外，其企业所得税征收管理适用该办法。

因此，实行汇总缴纳方式的企业是指在同一法人主体下，在境内跨地区设立了不具有法人资格的分支机构情况下，需要按照上述提到的国家税务总局公告2012年第57号相关规定进行汇总纳税。

关于会计处理要求，目前，总机构在年终汇算清缴企业所得税时，其利润总额并不是单个分支机构利润总额简单相加，而是总企业、分企业会计报告的并表。也可以理解为，扣减掉内部抵消利润后确定，即将整个企业视为一个纳税主体核算。

**2.就增值税而言**

根据《财政部 税务总局关于建筑服务等营改增试点政策的通知》（财税〔2017〕58号）第六条规定，《营业税改征增值税试点实施办法》第七条自2017年7月1日起废止。而《营业税改征增值税试点实施办法》第七条规定，两个或者两个以上的纳税人，经财政部和国家税务总局批准可以视为一个纳税人合并纳税。具体办法由财政部和国家税务总局另行制定。因此，增值税合并纳税的规定已经自2017年7月1日起废止，但汇总纳税的规定并没有废止。合并纳税是两个或两个以上纳税人视为一个纳税人纳税，而汇总纳税仍是两个纳税人，但可以由总机构统一纳税。

**3.关于增值税汇总纳税发票使用及纳税事项，各地有不同规定**

关于金融机构，国家税务总局有明确的规定。《国家税务总局关于全面推开营业税改征增值税试点有关税收征收管理事项的公告》（国家税务总局公告2016年第23号）第三条第（五）项规定，采取汇总纳税的金融机构，省、自治区所辖地市以下分支机构可以使用地市级机构统一领取的增值税专用发票、增值税普通发票、增值税电子普通发票；直辖市、计划单列市所辖区县及以下分支机构可以使用直辖市、计划单列市机构统一领取的增值税专用发票、增值税普通发票、增值税电子普通发票。

第六条第（一）项规定，原以地市一级机构汇总缴纳营业税的金融机构，营改增后继续以地市一级机构汇总缴纳增值税。同一省（自治区、直辖市、计划单列市）范围内的金融机构，经省（自治区、直辖市、计划单列市）税务局和财政厅（局）批准，可以由总机构汇总向总机构所在地的主管税务机关申报缴纳增值税。

北京市据此下发过相关政策公告，包括：

《北京市国家税务局、北京市财政局关于中国邮政集团公司北京市分公司汇总缴纳增值税问题的公告》（北京市国家税务总局、北京市财政局公告2015年第18号）；

《北京市国家税务局、北京市财政局关于兴业银行股份有限公司北京分行等16家企业实行总分机构汇总缴纳增值税问题的公告》（北京市国家税务总局、北京市财政局公告2016年第18号）。

对于发票管理事项，各地税务机关有不同的规定。部分地区由总机构统一领购和开具发票，如深圳市国家税务局公告2016年第3号规定，已批准汇总申报纳税的纳税人发票的领购、缴销、认证等管理工作统一由总机构负责，自汇总申报纳税生效之日起，各被汇总单位应当缴销结存发票，以总机构名义开具发票。各被汇总单位不得向税务机关申请领购或代开发票。汇总申报纳税单位之间移送货物不得开具发票。

也有部分地区规定，由总、分机构分别向所属主管税务机关申请领用各种增值税发票。如闽国税发〔2014〕33号文件第九条规定，总、分机构分别向所属主管税务机关申请领用各种增值税发票，分支机构下属营业网点统一向所属分支机构领用，同一设区市范围内的分支机构可以只确定一家分支机构使用增值税专用发票。总分机构内部之间发生汇总范围应税行为，不得开具发票，统一使用《内部调拨结算单》。《内部调拨结算单》样式由总机构印制并报其主管税务机关备案。

《江苏省国家税务局关于印发〈江苏省国家税务局增值税汇总申报纳税企业征收管理办法（试行）〉的通知》（苏国税发〔2007〕128号）第十一条规定，汇总纳税企业及其统一核算的分支机构需要使用发票的，应向各自所在地主管税务机关申请领购并使用。第十二条规定，汇总纳税企业及其统一核算的分支机构增值税防伪税控系统的发行、已开具增值税专用发票和普通发票的报税均在各自所在地主管税务机关办理。第十三条规定，汇总纳税企业及其统一核算的分支机构接收的增值税抵扣凭证的认证、采集和审核检查由各自所在地主管税务机关负责。第十四条规定，汇总纳税企业及其统一核算的分支机构之间移送货物仅作为移库处理，不得开具发票。

**4. 营改增试点期间，总分机构提供应税服务增值税汇总缴纳规定**

根据《财政部 国家税务总局关于重新印发〈总分机构试点纳税人增值税计算缴纳暂行办法〉的通知》（财税〔2013〕74号）规定，经财政部和国家税务总局批准的总机构试点纳税人及其分支机构可以汇总缴纳增值税。总机构汇总计算总机构及其分支机构发生《应税服务范围注释》所列业务的应交增值税，抵减分支机构发生《应税服务范围注释》所列业务已缴纳的增值税税款（包括预缴和补缴的增值税税款）后，在总机构所在地解缴入库。其中，总机构汇总计算的应交增值税=总分机构发生《应税服务范围注释》所列业务的应税销售额×适用税率-总分机构因发生《应税服务范围注释》所列业务而购进货物或者接受加工修理修配劳务和应税服务所支付或者负担的增值税税额；分支机构预缴的增值税=分支机构提供《应税服务范围注释》所列业务应征的增值税销售额×预征率。预征率由财政部和国家税务总局规定，并适时予以调整。

每年的第一个纳税申报期结束后，对上一年度总分机构汇总纳税情况进行清算。总机构和分支机构年度清算应交增值税，按照各自销售收入占比和总机构汇总的上一年度应交增值税税额计算。分支机构预缴的增值税超过其年度清算应交增值税的，通过暂停以后纳税申报期预缴增值税的方式予以解决。分支机构预缴的增值税小于其年度清算应交增值税的，差额部分在以后纳税申报期由分支机构在预缴增值税时一并就地补缴入库。

注意：以上政策适用于经财政部和国家税务总局批准的总机构试点纳税人及其分支机构。

**5.连锁经营企业汇总缴纳增值税规定**

对跨地区经营的直营连锁企业，即连锁店的门店均由总部全资或控股开设，在总部领导下统一经营的连锁企业，凡按照《国内贸易部关于印发〈连锁店经营管理规范意见〉的通知》（内贸政体法字〔1997〕第24号）的要求，采取微机联网，实行统一采购配送商品，统一核算，统一规范化管理和经营，并符合《财政部、国家税务总局关于连锁经营企业增值税纳税地点问题的通知》（财税字〔1997〕97号）相关条件的，可对总店和分店实行由总店向其所在地主管税务机关统一申报缴纳增值税。

但对于自愿连锁企业（即连锁店的门店均为独立法人，各自的资产所有权不变的连锁企业）和特许连锁企业（即连锁店的门店同总部签订合同，取得使用总部商标、商号、经营技术及销售总部开发商品的特许权的连锁企业），其纳税地点不变，仍由各独立核算门店分别向所在地主管税务机关申报缴纳增值税。

### 问题10-9

**增值税稽查后账务调整如何进行会计处理?**

分别就增值税销项税的调整项目（含少计或不计收入的账务调整、视同销售行为的账务调整）、增值税进项税的调整项目（含违法抵扣行为的账务调整、超前抵扣行为的账务调整、用虚开的增值税专用发票发生抵扣行为的账务调整）以及余额如何进行会计处理?

**解析：**根据《增值税日常稽查办法》（国税发〔1998〕44号文件印发）的有关规定，“增值税检查后的账务调整，应设‘应交税金——增值税检查调整’专门账户。凡检查后应调减账面进项税额或调增销项税额和进项税额转出的数额，借记有关科目，贷记本科目；凡检查后应调增账面进项税额或调减销项税额和进项税额转出的数额，借记本科目，贷记有关科目。”纳税人根据税务稽查的结果，对每一个纳税事项进行逐一调整，将涉及的多纳或少纳增值税的事项记入“应交税金——增值税检查调整”科目，同时对应登记有关科目，然后得出“检查调整”账户的余额。此外，笔者根据实际工作需要，建议增设“应交税金——应交增值税（增值税检查调整）”账户，用于对应反映“应交税金——增值税检查调整”的结转数。现以商业企业（假定为增值税一般纳税人，且须进行逐期账务调整）为例，将常见的增值税检查调整方法列举如下：

**1.增值税销项税的调整项目**

（1）少计或不计收入的账务调整。主要包括由价外费用、逾期押金、未按规定冲红票、以旧换新销售、还本销售等经济事项而引起会计处理上少计或不计收入，达到少计销项税的目的。

若该收入属于本年度，可做如下的会计分录：

冲销原会计分录，同时记：

借：银行存款（或现金、应收账款、应收票据等）

贷：商品销售收入（或其他业务收入等）

应交税金——增值税检查调整

若该收入属于以前年度，可做如下的会计分录：

借：应付款账等

贷：以前年度损益调整

应交税金——增值税检查调整

（2）视同销售行为的账务调整。按照《增值税暂行条例实施细则》第四条规定，“单位或个体经营者的下列行为，视同销售货物：

（一）将货物交付他人代销；

（二）销售代销货物；

（三）设有两个以上机构并实行统一核算的纳税人，将货物从一个机构移送其他机构用于销售，但相关机构设在同一县（市）的除外；

（四）将自产或委托加工的货物用于非应税项目；

（五）将自产、委托加工或购买的货物作为投资，提供给其他单位或个体经营者；

（六）将自产、委托加工或购买的货物分配给股东或投资者；

（七）将自产、委托加工或购买的货物用于集体福利或个人消费；

（八）将自产、委托加工或购买的货物无偿赠送他人。”

纳税人发生上述行为而未申报应交增值税的，应视为偷税行为。检查调整时，应针对不同情况分别做会计处理。

①属于上述（一）、（二）、（三）等三种情况的视同销售行为，且查补属于本年度增值税的，应做如下处理：

冲销原会计分录，同时记：

借：银行存款（或现金、应收账款、应收票据等）

　贷：商品销售收入（或其他业务收入等）

　　应交税金——增值税检查调整

然后结转销售成本：

借：商品销售成本（或其他业务支出等）

　贷：库存商品等

查补属于以前年度增值税的，应做如下处理：

借：应付账款等

　贷：以前年度损益调整

　　应交税金——增值税检查调整

②属于上述（四）、（五）、（六）、（七）、（八）等五种视同销售行为的，无论是属于本年度的，还是以前年度查补增值税，均应做如下会计处理：

借：在建工程（或固定资产、长期投资、应付利润、应付福利费、营业外支出等）

　贷：应交税金——增值税检查调整

**2. 增值税进项税的调整项目**

（1）违法抵扣行为的账务调整。《增值税暂行条例》第十条规定：

“下列项目的进项税额不得从销项税额中抵扣：

（一）用于简易计税方法计税项目、免征增值税项目、集体福利或者个人消费的购进货物、劳务、服务、无形资产和不动产；

（二）非正常损失的购进货物，以及相关的劳务和交通运输服务；

（三）非正常损失的在产品、产成品所耗用的购进货物（不包括固定资产）、劳务和交通运输服务；

（四）国务院规定的其他项目。”

对于违背上述规定，将购进材料、物资改变用途，非常损耗或者用于非应税项目的，而又未做进项税转出的，无论是本年度，还是以前年度发生的，均做如下会计分录：

借：在建工程（或固定资产、材料物资、应付福利费、待处理财产损溢等）

　贷：应交税金——增值税检查调整

（2）违规平销行为的账务调整。对未按《国家税务总局关于平销行为征收增值税问题的通知》（国税发〔2019〕167号）有关规定申报纳税的，所发生的偷税，无论是本年度还是以前年度的行为，若所获补贴为货币资金，可编制如下会计分录：

借：银行存款（现金等）

　贷：库存商品（或材料物资等）

　　应交税金——增值税检查调整

若所获的是物资补贴，则应做如下会计分录：

借：库存商品（或材料物资等）

　贷：本年利润（或资本公积等）

　　应交税金——增值税检查调整

（3）用虚开的增值税专用发票发生抵扣行为的账务调整。《国家税务总局关于纳税人取得虚开的增值税专用发票处理问题的通知》（国税发〔1997〕134号）规定：

“一、受票方利用他人虚开的专用发票，向税务机关申报抵扣税款进行偷税的，应当依照《中华人民共和国税收征收管理法》及有关规定追缴税款，处以偷税数额五倍以下的罚款；进项税金大于销项税金的，还应调减其留抵的进项税款。利用虚开的专用发票进行骗取出口退税的，应当依法追缴税款，处以骗税数额五倍以下的罚款。

二、在货物交易中，购货方从销售方取得第三方开具的专用发票，或者从销货地以外的地区取得专用发票，向税务机关申报抵扣税款或者申请出口退税的，应当按偷税、骗取出口退税处理，依照《中华人民共和国税收征收管理法》及有关规定追缴税款，处以偷税、骗税数额五倍以下的罚款。”

按照上述规定，纳税人无论是有意还是无意地用虚开的增值税发票抵扣税款，均视为偷税，应做如下会计处理：

借：商品采购（或材料采购等）

　贷：应交税金——增值税检查调整

同时，

借：库存商品（或材料采购等）

　贷：商品采购（或材料采购等）

经过上述一系列的账务调整后，再对“应交税金——增值税检查调整”科目进行汇总，结算出其余额，从而完成了税务调整的第一步。

**3. 余额的处理**

对“应交税金——增值税检查调整”账户的余额，根据其借方或贷方余额分别做如下会计处理：

若为借方余额，可全部视为留抵进项税额，按借方余额数做如下会计处理：

借：应交税金——应交增值税（进项税额）

　贷：应交税金——增值税检查调整

若为贷方余额，应结合以下情况分别做会计处理：

（1）若“应交税金——应交增值税”账户无余额，应按“应交税金——增值税检查调整”账户的贷方余额数，做如下会计处理：

借：应交税金——增值税检查调整

　贷：应交税金——未交增值税

（2）若“应交税金——应交增值税”账户有借方余额，且等于或大于这个贷方余额，应按贷方余额数，做如下会计处理：

借：应交税金——增值税检查调整

贷：应交税金——应交增值税（增值税检查调整）

（3）若“应交税金——应交增值税”账户有借方余额，但小于这个贷方余额，应将这两个账户的余额冲出，按其差额做如下会计处理：

借：应交税金——增值税检查调整

贷：应交税金——应交增值税

应交税金——未交增值税

通过对“应交税金——增值税检查调整”账户余额的处理，纳税人可以根据账户调整的结果，来判断其是否应该缴纳增值税，以便履行纳税义务。

## 问题10–10

**《企业产品成本核算制度（试行）》对房地产企业成本核算有何新要求、新变化？请举例说明。**

财政部以财会〔2013〕17号文件印发《企业产品成本核算制度（试行）》。该制度分为总则，产品成本核算对象，产品成本核算项目和范围，产品成本归集、分配和结转，附则，共5章53条，自2014年1月1日起施行。请问该核算制度对房地产企业成本核算有何新要求、新变化？请举例说明。

**解析：**《企业产品成本核算制度》（试行）的新变化包括：

（1）劳务与服务也是产品。第三条规定，本制度所称的产品，是指企业日常生产经营活动中持有以备出售的产成品、商品、提供的劳务或服务。

（2）过去归集为期间费用的现在归集为生产成本，过去归集为生产成本的现在归集为期间费用。第五条规定，企业应当根据所发生的有关费用能否归属于使产品达到目前场所和状态的原则，正确区分产品成本和期间费用。如商贸企业运输费用过去归集经营费用，“使产品达到目前场所和状态的原则”意味着按新制度的要求现在归属于成本。

第二十五条规定，建筑企业一般设置直接人工、直接材料、机械使用费、其他直接费用和间接费用等成本项目。建筑企业将部分工程分包的，还可以设置分包成本项目。

第十三条规定，房地产企业一般按照开发项目、综合开发期数并兼顾产品类型等确定成本核算对象。

房地产开发经营活动组织方式包括自建和外包。

（3）与房地产企业成本相关规定中变化最大是第二十六条，该条规定，房地产企业一般设置土地征用及拆迁补偿费、前期工程费、建筑安装工程费、基础设施建设费、公共配套设施费、开发间接费、借款费用等成本项目。即成本项目增加了“借款费用”，由于房地产企业是资金密集型的企业，借款费用金额普遍很大，根据会计重要性原则，单独核算借款费用。

（4）期末完工产品与期末在产品之间的成本分配方法增加了一个“原材料扣除法”。“原材料扣除法”适用于材料成本在全部产品成本中占比重相当大且在开工时一次投入，各月末在产品数量较大，数量变化也大的企业。

（5）增加了“可以按照现代企业多维度、多层次的管理需要，确定多元化成本核算对象”。

企业内部管理有相关要求的，可以按照现代企业多维度、多层次的管理需要，确定多元化成本核算对象、对有关成本项目进行组合，以及在此基础上对有关费用进行归集、分配和结转。

具体应用举例：房地产开发企业在开发项目的开发经营过程中发生的规划设计费、可行性研究费、工程水文地质及工程地质勘察费、测绘费及“三通一平”等支出，能够分清成本计算对象的，应直接计入有关开发项目成本，记入“开发成本”账户所属明细账的“前期工程费”成本项目。应由两个以上成本计算对象负担的，可按一定标准分配计入各开发项目成本，记入“开发成本”账户所属各有关明细账的“前期工程费”成本项目。分配标准可按具体费用细目分别确定，如勘察费、测绘费及“三通一平”费等可按各开发项目的占地面积比例分配，而设计费、可行性研究费可按概算比例或建筑面积比例分配。也可将具体费用细目均按概算比例进行分配。

## 问题10-11

**实行辅导期管理的纳税人预缴增值税如何进行账务处理？**

**解析：**举例说明如下：

［例］某房地产开发企业2019年6月虚开增值税专用发票被税务稽查部门查处，当月收到主管税务机关的《税务事项通知书》，告知对其实行纳税辅导期管理。6月6日，该企业当月第一次领购专用发票25份，17日已全部开具，取得营业额8 600元（含税）。18日，该企业再次到主管税务机关申领发票，按规定对前次已领开具的专用发票销售额预缴增值税。

**分析：**

预缴增值税税款：8 600÷（1+9%）×3%=236.70（元）。

相关会计处理为：

借：应交税费——应交增值税（已交税金）　236.70

　贷：银行存款　236.70

## 问题10-12

**应用新《企业会计准则第14号——收入》，商场能否在签约收到货款时确认收入？**

光明买了新房，准备装修，居然之家3月15日有活动，她就一次性把家具都买齐了，花了40万元，但要求商场装修完成之后再送货。次年3月份，居然之家将上述家具送至光明的新家。应用新《企业会计准则第14号——收入》，商场能否在签约收到货款时确认收入？

**解析：**判断基准有三点：

（1）客户能够主导该商品的使用并从中获得几乎全部的经济利益。

（2）企业已将该商品实物转移给客户，即客户已实物占有该商品。

（3）客户已接受该商品。

客户客观上占有了实物，且主观上接受了该商品。根据上述标准，商场不能在签约收到货款时确认收入。

## 问题 10-13

**业主收到交房通知书但未实地验收，房地产企业能否确认收入？**

某业主不在项目所在地，但已收到交房通知书，房地产企业按照新《企业会计准则第 14 号——收入》的收入确认的标准能否确认收入？

**交房通知书**

尊敬的××（先生/女士）：

您好！您所购买的××花园项目××楼××单元××层××户已于××××年××月××日经相关单位验收合格，准予交房入住！

1. 请您在接到本通知后按附表规定的时间前来办理入住手续。地点在开发区今日花园售楼部，在此期间，××营销部、财务部、工程部及××物业等有关部门将到现场办公，一站式办理入住手续，为您提供快捷、方便的服务。

2. 如果您因公事繁忙，不能亲自前来，可委托他人代办。代办时，除应带齐相关的文件外，还必须携带您的委托书、公（私）章和身份证复印件。

3. 如果您不能在附件规定的时间内前来办理手续，可以在××月××日后，先到今日花园售楼部（联系电话：0373-×××××××）办理财务手续及入住通知单，再到物业管理处（联系电话：0373-×××××××）办理入住手续。

在您来办理各项手续前，请仔细阅读《收楼须知》。为了您在办理入住手续的过程中不拥挤，顺利而快捷地办理各楼层的入住手续，时间以下表为准（略）：

统一集中办理时间为：上午 8：30—12：00，下午 3：00—6：30；

物业部联系电话：（略）　营销部联系电话：（略）　财务部联系电话：（略）

**解析**：不能。根据新《企业会计准则第 14 号——收入》第十三条收入确认的第五条标准，即客户已接受该商品才能确认收入。如果该客户（业主）没有进屋验收或验收时发现漏水或对门窗有不满意的地方，则房地产开发企业不能确认收入。

## 问题10-14

**房地产企业承诺在小区周边投资建设生鲜超市，后没有兑现，可否确认收入?**

某房地产企业在售楼书中宣传“荣享顶级配套，彰显卓越人生”，承诺在小区周边投资建设生鲜超市，后来由于房子热销，没有兑现承诺，请问房地产企业可否确认收入?

**解析：**不能确认收入。根据新《企业会计准则第14号——收入》第九条的规定，合同开始日，企业应当对合同进行评估，识别该合同所包含的各单项履约义务，并确定各单项履约义务是在某一时段内履行，还是在某一时点履行，然后，在履行了各单项履约义务时分别确认收入。

履约义务，是指合同中企业向客户转让可明确区分商品的承诺。履约义务既包括合同中明确的承诺，也包括由于企业已公开宣布的政策、特定声明或以往的习惯做法等导致合同订立时客户合理预期企业将履行的承诺。企业为履行合同而应开展的初始活动，通常不构成履约义务，除非该活动向客户转让了承诺的商品。

## 问题10-15

**新《企业会计准则第14号——收入》实施之后是否仍存在税收筹划空间？请举例说明。**

**解析：**新《企业会计准则第14号——收入》实施之后仍存在税收筹划空间。

举例说明如下：

[**例**] 阳光酒店与绿地房地产公司于2018年10月3日签订了一份会议室租赁合同，租赁费每天5 000元，10月4日，又签订了一份增加会议室投影仪、音响、会议支持、酒店会议服务等内容的合同，每天增加费用500元。

**分析：**对于阳光酒店，两份合同的商业目的，都是服务于客户的会议；两份合同的价格构成了办理会议的义务必须同时履行，且形成了单项履约义务。

税收筹划思路：将合同合并，成为一项办理“会议”合同。

会计上的理由：（不动产+动产）租赁+其他服务=会议服务。

税务上可能存在风险：不动产租赁9%+动产租赁13%+会议主持6%≠会议服务6%。

**案例分享**

## 新《企业会计准则第14号——收入》中的“五步法”在房地产企业收入确认上的应用

A房地产企业2018年2月新开工建设W楼盘，该项目占地面积70 000平方米，规划的建造面积25 000平方米，10栋普通高层住宅，分4期建设。2018年7月10日取得1期预售许可证，同时开始进行1期的预售。2018年12月31日，A企业与B客户签订了一份“分摊销售”的购房合同，合同规定该工程竣工后需按合同约定将指定单元房屋与车库交付给B客户，该工程项目于2019年12月4日完成竣工结算，2019年12月31日将指定房屋交付给B客户，指定面积的车库预计2020年4月10日完工，5月10日交付给B客户，同年5月20日办理完产权过户手续。根据商业惯例，该指定房屋市场售价为300万元，指定车库市场价格为20万元。关于付款方式：合同约定的总价款为360万元，B客户采用分期付款方式支付价款，付款期限为6期，即于合同签订日支付价款的30%，其余款项在接下来5年每年年末支付50.4万元。

要求：根据新《企业会计准则第14号——收入》进行会计处理（本案例只考虑增值税，不考虑其他税费）。

**分析：**

新收入准则对收入计量确认的“五步法”新模型，具体指的是以下五步：

第一步：识别与客户的合同；

第二步：识别合同中需要履行的各种义务；

第三步：确定交易价格；

第四步：分摊交易价格至每项义务；

第五步：在每项履约义务得到满足时确认相应收入。

“五步法”是一个全新的收入确认模型，对应的新收入准则从全新的视角出发，不仅体现出现行准则强调收入实现的特点，而且还体现出强调以“与客户签订的合同”为基础的收入确认贯穿整个交易过程的特点，也就是合同从开始订立到履约义务的发生，各个环节都将对收入的确认产生影响。

本案例具体分析如下：

（1）房地产开发企业A与B客户签订的预售合同规定：该合同禁止房地产开发企业将指定的房屋和车库出售给其他客户，但B客户享有随时终止合同的权利，房地产企业仅有权扣留订金。

步骤一：识别客户合同。新收入准则要求合同必须具有商业实质并且很可能收回转让商品或服务的价款。该合同中，房屋与车库均以市场价为基础，B客户在合同签订日支付了30%的对价，且并无迹象表明B客户在以后期间不能支付剩余价款，该销售合同属于新收入准则收入核算的范围；房地产开发企业A与B客户关于车库移交的约定协议是双方合同履行的一部分，两个协议均属于共同的商业实质，可以合并为一份合同。

步骤二：划分履约义务。由于合同中禁止房地产开发企业将指定的房屋和车库出售给其他客户，对于A企业没有替代用途，但B客户享有随时终止合同的权利，房地产企业仅仅享有扣留订金的权利，对于合同撤销日之前已履约的部分义务没有强制收款的权利。因此A企业只有在将商品的控制权转移至B客户的某一时点才能确认收入。因为客户能够从获得的房屋与车库中分别获益，且能够将两者从合同中单独辨认出来作为额外的履约义务，所以A企业需要对交付的指定房屋与车库进行单独处理。

步骤三：确认实际的交易价格。交易价格基于期望值或者最有可能发生的对价金额。本案例中合同的总价款为360万元，按照商业惯例，房屋与车库的售价分别为300万元、20万元，且采用了期数为6期的分期付款方式，该合同存在重大的融资成分，即合同的实际交易价格为市场销售价格320万元。

步骤四：合同交易价格为320万元，其中指定房屋价格300万元，指定车库价格20万元。

步骤五：控制权转移，即实际交付时确认收入。2018年12月31日，A企业收到预付款项108万元，由于A企业并没有履行义务，此时不确认收入。会计处理为（单位：万元，下同）：

借：银行存款　　108

　贷：预收账款　　108

2019年12月31日，将指定房屋交付给B客户，此时确认房屋销售收入。会计处理为：

借：预收账款　　108

　　长期应收款　　232

　贷：主营业务收入　　275.23

　　　应交税费——应交增值税（销项税额）　　24.77

　　　未确认融资收益　　40

借：银行存款　　50.4

　贷：长期应收款　　50.4

2020年5月10日交付给B客户，此时确认车库的销售收入。会计处理为：

借：应收账款　　20

　贷：主营业务收入　　18.35

　　　应交税费——应交增值税（销项税额）　　1.65

2020年12月31日，按合同约定B客户支付对价款。会计处理为：

借：银行存款　　50.4

　贷：应收账款　　20

　　　长期应收款　　30.4

2021年12月31日，按合同约定B客户支付对价款。会计处理为：

借：银行存款　　50.4

　贷：长期应收款　　50.4

以后各期收到合同约定价款时会计处理同上。

合同价款为360万元，指定房屋与车库的价格为分别为300万元、20万元，款项分6期收回，差额在每年年末收取销售价款时摊销。运用差值法计算出的实际利率为9.99%，2020—2023年每个期末的财务费用分别为：14.15万元、12.52万元、8.74万元、4.59万元。以第一期为例，计算财务费用的步骤如下：14.15=（232-40-50.4）×9.99%，合同签订日与第一期差额摊销的会计处理如下：

借：未确认融资收益　　14.15

　贷：财务费用　　14.15

以后各期摊销费用会计处理同上。

（2）房地产开发企业A与B客户签订预售合同规定：除非房地产开发企业违约或者不履行义务，否则B客户无权撤销合同，若客户尝试终止合同，房地产开发企业有权继续执行合同并要求客户履行付款义务。除非客户违约，该合同禁止房地产开发企业将该指定房屋与车库销售给其他客户。虽然该合同禁止房地产开发企业将该商品房出售给其他客户，但合同同时约定房地产开发企业有权继续执行合同并要求客户履行付款义务。从以上条款可以判断，B客户在签订合同之日就获得了该房屋和车库的控制权，履约义务满足在一段时间确认的条件，采用完工百分比法进行收入确认。由于房地产企业业务的特殊性，通常存在房产项目和配套设施开发不同步的情况，假设房屋于2019年12月4日办理竣工结算，12月31日交付给B客户，而此时车库只完成了整体的70%，并未达到使用条件，全部完工时间为2020年4月10日。

2019年12月4日房屋办理竣工结算，此时可以确定房屋销售收入。会计处理为：

借：预收账款　　108

　　长期应收款　　232

　贷：主营业务收入　　275.23

　　　应交税费——应交增值税（销项税额）　　24.77

　　　未确认融资收益　　40

2019年12月31日车库只完成整体的70%，此时对完工的70%确认收入。会计处理为：

借：应收账款　　14

　贷：主营业务收入　　12.84

　　　应交税费——应交增值税（销项税额）　　1.16

借：银行存款　　50.4

　贷：应收账款　　14

　　　长期应收款　　36.4

2020年4月10日完成剩下的30%，此时对剩下的30%确认收入。会计处理为：

借：应收账款　　6

　贷：主营业务收入　　5.50

　　　应交税费——应交增值税（销项税额）　　0.50

借：银行存款　　50.4

　贷：应收账款　　6

　　　长期应收款　　44.4

其他会计处理如情形（1）所示，具体不再赘述。

**【知识链接】**

**新《企业会计准则第14号——收入》概述及新旧准则对比**

2017年7月5日，财政部发布了《关于修订印发〈企业会计准则第14号——收入〉的通知》（财会〔2017〕22号）（以下简称新收入准则）。在境内外同时上市的企业以及在境外上市并采用国际财务报告准则或企业会计准则编制财务报表的企业，自2018年1月1日起施行；其他境内上市企业，自2020年1月1日起施行；执行企业会计准则的非上市企业，自2021年1月1日起施行。

新收入准则保持了与《国际财务报告准则第15号——客户合同收入》的趋同，

改革了现有的收入确认模型，明确收入确认的核心原则是“企业应当在履行了合同中的履约义务，即在客户取得相关商品或服务的控制权时确认收入”，强调企业确认收入的方式应当反映其向客户转让商品或服务的模式，确认金额应当反映企业因交付该商品或服务而预期有权收取的金额。基于该核心原则，新收入准则设定了统一的收入确认计量的“五步法”模型，即识别与客户订立的合同、识别合同中的单项履约义务、确定交易价格、将交易价格分摊至各单项履约义务、履行每一单项履约义务时确认收入。

下面对新收入准则进行相关解读，包括变化概述及新旧准则对比、“五步法”模型的应用，以及对房地产、建筑施工、零售、电商、网络游戏、软件、电信及制造行业的影响。

## 一、新收入准则的适用范围

新收入准则适用于所有与客户之间的合同，但不包括：合并准则和金融工具准则规范的金融工具及其他合同权利和义务，以及租赁准则、保险合同准则规范的租赁合同、保险合同。

另外，企业以存货换取客户的固定资产、无形资产等的，按照新收入准则的规定进行会计处理，但没有商业实质的非货币性资产交换，不确认收入。其他非货币性资产交换，按照《企业会计准则第7号——非货币性资产交换》的规定进行会计处理。

## 二、新收入准则的核心变化与要求

新收入准则对收入确认的核心原则是“控制权转移”（即在企业将商品或服务的控制权转移给客户的时点或过程中以其预计有权获得的金额予以确认），并采用“五步法”模型确认收入。

一是新收入准则的核心变化。

1.收入确认的模式与理念。

新收入准则第四条规定，取得相关商品控制权，是指能够主导该商品的使用并从中获得几乎全部的经济利益。

对于如何认定企业在某一时段内转移对商品或服务的控制权，新收入准则第十一条给出了3个条件，满足其中任何1个条件，即可认定控制权在某一时段内转移，从而在某一时段内确认收入：

（1）客户在企业履约的同时即取得并消耗企业履约所带来的经济利益；

（2）客户能够控制企业履约过程中在建的商品；

（3）企业履约过程中所产出的商品具有不可替代用途，且该企业在整个合同期间内有权就累计至今已完成的履约部分收取款项。

对于在某一时点转移控制权的认定，新收入准则第十三条给出了企业应当考虑控制权转移的5个迹象：

（1）企业就该商品享有现时收款权利，即客户就该商品负有现时付款义务；

（2）企业已将该商品的法定所有权转移给客户，即客户已拥有该商品的法定所有权；

（3）企业已将该商品实物转移给客户，即客户已实物占有该商品；

（4）企业已将该商品所有权上的主要风险和报酬转移给客户，即客户已取得该商品所有权上的主要风险和报酬；

（5）客户已接受该商品。

2.交易价格的确定。

3.对包含多重交易安排的合同的会计处理。

4.合同成本的处理。

5.特定交易（或事项）的会计处理。

6.列报和披露。

二是“五步法”的核心要求。

步骤1：识别客户合同——合同是指双方或多方之间订立有法律约束力的权利义务的协议。新收入准则的要求适用于与客户议定的并符合特定标准的每一项合同。包括合同合并（将多份合同合并并将其作为一份合同进行会计处理）和合同变更（范围或价格或两者同时变更）。

步骤2：识别合同中的履约义务——合同包括向客户转让商品或服务的承诺。如果这些商品或服务可明确区分，则对应的承诺即为履约义务并且应当分别进行会计处理。如果客户能够从某项商品或服务本身、或从该商品或服务与其他易于获得资源一起使用中受益，且企业向客户转让该商品或服务的承诺与合同中的其他承诺可单独区分，则该商品或服务可明确区分。

步骤3：确定交易价格——交易价格是企业因向客户转让商品或服务而预期有权收取的对价金额。

交易价格可以是固定的客户对价金额，但有时也可能包含可变对价或非现金对价。交易价格还应当就货币的时间价值影响（若合同中存在重大融资成分）及任何应付客户对价做出调整。如果对价是可变的，则企业应估计其因转让商品或服务而有权收取的对价金额。但包含可变对价的交易价格，应当不超过在相关不确定性消除时累计已确认收入极可能不会发生重大转回的金额。

步骤4：将交易价格分摊至合同中的履约义务——企业通常按照各单项履约义务所承诺商品的单独售价的相对比例，将交易价格分摊至各单项履约义务。如果单独售价无法直接观察，企业应对其做出估计。有时，交易价格包含仅与合同中一项或多项履约义务相关的折扣或可变对价金额。有关要求对企业何时应将折扣或可变对价分摊至合同中一项或多项（而非全部）履约义务做出了规定。

步骤5：在企业履行履约义务时（或履约过程中）确认收入——企业应在其通过向客户转让商品或服务履行履约义务时（或履约过程中）（即当客户取得对商品或服务的控制权时）确认收入。这就是"控制权转移"模型。

所确认的收入金额为分摊至履约义务的金额。履约义务可在某一时点（对于向客户转让商品的承诺而言较为常见）或在某一时段内（对于向客户转让服务的承诺而言较为常见）履行。对于在某一时段内履行的履约义务，企业应通过选择计量企业履约义务的履约进度的适当方法在一段时间内确认收入。

**三、新收入准则的衔接规定**

1. 首次执行新收入准则的企业，应当根据首次执行新收入准则的累计影响数，调整首次执行新收入准则当年年初留存收益及财务报表其他相关项目金额，对可比期间信息不予调整。企业可以仅对在首次执行日尚未完成的合同的累积影响数进行调整。

2.母公司执行新收入准则、但子公司尚未执行新收入准则的，母公司在编制合并财务报表时，应当按照新收入准则规定调整子公司的财务报表。母公司尚未执行新收入准则、而子公司已执行新收入准则的，母公司在编制合并财务报表时，可以将子公司的财务报表按照母公司的会计政策进行调整后合并，也可以将子公司按照新收入准则编制的财务报表直接合并，母公司将子公司按照新收入准则编制的财务报表直接合并的，应当在合并财务报表中披露该事实，并且对母公司和子公司的会计政策及其他相关信息分别进行披露。

企业对合营企业和联营企业的长期股权投资采用权益法核算的，比照上述原则进行处理，但不切实可行的除外。

**四、执行新收入准则的行业影响**

新收入准则将会影响很多行业的收入确认时点和金额，收入确认的进度可能加快或推迟。其中，影响较大的行业包括房地产、建筑施工、零售、电商、网络游戏、软件、电信、制造业等。企业需要对财务、运营、税务、内控系统等方面尽早筹划，为新收入准则的实施做好充分准备。

1.对房地产行业的影响。

新收入准则发布后，房地产企业应考虑：

（1）对价可收回性评估的影响；

（2）预售业务收入确认时间；

（3）已竣工房产的销售时点；

（4）交易价格是否存在重大融资成分；

（5）合同是否包含可变对价；

（6）合同成本的确认。

2.对建筑施工行业的影响。

新收入准则发布后，建筑施工企业应考虑：

（1）合同订立之前的成本资本化问题；

（2）建筑合同是否为一项履约义务；

（3）在某一时段内还是在某一时点确认收入；

（4）合同进度的计量；

（5）可变对价；

（6）合同变更。

3.对零售行业的影响。

新收入准则发布后，零售企业应考虑：

（1）折扣、返利和其他激励措施的计量；

（2）合同生产安排的计量；

（3）质量保证；

（4）退货；

（5）授权许可和特许经营的计量。

4.对电商行业的影响。

新收入准则发布后，电商企业应考虑：

（1）自营销售下的收入确认时点；

（2）7天无理由退货的收入确认；

（3）主要责任人和代理人的识别；

（4）存在多个履约义务的交易价格分摊；

（5）客户积分和优惠券的会计处理；

（6）预付费购物卡的会计处理；

（7）向客户分期收款的会计处理；

（8）供应商返利的会计处理。

5.对网络游戏行业的影响。

新收入准则发布后，网络游戏企业应考虑：

（1）游戏道具收入确认时点；

（2）游戏许可收入确认时点；

（3）主要责任人和代理人的识别；

（4）可变对价；

（5）向渠道商支付的费用的核算。

6.对软件行业的影响。

新收入准则发布后，软件企业应考虑：

（1）软件合同成立的时点；

（2）合同变更；

（3）单独要素与单独履约义务识别差异问题；

（4）可变对价；

（5）履约义务交易价格的确定；

（6）收入确认时点。

7.对电信行业的影响。

新收入准则发布后，电信企业应考虑：

（1）手机补贴收入的计量；

（2）多用户方案核算单位的确定；

（3）提前升级权的核算；

（4）不可返还的设置或安装服务收费是否为单独的履约义务；

（5）常客折扣应作为可变对价还是合同修订进行会计处理；

（6）付款期限超过一年的合同中是否包含重大融资成分；

（7）间接渠道销售中向经销商返还的设备补贴费用的核算；

（8）佣金和其他合同成本会计处理。

8.对制造行业的影响。

新收入准则发布后，制造企业应考虑：

（1）合同取得成本资本化；

（2）固定造价合同受到后续订单变化影响的会计处理；

（3）退货权和退款权的会计处理；

（4）激励付款额的会计处理；

（5）产品交付之前（开单留置）能否确认收入；

（6）标准质保和展期质保的会计处理；

（7）是否可能在客户签字验收之前确认收入；

（8）汽车零件和部件的收入确认时点。

# 第11章 房地产企业常见涉税疑难问题解答

## Answers and Explanations to Common Questions on VAT for Real Estate Companies Practice, Accounting and Case Studies

【本章导读】

本章为公开课培训中听课学员遇到疑难问题的现场提问，以及纳税人就日常工作中的疑问向12366纳税服务平台的咨询。财税优学堂团队按照征收类、发票类、企业所得税类、土地增值税类及契税等其他税种类进行汇总分类解答，旨在弥补本书单一增值税疑难问题精解之不足。

## 一、征管类

**1. 房地产开发企业采取预收款方式销售自行开发的房地产项目，预缴税款时是否可以扣除支付的土地价款?**

答:《房地产开发企业销售自行开发的房地产项目增值税征收管理暂行办法》(国家税务总局公告2016年第18号发布)第十条规定:“一般纳税人采取预收款方式销售自行开发的房地产项目，应在收到预收款时按照3%的预征率预缴增值税。”

因此，房地产开发企业采取预收款方式销售自行开发的房地产项目，预缴税款时不可以扣除支付的土地价款。

**2. 房地产开发企业销售没有产权的地下车位，应如何缴纳增值税?**

答：根据《销售服务、无形资产、不动产注释》(财税〔2016〕36号文件附件1的附)第三条规定:“销售不动产，是指转让不动产所有权的业务活动。不动产，是指不能移动或者移动后会引起性质、形状改变的财产，包括建筑物、构筑物等。

建筑物，包括住宅、商业营业用房、办公楼等可供居住、工作或者进行其他活动的建造物。

构筑物，包括道路、桥梁、隧道、水坝等建造物。

转让建筑物有限产权或者永久使用权的，转让在建的建筑物或者构筑物所有权的，以及在转让建筑物或者构筑物时一并转让其所占土地的使用权的，按照销售不动产缴纳增值税。”

因此，房地产开发企业销售无产权的地下车位，应按照销售不动产缴纳增值税。

**3.房地产开发企业在被取消开发资质后销售的不动产，能否适用国家税务总局公告2016年第18号的规定？**

答：《房地产开发企业销售自行开发的房地产项目增值税征收管理暂行办法》第二条规定：“房地产开发企业销售自行开发的房地产项目，适用本办法。

自行开发，是指在依法取得土地使用权的土地上进行基础设施和房屋建设。”

因此，房地产开发企业被取消开发资质后销售自行开发的不动产，继续适用国家税务总局公告2016年第18号的相关规定。

**4.房地产开发企业出租自行开发的房产取得收入，选择一般计税方法，是否可以扣除土地出让金？**

答：根据《房地产开发企业销售自行开发的房地产项目增值税征收管理暂行办法》第四条的规定，房地产开发企业中的一般纳税人（以下简称一般纳税人）销售自行开发的房地产项目，适用一般计税方法计税，按照取得的全部价款和价外费用，扣除当期销售房地产项目对应的土地价款后的余额计算销售额。销售额的计算公式如下：

销售额=（全部价款和价外费用－当期允许扣除的土地价款）÷（1+9%）

因此，房地产开发企业出租自行开发的房地产项目，不属于上述规定的销售自行开发的房地产项目，不适用差额扣除规定，不能扣除土地出让金。

**5.《中华人民共和国民法典》对纳税担保有何影响？**

答：《中华人民共和国民法典》（以下简称《民法典》）不但延续了以往应收账款可以质押的规定，而且还对可以质押的应收账款进行了进一步细化，细分为“现有的以及将有的”。在此之前，《中华人民共和国物权法》仅规定应收账款可以质押，并未将“将有的”应收账款列入可以质押的范围。笔者认为，既然《民法典》再次明确应收账款可以质押，并专门对此进行了细化调整，这就将促使质押应收账款在商业实践中变得更加普遍。但是，在目前的实践中，税务机关在按照《纳税担保试行办法》确认是否接受纳税人的担保财产时，通常不认可纳税人提供的应收账款。财税优学堂团队建议，《纳税担保试行办法》应及时对此进行调整和完善，以更好适应未来担保市场的发展变化。

**6.根据《房地产开发企业销售自行开发的房地产项目增值税征收管理暂行办法》第十三条规定，一般纳税人销售自行开发的房地产项目，兼有一般计税方法计税、简易计税方法计税、免征增值税的房地产项目而无法划分不得抵扣的进项税额的，应以《建筑工程施工许可证》注明的“建设规模”为依据进行划分。**

**（1）若企业无法取得《建筑工程施工许可证》，按上述文件规定中注明的“建设规模”是否可以提供其他证明材料，如施工合同等用于计算不得抵扣的进项税额？**

**（2）若确实无法取得《建筑工程施工许可证》，企业是否可以适用《营业税改征增值税试点实施办法》（财税〔2016〕36号文件附件1）第二十九条的一般性条款计算不得抵扣的进项税额？**

答：（1）《房地产开发企业销售自行开发的房地产项目增值税征收管理暂行办法》第十三条规定：“一般纳税人销售自行开发的房地产项目，兼有一般计税方法计税、简易计税方法计税、免征增值税的房地产项目而无法划分不得抵扣的进项税额的，应以《建筑工程施工许可证》注明的‘建设规模’为依据进行划分。”

因此，无法取得《建筑工程施工许可证》的，暂不得抵扣进项税额，待分别取得《建筑工程施工许可证》后再以注明的“建设规模”为依据进行划分，即不能凭其他证明材料抵扣。

（2）房地产行业应按“建设规模”核算，若确实无法取得《建筑工程施工许可证》，企业不适用《营业税改征增值税试点实施办法》第二十九条的规定。

**7.房地产企业偶然发生一次广告服务是否需要缴纳文化事业建设费？**

答：《财政部 国家税务总局关于营业税改征增值税试点有关文化事业建设费政

策及征收管理问题的通知》(财税〔2016〕25号)第一条规定:“在中华人民共和国境内提供广告服务的广告媒介单位和户外广告经营单位,应按照本通知规定缴纳文化事业建设费。”

第十二条规定:“本通知所称广告媒介单位和户外广告经营单位,是指发布、播映、宣传、展示户外广告和其他广告的单位,以及从事广告代理服务的单位。”

上述文件仅对应缴纳文化事业建设费的广告服务做出规定,未明确规定企业的类型。因此,房地产企业偶然发生的广告服务需要缴纳文化事业建设费。

**8.房地产开发企业预售商品房,一次性收到全部购房款,是否属于以预收款形式销售不动产?**

答:原福建省国税局货劳处《房地产企业营改增有关答案参考(二)》规定:“房地产开发企业销售自行开发的房地产,纳税义务发生时间按以下方式确认:对于房地产开发企业销售自行开发的房地产项目的纳税义务时间确认问题,凡是购房合同没有明确采用直接收款方式的,一律按预收款方式认定,实际收到预收款时开具编码为‘602’、税率为‘不征税’的普通发票,按规定预缴税款,以纳税人办理产权登记的时间为纳税义务发生时间;先开具适用税率增值税发票的,以发票开具时间为纳税义务发生时间。如合同已经明确采用直接收款方式的,无论是否在约定时间收到款项,均按合同约定的收付款时间确认为纳税义务发生时间,不预缴税款”。

房地产开发企业预售商品房,签订《商品房预售合同》,无论采用一次性付款、分期付款还是按揭付款的方式,都属于预收款方式销售不动产。

**9.房地产开发企业尚未取得《商品房预售许可证》,向购房者收取的购房诚意金是否需要预缴增值税?**

答:(1)《营业税改征增值税试点实施办法》第三十七条规定:“销售额,是指纳税人发生应税行为取得的全部价款和价外费用,财政部和国家税务总局另有规定的除外。

价外费用,是指价外收取的各种性质的收费,但不包括以下项目:

(一)代为收取并符合本办法第十条规定的政府性基金或者行政事业性收费。

（二）以委托方名义开具发票代委托方收取的款项。”

（2）《房地产开发企业销售自行开发的房地产项目增值税征收管理暂行办法》第十条规定：“一般纳税人采取预收款方式销售自行开发的房地产项目，应在收到预收款时按照3%的预征率预缴增值税。”

因此，如果签订了《商品房预售合同》，收取的诚意金转化为定金或折抵房款的属于预收款，应按规定预缴增值税。如果未签订《商品房预售合同》，不属于预收款，不需要预缴增值税。

**10. 如果已经购买房子的客户带新客户过来买房子，房地产企业会支付给老客户一笔佣金，这种佣金算什么性质？**

答：对客户应按提供经纪代理服务征税，房地产企业不得冲减收入。

**11. 房地产开发企业何时需要到税务部门进行项目基本信息的登记备案？**

答：《国家税务总局福建省税务局关于加强房地产业税源管理的公告》（国家税务总局福建省税务局公告2018年第4号）第一条“项目基本信息登记”规定：“房地产开发企业应自取得《建设工程规划许可证》时起，以《建设工程规划许可证》所载建设项目为单位建立台账，填写《房地产项目基础信息表》（附件1），并于次月15日前向主管税务机关备案。基础信息发生变动时，应于次月15日前向主管税务机关备案。”

因此，房地产开发企业应自取得《建设工程规划许可证》时起，以《建设工程规划许可证》所载建设项目为单位建立台账，填写《房地产项目基础信息表》，并于次月15日前向主管税务机关备案。

**12. 房地产公司因为地块用途从农业用地变为商业用地而向政府支付的款项，能否作为土地价款在计算销售额时扣除？**

答：（1）《房地产开发企业销售自行开发的房地产项目增值税征收管理暂行办法》第四条规定：“房地产开发企业中的一般纳税人（以下简称一般纳税人）销售自行开发的房地产项目，适用一般计税方法计税，按照取得的全部价款和价外费用，扣除当期销售房地产项目对应的土地价款后的余额计算销售额。

……

支付的土地价款，是指向政府、土地管理部门或受政府委托收取土地价款的单位直接支付的土地价款。”

（2）《财政部 国家税务总局关于明确金融 房地产开发 教育辅助服务等增值税政策的通知》（财税〔2016〕140号）第七条规定：“《营业税改征增值税试点有关事项的规定》（财税〔2016〕36号）第一条第（三）项第10点中‘向政府部门支付的土地价款’，包括土地受让人向政府部门支付的征地和拆迁补偿费用、土地前期开发费用和土地出让收益等。

房地产开发企业中的一般纳税人销售其开发的房地产项目（选择简易计税方法的房地产老项目除外），在取得土地时向其他单位或个人支付的拆迁补偿费用也允许在计算销售额时扣除。纳税人按上述规定扣除拆迁补偿费用时，应提供拆迁协议、拆迁双方支付和取得拆迁补偿费用凭证等能够证明拆迁补偿费用真实性的材料。”

因此，因土地改变用途而支付给政府部门的款项也属于土地价款，可以凭省级以上财政部门监制的财政票据在计算销售额时扣除。

**13. 房地产企业申报不动产销售增值税时，如何抵减已预缴的增值税税款？不同项目间预缴税款能否互相抵减？**

答：（1）在申报时，当月已预缴的增值税税款可以抵减当期应缴税款，不足抵减的，纳税人应补缴差额部分，抵减后仍有余额的，作为多缴税款，抵减下期应缴税款，预缴税款和纳税申报两线并行。

（2）房地产企业不同项目已经预缴的税款，可以在纳税申报时抵减当期应缴税款。

**14. 某房地产开发企业是一般纳税人，其开发的项目采用简易计税方法，但同时有代理服务、转售水电费等业务，那么其购入的办公用固定资产进项税额是否可用于代理服务、转售水电费等进项扣除？**

答：根据《营业税改征增值税试点实施办法》第二十七条的规定，用于简易计税方法计税项目、免征增值税项目、集体福利或者个人消费的购进货物、加工修理修配劳务、服务、无形资产和不动产。其中涉及的固定资产、无形资产、不动产，仅指专用于上述项目的固定资产、无形资产（不包括其他权益性无形资产）、不动产。

因此，企业购入固定资产兼用于简易计税方法和一般计税方法的，固定资产的进项税额可以全额抵扣。

固定资产的范围为使用期限超过12个月的机器、机械、运输工具以及其他与生产经营有关的设备、工具、器具等有形动产。

**15.房地产公司A向广告公司B免费提供场地，供B公司开展活动，双方约定B公司收取的活动收入扣减物料、人工等成本后的余额按一定比例分给A公司。A公司收到该收益分成款后要缴纳增值税吗？如果要缴纳增值税应按什么项目缴纳？**

答：对该经营行为，房地产企业应按不动产经营租赁缴纳增值税。

**16.房地产企业的物业公司将地面露天车位长期租给业主，租赁期限为20年，一次性收取租金。该事项应按销售不动产还是不动产租赁缴纳增值税？**

答：根据《合同法》，租赁期限不得超过20年。因此，企业将车位租给车主20年的合同，可认定为不动产租赁业务，按不动产租赁服务缴纳增值税。

**17.房地产开发企业推出拎包入住房（即配齐家电及家具等），或为促进销售而采用买房送装修、物业费、家电、汽车等销售方式，针对此类情况，售房合同中约定的房价无法进行拆分，那么：**

**（1）发票如何开具？是否在同一张发票上体现销售不动产及销售货物（或服务）？发票与合同产生不一致将如何处理？**

**（2）上述行为中包含的货物或服务该如何计征增值税？**

**（3）购进的货物或服务（物业服务）如取得增值税专用发票，在采用一般计税办法时是否可以对上述取得的进项税额进行抵扣？**

答：（1）销售不动产附带赠送电器、汽车，所赠送的电器、汽车属于货物，不构成不动产实体的组成部分且适用税率高于销售不动产所适用税率或征收率，应按照兼营行为处理。购进的电器、汽车可以抵扣进项税额，但需要按不低于买入价单独计提销项税额，并可相应调减销售不动产的销售额，如调整后的销售价格明显偏低，税务机关有权进行调整。开票时，可以分别作价销售开具增值税发票，也可以按销售不动产以取得全部价款和价外费用开具增值税发票，但应分别核算。

（2）销售不动产附带赠送车位、装修、物业费，所赠送的车位、装修构成不动产实体的组成部分，物业费适用税率不高于销售不动产所适用税率，按照混合销售处理。购进的货物、劳务、服务或无形资产可以抵扣进项税额，不需要单独计提销项税额。开票时，可以按销售不动产以取得全部价款和价外费用开具增值税发票，不需要分别核算。

（3）建议纳税人选择经营方式时，充分考虑到税制因素，在签订合同时事先明确不同应税项目的处理，以规避税收风险。

**18.房地产开发企业的增值税留抵税额是否可以抵减预缴税款？**

答：增值税留抵税额不可以抵减应当预缴的税款。

**19.实行分期开发的房地产项目，首期销售完成后，如产生多缴税款，该多缴税款可否申请退税或抵减二期预售时产生的应预缴税款？**

答：销售不动产预缴税款在项目全部销售完毕后，出现预缴税款多于应纳税款的，可申请退税或结转到下期继续抵减应纳税额，但不得抵减预缴税款。

**20.《营业税改征增值税试点有关事项的规定》（财税〔2016〕36号文件附件2）第二条第（十）款第2项规定："房地产开发企业中的一般纳税人销售房地产老项目，以及一般纳税人出租其2016年4月30日前取得的不动产，适用一般计税方法计税的，应以取得的全部价款和价外费用，按照3%的预征率在不动产所在地预缴税款后，向机构所在地主管税务机关进行纳税申报。"**

**对适用一般计税方法的新项目，以及适用简易计税方法的老项目的跨县（市、区）开发房产，是否也按照3%的预征率在不动产所在地预缴税款后，向机构所在地主管税务机关进行纳税申报？**

答：销售项目所在地与机构所在地不一致（即跨县市）的不动产，应向项目所在地主管税务机关申报预缴税款，不向机构所在地主管税务机关申报预缴税额，不分新老项目，不分计税方法，其预缴税额计税依据和预征率均与项目所在地、机构所在地的情形一致，完全一样。

**21.一般纳税人销售自行开发的房地产项目，兼有一般计税方法、简易计税方法、**

**免征增值税的房地产项目，无法划分不得抵扣进项税额的，《营业税改征增值税试点实施办法》第二十九条规定按销售额计算划分，《房地产开发企业销售自行开发的房地产项目增值税征收管理暂行办法》第十三条规定按建设规模划分，企业如何适用这两个标准的建设规模？是否包含已完工的部分？是否需要考虑尚未开工的规模？施工许可证上的规模如何折算计算？**

答：一般纳税人销售自行开发的房地产项目，兼有一般计税方法、简易计税方法、免征增值税的房地产项目而无法划分不得抵扣的进项税额的，应以《建筑工程施工许可证》注明的“建设规模”（即面积）为依据进行划分。“建设规模”以已取得的《建筑工程施工许可证》为准，并根据取得情况按期调整，与已完工或未开工没有关系。

**22. 某房地产项目甲方和乙方签订了合同，施工许可证上注明的开工日期在2016年4月30日前，5月1日后乙方又与丙方签订了分包合同，丙方是否可以按照老建筑项目选择简易计税方法？**

**工程合同注明的开工日期在2016年4月30日前的建筑服务工程项目，经住建部门批准在原建筑工程项目基础上进行新增建设，2016年5月1日以后新签合同，是否可选择适用简易计税方法？**

**老项目（选择简易计税方法）范围内，2016年5月1日后新签零星工程合同或园建绿化合同，甲乙双方是否均可适用简易计税方法？**

答：（1）工程服务新老项目的划分标准按《建筑工程施工许可证》注明的开工日期、总包合同的签订时间、实际开工的顺序确认。凡是在工程服务老项目基础上提供的工程服务分包、安装服务、修缮服务、装饰服务或其他建筑服务，均按老项目认定。

（2）经主管部门批准，在老项目基础上新增建设内容但未形成新的建筑项目的，视为老项目的一部分。

**23. 某房地产公司在2016年4月30日前准备将正在开工建设中的或已建好的商品房先用于对外出租，待项目开发成熟后对外销售，那么在5月1日以后出租，如何**

**确认计税方式？以何标准确认不动产取得时间？是否也可采用房地产自行开发对外销售新老项目确认的标准？**

答：根据《财政部 国家税务总局关于进一步明确全面推开营改增试点有关再保险、不动产租赁和非学历教育等政策的通知》(财税〔2016〕68号)规定，房地产开发企业中的一般纳税人，出租自行开发的房地产老项目，可以选择适用简易计税方法，按照5%的征收率计算应纳税额，判断标准与房地产企业自行开发对外销售新老项目确认的标准一致。

**24. A公司中标取得甲地块，以A公司名义缴纳土地出让金，并收到抬头为A公司的土地出让金票据，现A公司成立B项目公司运营甲地块，国土部门允许变更土地受让人为B公司，B公司增值税采用一般计税方法。B公司是否可凭抬头为A公司的土地出让金票据差额计算增值税？如A公司将B公司股权转让给C公司，那么B公司可否凭抬头为A公司的土地出让金票据差额计算增值税？**

答：(1)财税〔2016〕140号文件第八条规定，房地产开发企业(包括多个房地产开发企业组成的联合体)受让土地向政府部门支付土地价款后，设立项目公司对该受让土地进行开发，同时符合下列条件的，可由项目公司按规定扣除房地产开发企业向政府部门支付的土地价款：①房地产开发企业、项目公司、政府部门三方签订变更协议或补充合同，将土地受让人变更为项目公司；②政府部门出让土地的用途、规划等条件不变的情况下，签署变更协议或补充合同时，土地价款总额不变；③项目公司的全部股权由受让土地的房地产开发企业持有。

(2)《财政部 国家税务总局关于进一步明确全面推开营改增试点有关劳务派遣服务、收费公路通行费抵扣等政策的通知》(财税〔2016〕47号)第三条规定，纳税人转让2016年4月30日前取得的土地使用权，可以选择适用简易计税方法，以取得的全部价款和价外费用减去取得该土地使用权的原价后的余额为销售额，按照5%的征收率计算缴纳增值税。因此，除了资产重组以外，涉及不同纳税人之间的土地使用权转让应按销售无形资产征收增值税，购买方取得的增值税专用发票可以作为进项税额抵扣凭证。

**25.房地产公司买房送物业费是否需要按视同销售处理？**

答：《营业税改征增值税试点实施办法》第十一条规定："有偿，是指取得货币、货物或者其他经济利益。"

第十四条规定："下列情形视同销售服务、无形资产或者不动产：

（一）单位或者个体工商户向其他单位或者个人无偿提供服务，但用于公益事业或者以社会公众为对象的除外。

……"

第二十七条规定："下列项目的进项税额不得从销项税额中抵扣：

（一）用于简易计税方法计税项目、免征增值税项目、集体福利或者个人消费的购进货物、加工修理修配劳务、服务、无形资产和不动产。其中涉及的固定资产、无形资产、不动产，仅指专用于上述项目的固定资产、无形资产（不包括其他权益性无形资产）、不动产。

纳税人的交际应酬消费属于个人消费。

……"

第三十九条规定："纳税人兼营销售货物、劳务、服务、无形资产或者不动产，适用不同税率或者征收率的，应当分别核算适用不同税率或者征收率的销售额；未分别核算的，从高适用税率。"

房地产公司销售房屋的同时赠送物业费，不属于无偿提供物业服务，不需要视同销售服务单独计提销项税额。

**26.房地产开发企业自行建造一段铁轨并购进四节火车车厢用于出租，承租人经改造用于开餐场所，请问这项业务是按有形动产租赁还是按不动产租赁征税？**

答：按照有形动产租赁服务征税。

**27.房地产公司进行宣传时采用抽奖的方式给到场看房的人赠送外购皮包，该行为如何缴纳增值税？**

答：（1）对于最终签约的客户，赠送的皮包属于有偿赠送，应在收取的价款内按照不低于成本价计提销项税额，相应进项税额可以抵扣，属于低值易耗品的除外。

（2）如果看房的人最终未签约，但领走皮包，房地产公司未取得任何经济利益，属于将购进的货物无偿赠送他人，应按销售货物缴纳增值税，相应进项税额可以抵扣。

**28.房地产企业分期开发房地产项目，计算增值税可扣除的土地价款时是按建筑面积还是占地面积？**

答：《房地产开发企业销售自行开发的房地产项目增值税征收管理暂行办法》第五条规定："当期允许扣除的土地价款按照以下公式计算：

$$\text{当期允许扣除的土地价款}=\left(\text{当期销售房地产项目建筑面积}\div\text{房地产项目可供销售建筑面积}\right)\times\text{支付的土地价款}$$

当期销售房地产项目建筑面积，是指当期进行纳税申报的增值税销售额对应的建筑面积。

房地产项目可供销售建筑面积，是指房地产项目可以出售的总建筑面积，不包括销售房地产项目时未单独作价结算的配套公共设施的建筑面积。

支付的土地价款，是指向政府、土地管理部门或受政府委托收取土地价款的单位直接支付的土地价款。"

因此，房地产企业分期开发房地产项目，计算增值税可扣除的土地价款时是按建筑面积计算的。

**29.房地产行业一般纳税人自建房地产项目，自留部分房产对外出租，可否适用简易计税方法征收增值税？**

答：房地产企业中一般纳税人出租自行开发的房地产老项目，可以选择适用简易计税方法。

**30.房地产开发企业将一个尚未开发完成的房地产项目整体转让给另一房地产开发企业继续进行开发销售，该房地产项目尚未封顶完工。对于前一个房地产开发企业销售未完工的房地产项目，是属于转让不动产业务还是房地产开发企业销售其自行开发的房地产项目？**

答：属于房地产开发企业销售其自行开发的房地产项目。房地产开发企业销售其自行开发的房地产项目也属于纳税人转让不动产业务的一种类型。

**31.房地产开发企业当期允许扣除的土地价款=（当期销售房地产项目建筑面积/房地产项目可供销售建筑面积）×支付的土地价款，房地产项目可供销售建筑面积能否将用于出租、自用的物业面积剔除？**

答：房地产项目可供销售建筑面积不可以将用于出租、自用的物业面积剔除。

**32.房地产开发企业项目后期发生的补缴土地出让金，是在剩余未售物业面积中平均抵减？还是可以对以前的进行一次性调整？即是否可用“累计应抵-累计已抵”作为本期数？**

答：不做调整。后期补缴的土地出让金可以在尚未销售的房地产项目建筑面积中计算扣除。

**33.房地产开发企业如果存在土地返还款，企业实际需要支付的土地价款可能要小于土地出让合同列明的土地价款，该种情况下可以扣除的土地价款的范围是否只包含企业直接支付的土地价款？**

答：根据《房地产开发企业销售自行开发的房地产项目增值税征收管理暂行办法》第七条规定，允许扣除的土地价款不得超过纳税人实际支付的土地价款。

**34.房地产企业多项目滚动开发，新拿地支付的土地出让金能否在其他正在销售的项目的销售额中抵减？**

答：不能。《房地产开发企业销售自行开发的房地产项目增值税征收管理暂行办法》第四条规定，房地产开发企业中的一般纳税人销售自行开发的房地产项目，适用一般计税方法计税，按照取得的全部价款和价外费用，扣除当期销售房地产项目对应的土地价款后的余额计算销售额。

**35.房地产企业销售时收取的诚意金、定金是否需要纳税？**

答：销售行为成立时，诚意金、定金的实质是房屋价款的一部分，需要计算缴纳增值税。销售行为不成立时，如果诚意金、定金退还，不属于纳税人的收入，不需要计算缴纳增值税；如果诚意金、定金不退还，属于纳税人的营业外收入，不需要计算缴纳增值税。

**36.买房违约赔偿收入是否属于价外费用需要纳税？**

答：销售行为成立时，买房违约赔偿收入属于价外费用，需要计算缴纳增值税；销售行为不成立时，买房违约赔偿收入属于营业外收入，不需要计算缴纳增值税。

**37.房地产公司多个老项目同时销售，有预收款收入，是汇总申报还是按项目申报？**

答：根据《房地产开发企业销售自行开发的房地产项目增值税征收管理暂行办法》第十二条规定，一般纳税人应在取得预收款的次月纳税申报期向主管税务机关预缴税款。所以，房地产公司应在次月申报期内分项目预缴税款并汇总纳税申报。

**38.分期项目在2016年4月30日前后分别取得《建筑工程施工许可证》，是作为一个项目还是不同项目？**

答：按《建筑工程施工许可证》进行项目划分。

**39.房地产开发企业采取“旧城改造”方式开发房地产项目如何计算缴纳增值税？能否扣除拆迁户的补偿款？**

答：采取“旧城改造”方式开发房地产项目的，以取得的全部价款和价外费用为销售额，不得扣除直接支付给拆迁户的补偿款。销售价格明显偏低或者偏高且不具有合理商业目的的，主管税务机关有权确定销售额。

**40.房地产企业将建设的医院、幼儿园、学校、供水设施、变电站、市政道路等配套设施无偿赠送（移交）给政府的，是否视同销售？**

答：房地产企业将建设的医院、幼儿园、学校、供水设施、变电站、市政道路等配套设施无偿赠送（移交）给政府的，如果上述设施属于未单独作价结算的配套公共设施，无偿赠送用于公益事业，不视同销售；否则，应视同销售征收增值税。

**41.房地产企业销售自行开发的不动产，赠送的面积是否征税？**

答：赠送的面积部分应一并计入不动产总价缴纳增值税，不再单独计算缴纳增值税。

**42.房地产开发企业预缴税款时，增值税预缴税款表需要每个项目填一张吗？**

答：需要。

**43.房地产企业转让不动产，转让收入是按照合同价还是评估公司评估价确定销售额？**

答：纳税人发生应税行为以取得的全部价款和价外费用为销售额，销售价格明显偏低且不具有合理商业目的的，主管税务机关有权按规定核定销售额。

**44.房地产行业老项目简易征收备案的最迟期限是什么？**

答：应在应税行为发生前进行备案。

**45.房地产企业销售自行开发的不动产适用一般计税方法，差额扣除部分是否包含契税和行政事业性收费等费用？**

答：差额扣除部分仅限于实际支付的土地出让金。

**46.房地产开发企业销售自行开发的房地产老项目，涉及住宅、店面和车位，需要分开备案吗？**

答：可按照《建筑工程施工许可证》，一本证一个项目进行备案。

**47.我公司是房地产企业，选择一般计税方法，此前支付的土地价款由母公司代付，有补充协议，但财政票据上的付款方为我公司，该财政票据可以在计算增值税的销售额时扣除吗？**

答：纳税人实际支付的且取得规定的财政票据的土地出让金，可以从计算增值税的销售额中扣除。

**48.房地产企业出租自己试点前自行开发的楼盘，没有产权证，如何办理简易征收的备案？**

答：不动产权属证明材料可以是《不动产权证书》、购房合同、捐赠声明、接受投资入股协议书、法院抵债判决书、裁定书、调解书，以及仲裁裁决书、公证债权文书和其他可以证明在2016年4月30日前取得该不动产的有关材料。对于房地产企业而言，可以提供《建筑工程施工许可证》进行备案。

**49.除通过“招拍挂”支付土地出让金以外，还有进行回迁房、配套设施建设等多种补偿形式，这部分是否可抵？用何票据抵扣？**

答：根据政策规定，房地产开发企业中的一般纳税人销售其开发的房地产项目

（选择简易计税方法的房地产老项目除外），以取得的全部价款和价外费用，扣除受让土地时向政府部门支付的土地价款后的余额为销售额。扣除向政府支付的土地价款，以省级以上（含省级）财政部门监（印）制的财政票据为合法有效凭证。其他支出项目的进项税额抵扣，应按规定取得合法有效的增值税扣税凭证。

**50. 营改增后如何解决房地产开发企业销项税与进项税不匹配问题？**

答：根据规定，房地产企业采取预收款方式销售自行开发的房地产项目，应在收到预收款时按照3%的预征率预缴增值税，当期纳税申报时未抵减完的预缴税款可以结转下期继续抵减，在一定程度上解决了进销项不匹配的问题，纳税人应加强内部核算管理，动态监测每期应纳税额。

**51. 房地产企业一个项目分期开发，多次领取施工许可证的，如何界定简易计税方法或一般计税方法？**

答：房地产项目以取得的《建筑工程施工许可证》作为界定标准，一个许可证为一个项目。

**52. 房地产企业新项目、新公司尚处在前期开发阶段，无销售额，是否直接登记为一般纳税人？**

答：年应税销售额未超过规定标准的纳税人，会计核算健全，能够提供准确税务资料的，可以向主管税务机关办理一般纳税人资格登记，成为一般纳税人。

**53. 房地产开发企业出租自行开发的房地产项目，是否可以适用简易计税方法？**

答：一般纳税人出租2016年4月30日前取得的不动产可以选择适用简易计税方法，取得的不动产包括直接购买、接受捐赠、接受投资入股、自建以及抵债等形式。

**54. 营改增后，房地产企业代垫的施工水电费可否作为代收代付处理？**

答：有两种处理方法：房地产企业可以直接转售水、电给施工企业，开具增值税发票；也可以由水、电部门直接向施工企业开具发票，并由房地产企业代收转付相关款项。

**55. 房地产开发企业开发的开工日期在2016年4月30日之前的同一《建筑工程施工许可证》下的不同房产，如果开发项目中既有普通住房，又有别墅，可以分别**

**选择简易计税方法和一般计税方法吗?**

答：不可以。同一房地产项目只能选择适用一种计税方法。

**56.房地产开发企业自行开发项目，如何判断是否属于老项目？以开工、完工还是产权登记时间为准?**

答：根据《房地产开发企业销售自行开发的房地产项目增值税征收管理暂行办法》的规定，房地产老项目，是指：(1)《建筑工程施工许可证》注明的合同开工日期在2016年4月30日前的房地产项目；(2)《建筑工程施工许可证》未注明合同开工日期或者未取得《建筑工程施工许可证》但建筑工程承包合同注明的开工日期在2016年4月30日前的建筑工程项目。

**57.营改增后，一般纳税人销售自行开发的房地产项目，预缴和申报分别如何操作?**

答：根据《房地产开发企业销售自行开发的房地产项目增值税征收管理暂行办法》的规定，一般纳税人采取预收款方式销售自行开发的房地产项目，应在取得预收款的次月纳税申报期，按照3%的预征率向主管税务机关预缴税款。

一般纳税人销售自行开发的房地产项目适用一般计税方法计税的，应按照规定的增值税纳税义务发生时间，以当期销售额和9%的适用税率计算当期应纳税额，抵减已预缴税款后，向主管税务机关申报纳税。未抵减完的预缴税款可以结转下期继续抵减。

一般纳税人销售自行开发的房地产项目适用简易计税方法计税的，应按照规定的增值税纳税义务发生时间，以当期销售额和5%的征收率计算当期应纳税额，抵减已预缴税款后，向主管税务机关申报纳税。未抵减完的预缴税款可以结转下期继续抵减。

**58.建筑企业的《建筑工程施工许可证》上的开工日期在2016年5月1日后，但是工程承包合同上的开工日期在5月1日前，能否确认该建筑项目为老项目选择简易计税方法?**

答：该项目《建筑工程施工许可证》上的开工日期在2016年5月1日以后，不属于老项目。

**59. 营改增后，房地产企业和建筑公司签订甲供材合同，房地产企业购买的建材可以抵扣进项税额吗？**

答：采用一般计税方法的房地产项目可以抵扣。

**60. 根据《房地产开发企业销售自行开发的房地产项目增值税征收管理暂行办法》的规定，当期允许扣除的土地价款 =（当期销售房地产项目建筑面积 ÷ 房地产项目可供销售建筑面积）× 支付的土地价款。房地产开发涉及的证件很多，请问公式中房地产“项目”的界定标准是什么？**

答：以工程项目《建筑工程施工许可证》上的界定为准。

**61. 房地产开发企业采取预收款方式销售所开发的房地产项目，在收到预收款时按照3%的预征率预缴增值税，如果是一般纳税人，预缴税款如何计算？**

答：应预缴税款 = 预收款 ÷（1+适用税率或征收率）× 3%。适用一般计税方法计税的，按照9%的适用税率计算；适用简易计税方法计税的，按照5%的征收率计算。

**62. 房地产公司配套建成的地下停车位是否属于公共配套设施？其成本是否需要单独核算？**

答：《房地产开发经营业务企业所得税处理办法》（国税发〔2009〕31号文件印发）第十七条规定：“企业在开发区内建造的会所、物业管理场所、电站、热力站、水厂、文体场馆、幼儿园等配套设施，按以下规定进行处理：

（一）属于非营利性且产权属于全体业主的，或无偿赠与地方政府、公用事业单位的，可将其视为公共配套设施，其建造费用按公共配套设施费的有关规定进行处理。

（二）属于营利性的，或产权归企业所有的，或未明确产权归属的，或无偿赠与地方政府、公用事业单位以外其他单位的，应当单独核算其成本。除企业自用应按建造固定资产进行处理外，其他一律按建造开发产品进行处理。

……”

因此，应按上述规定区分非营利性、营利性等情况分别处理。

## 二、发票类

**1.房地产开发企业收到预收款时如何开具发票？**

答：按照《国家税务总局关于营改增试点若干征管问题的公告》(国家税务总局公告2016年第53号）规定，房地产开发企业收到预收款时，应选择602“销售自行开发的房地产项目预收款”，使用“未发生销售行为的不征税项目”编码，发票税率栏应填写“不征税”，房地产开发企业收到预收款时，不得开具增值税专用发票。

**2.房地产开发企业收到购房人的定金、订金、诚意金、意向金时，是否视同收到预收款按照3%的预征率预缴增值税？**

答：根据财税〔2016〕36号文件等相关规定，房地产开发企业采取预收款方式销售所开发的房地产项目，在收到预收款时按照3%的预征率预缴增值税。因此，房地产企业收取的订金、诚意金、意向金、定金等，在取得销售许可证或预售许可证，并与购房者签订购房合同时，所收上述款项作为预收款预缴增值税。

**3.销售地下车位如何开具发票？**

答：销售地下车位视同销售不动产，应参照销售不动产相关规定开具发票。

**4.房地产开发企业采取预售方式，在营改增前按照预售面积已开具营业税发票，营改增后对面积差需要补开或开红票冲减的，应如何计税和开具发票？**

答：根据财税〔2016〕36号文件规定，试点纳税人发生应税行为，在纳入营改增试点之日前已缴纳营业税，营改增试点后因发生退款减除营业额的，应当向原主管地税机关申请退还已缴纳的营业税。试点纳税人纳入营改增试点之日前发生的应税行为，因税收检查等原因需要补缴税款的，应按照营业税政策规定补缴营业税。

综上，房地产开发企业在交房时对面积差需要补开或开红票冲减的，如果营改增之前已开具营业税发票，应按规定申请退还或补缴营业税，可以开具蓝字增值税发票补差或红字增值税发票冲减，但是不得据此调整当期增值税销售额。

**5.房地产开发企业收到预收款时是否可以开具发票？如何开票？开票是否标志着纳税义务已发生？应如何申报纳税？是否有清算事项？清算时点如何确定？**

答：（1）房地产开发企业收到预收款时，可根据国家税务总局公告2016年第53号开具编码为“602”的不征税发票。

（2）房地产开发企业销售自行开发的房地产，纳税义务发生时间按以下方式确认：对于房地产开发企业销售自行开发的房地产项目的纳税义务时间确认问题，凡是购房合同没有明确采用直接收款方式的，一律按预收款方式认定，实际收到预收款时开具编码为“602”、税率为“不征税”的普通发票，按规定预缴税款，以纳税人办理产权登记的时间为纳税义务发生时间；先开具适用税率增值税发票的，以发票开具时间为纳税义务发生时间。如合同已经明确采用直接收款方式，无论是否在约定时间收到款项，均按合同约定的收付款时间确认为纳税义务发生时间，不预缴税款。

（3）房地产企业申报纳税时，应将当期确认纳税义务的销售行为按适用的税率（征收率）申报应纳税款，将当期收到的预收款按预征率申报预缴税款。

（4）根据《财政部 国家税务总局关于增值税若干政策的通知》（财税〔2005〕165号）第六条规定，一般纳税人注销或被取消辅导期一般纳税人资格，其存货不做进项税额转出处理，其留抵税额也不予以退税。因此，在一般纳税人注销前，不存在清算问题。

**6.由于自来水厂只能开具3%征收率的专用发票，那么房地产开发企业转售自来水是否可以按照简单计税方法，开具3%征收率的增值税专用发票？**

答：根据《国家税务总局关于物业管理服务中收取的自来水水费增值税问题的公告》（国家税务总局公告2016年第54号），房地产企业在提供物业管理服务（即商品和服务名称为“物业管理服务”）的过程中，同时代收住户的自来水费，以扣除其对外支付的自来水水费后的余额为销售额，按照简易计税方法依3%的征收率计算缴纳增值税。

**7.房地产开发企业建筑承包合同上的项目名称与建设规划许可证上注明的项目名称不一致，项目建设方是否可以按照建筑承包合同上的项目名称开具发票？**

答：《国家税务总局福建省税务局关于加强房地产业税源管理的公告》（国家税务总局福建省税务局公告2018年第4号）第二条“项目建设管理”规定：“房地产开发企业应要求项目建设方开具增值税发票时按照以下要求规范开具：在‘商品和服务名称’栏注明建筑服务名称（有施工许可证的工程，填写许可证上所载的工程名称，无施工许可证的工程，以《建设工程规划许可证》所载的建设项目名称为前缀加上对应的服务内容，如‘×××绿化工程’），在‘备注’栏注明建筑服务发生地所在县（市、区）、项目名称（与《建设工程规划许可证》上记载的项目名称一致）。”

因此，房地产开发企业建筑承包合同上的项目名称与建设规划许可证上注明的项目名称不一致的，应要求项目建设方按照先《建设工程施工许可证》后《建设工程规划许可证》上记载的项目名称来开具发票。

**8.房地产开发企业销售房产，房产属于2个以上共有人所有，开具发票时购货方名称一栏可以打印两个共有人名称，但纳税人识别号只能录入一位购买方身份证号，发票如何开具？**

答：共有人购买房产时，发票购买方名称一栏可以填写两个共有人名称，纳税人识别号一栏先填写其中一个共有人有效证件号码，在备注栏内填写另一个共有人有效证件号码和房产地址等信息。

**9.房地产开发商折价销售商品房开具发票时，可以使用差额征税的发票功能吗？**

答：房地产开发商销售自行开发的不动产，折价销售的，需在发票上金额栏注明折扣金额，否则按全款计算征收增值税。不可以使用差额征税功能开具发票。

**10.我公司为房地产开发公司，销售自行开发的房地产项目收到预收款时是否需要开具发票？税率如何选择？**

答：房地产开发企业销售自行开发的房地产项目，凡购销双方未约定直接收款方式的，收取预收款时应按规定开具增值税普通发票，其中项目名称为“销售自行开发的房地产项目预收款”，税收分类编码为“602”。

**11. 市财政局开具的土地出让金的财政票据，可以作为房地产开发企业销售自建房产的扣除凭证吗？**

答：《房地产开发企业销售自行开发的房地产项目增值税征收管理暂行办法》第六条规定：“在计算销售额时从全部价款和价外费用中扣除土地价款，应当取得省级以上（含省级）财政部门监（印）制的财政票据。”

因此，房地产开发企业应当取得省级以上（含省级）财政部门监（印）制的财政票据作为扣除凭证。

**12. 房地产企业以预售方式销售房产，收取预收款10万元，开具不征税发票，交房办理房屋产权证后，销售方开具了100万元的发票，这样购买方手上就有110万元的发票，请问，之前的10万元发票是否要收回？**

答：不征税发票无须收回。

**13. 适用一般计税方法的房地产开发项目如何开具发票？土地转让金部分是否需要差额开具发票？**

答：适用一般计税方法的房地产项目开具增值税发票时，应按取得的全部价款和价外费用全额开具增值税发票，不需要体现差额扣除的土地出让金。

**14. 房地产企业销售自行开发的房地产项目，在发票开具上是否有具体要求？**

答：（1）《国家税务总局关于全面推开营业税改征增值税试点有关税收征收管理事项的公告》（国家税务总局公告2016年第23号）第四条第（四）项规定：“销售不动产，纳税人自行开具或者税务机关代开增值税发票时，应在发票‘货物或应税劳务、服务名称’栏填写不动产名称及房屋产权证书号码（无房屋产权证书的可不填写），‘单位’栏填写面积单位，备注栏注明不动产的详细地址。”

（2）国家税务总局福建省税务局公告2018年第4号第三条规定：“房地产开发企业销售自行开发的房地产时，应通过增值税发票管理新系统开具增值税发票，并按照以下要求规范开具：在‘商品和服务名称’栏注明《建设工程规划许可证》上所载的建设项目名称，在‘规格型号’栏注明‘住房’或‘非住房’，在‘单位’栏注明标准面积，在‘备注’栏注明销售房号、含税合同价款、合同备案编号等信息。”

因此，根据上述文件规定，房地产开发企业销售自行开发的房地产时，应在“商品和服务名称”栏注明《建设工程规划许可证》上所载的建设项目名称，在“规格型号”栏注明“住房”或“非住房”，在“单位”栏注明标准面积，在“备注”栏注明销售房号、含税合同价款、合同备案编号等信息。

**15. 房地产企业采取预收款方式销售自行开发的房地产项目，尚未进行合同备案，开具预收款发票时是否应在备注栏里体现合同备案编号？**

答：国家税务总局福建省税务局公告2018年第4号规定：“房地产开发企业销售自行开发的房地产时，应通过增值税发票管理新系统开具增值税发票，并按照以下要求规范开具：在‘商品和服务名称’栏注明《建设工程规划许可证》上所载的建设项目名称，在‘规格型号’栏注明‘住房’或‘非住房’，在‘单位’栏注明标准面积，在‘备注’栏注明销售房号、含税合同价款、合同备案编号等信息。”

因此，开具预收款不征税发票尚未进行合同备案，没有合同备案编号的，发票开具时备案栏中可以不用填写合同备案号信息。

**16. 纳税人为房地产开发企业提供工程设计服务，开具发票时是否需要在“商品和服务名称”栏填入工程施工许可证的工程名称，备注栏填写工程规划许可证的项目名称？**

答：国家税务总局福建省税务局公告2018年第4号第二条规定：“房地产开发企业应要求项目建设方开具增值税发票时按照以下要求规范开具：在‘商品和服务名称’栏注明建筑服务名称（有施工许可证的工程，填写许可证上所载的工程名称，无施工许可证的工程，以《建设工程规划许可证》所载的建设项目名称为前缀加上对应的服务内容，如‘×××绿化工程’），在‘备注’栏注明建筑服务发生地所在县（市、区）、项目名称（与《建设工程规划许可证》上记载的项目名称一致）。”

工程设计属于设计服务，不属于上述文件规定的建设方向房地产开发企业提供的建筑服务，因此不需要按照该文件的规定填写备注。

**17. 我公司是房地产开发企业，有一项工程服务涵盖了8本《建设工程规划许可证》的范围，施工企业给我公司开具工程服务发票，是否需要在“商品和服务名称”栏输入8本《建设工程规划许可证》上记载的项目全称？**

答：国家税务总局福建省税务局公告2018年第4号第二条规定：“房地产开发企业应要求项目建设方开具增值税发票时按照以下要求规范开具：在‘商品和服务名称’栏注明建筑服务名称（有施工许可证的工程，填写许可证上所载的工程名称，无施工许可证的工程，以《建设工程规划许可证》所载的建设项目名称为前缀加上对应的服务内容，如‘×××绿化工程’），在‘备注’栏注明建筑服务发生地所在县（市、区）、项目名称（与《建设工程规划许可证》上记载的项目名称一致）。”

因此，若一个项目涉及多本《建设工程规划许可证》范围，输入其中一本许可证上的内容即可。

**18. 房地产企业取得境外公司发票（如：规划、设计费、劳务费发票）是否能够抵扣？**

答：房地产企业向境外单位购买服务，境外单位在境内未设有经营机构的，购买方作为增值税扣缴义务人，根据适用税率计算并扣缴增值税，取得的完税凭证可以作为进项抵扣凭证。

## 三、企业所得税类

**1. 我公司2017年度提供6 000平方米的安置房给安置户，其中5 200平方米属于等面积补偿未收补差价，800平方米属于超面积补偿并收取一部分补差价。未收补差价的等面积安置部分是否需要缴纳企业所得税？**

答：（1）《企业所得税法实施条例》第二十五条规定：“企业发生非货币性资产交换，以及将货物、财产、劳务用于捐赠、偿债、赞助、集资、广告、样品、职工福利或者利润分配等用途的，应当视同销售货物、转让财产或者提供劳务，但国务院财政、税务主管部门另有规定的除外。”

（2）《国家税务总局关于企业处置资产所得税处理问题的通知》（国税函〔2008〕828号）第二条规定："企业将资产移送他人的下列情形，因资产所有权属已发生改变而不属于内部处置资产，应按规定视同销售确定收入。

……

（六）其他改变资产所有权属的用途。

……"

因此，房地产公司将房产进行置换，因资产所有权属已发生改变而不属于内部处置资产，应按照安置合同价格确定销售收入，缴纳企业所得税。

**2.房地产企业未签订合同收到的预付款可以计入当年的销售收入计算广告宣传费用扣除的15%部分吗？**

答：根据《房地产开发经营业务企业所得税处理办法》第六条规定，企业通过正式签订《房地产销售合同》或《房地产预售合同》所取得的收入，应确认为销售收入的实现。

**3.房地产开发企业的土地闲置费在计算企业所得税时是否可以税前扣除？**

答：《房地产开发经营业务企业所得税处理办法》第二十七条规定："开发产品计税成本支出的内容如下：

（一）土地征用费及拆迁补偿费。指为取得土地开发使用权（或开发权）而发生的各项费用，主要包括土地买价或出让金、大市政配套费、契税、耕地占用税、土地使用费、土地闲置费、土地变更用途和超面积补交的地价及相关税费、拆迁补偿支出、安置及动迁支出、回迁房建造支出、农作物补偿费、危房补偿费等。

……"

因此，房地产开发企业的土地闲置费在计算企业所得税时可以税前据实扣除。

**4.我公司是房地产企业，是按利润率的15%预交所得税，在汇算清缴时申报表上的收入、成本等该怎么填写？**

答：还在预售阶段的，填写《视同销售和房地产开发企业特定业务纳税调整明细表》（A105010），预收款项主要在22到25行填写，"销售未完工产品的收入"填写本年预收账款的贷方累计发生额；“销售未完工产品预计毛利额”就是用“未完工产品的收入”乘以预计毛利率；未完工年度调增的数额与完工年度调减的数额是相对应的，即未完工年度调增的所得额等于完工年度调减的所得额。如果当期将城市维护建设税及教育费附加与土地增值税计入了税金及附加，那么25行就不可以再填写了，否则会造成重复扣除；如果已经竣工，表A105010填报26至29栏，之后在主表及其他附表中据实填报即可。

**5.房地产开发企业在销售不动产过程中代房管部门收取了维修基金，未纳入开发产品价格内，但由房地产开发企业一并开具了发票，这部分金额应如何缴纳企业所得税？**

答:《房地产开发经营业务企业所得税处理办法》第五条规定：“开发产品销售收入的范围为销售开发产品过程中取得的全部价款，包括现金、现金等价物及其他经济利益。企业代有关部门、单位和企业收取的各种基金、费用和附加等，凡纳入开发产品价内或由企业开具发票的，应按规定全部确认为销售收入；未纳入开发产品价内并由企业之外的其他收取部门、单位开具发票的，可作为代收代缴款项进行管理。”

因此，房地产开发企业在销售开发产品过程中代房管部门收取的维修基金，凡由企业开具发票的，应按规定全部确认为销售收入。

**6.房地产开发企业采取基价（保底价）并实行超基价双方分成方式销售开发产品，由企业与购买方签订销售合同，且合同价高于基价。上述业务中企业按规定支付给受托方的分成额，是否可以从销售收入中扣除？**

答:《房地产开发经营业务企业所得税处理办法》第六条规定：“企业通过正式签订《房地产销售合同》或《房地产预售合同》所取得的收入，应确认为销售收入的实现，具体按以下规定确认：

……

（四）采取委托方式销售开发产品的，应按以下原则确认收入的实现：

……

3.采取基价（保底价）并实行超基价双方分成方式委托销售开发产品的，属于由企业与购买方签订销售合同或协议，或企业、受托方、购买方三方共同签订销售合同或协议的，如果销售合同或协议中约定的价格高于基价，则应按销售合同或协议中约定的价格计算的价款于收到受托方已销开发产品清单之日确认收入的实现，企业按规定支付受托方的分成额，不得直接从销售收入中减除；……”

因此，上述业务中企业按规定支付给受托方的分成额，不可以从销售收入中扣除。

**7.《民法典》对新型收入所得计税有何影响?**

答:《民法典》第一千零二十三条第二款规定，“对自然人声音的保护，参照适用肖像权保护的有关规定”，这就意味着个人的声音可以和肖像权一样，成为个人的私有财产，如果不经允许，任何人不得私自使用。这样一来，个人就可以凭借声音获得收入，而有收入就会涉及税收问题。其实，实践中已有很多许可声音使用的民事活动，比如高德地图导航中林志玲的声音、郭德纲的声音等。可以预见的是，随着《民法典》的施行，凭借声音获得收入将变得越来越普遍，紧随而来的就会有一系列涉税问题，比如“声音所得”具体该怎样缴税？是按照“财产租赁”缴税，还是按照“特许权使用费”缴税？这两个项目的税率、扣除费用等并不完全一致，自然会给纳税人带来不同影响。目前，我国《个人所得税法》及相关配套政策并未专门对此做出规定，有关部门有必要跟进研究，及时出台相关政策，促进“声音市场”更加健康良好发展。在财税优学堂看来，既然《民法典》规定声音的保护参照适用肖像权保护的有关规定，那么在声音所得的涉税处理上，其实也可以参照肖像权，按照“特许权使用费”缴纳个人所得税。

**8.《民法典》对个税汇缴申报地选择有何影响?**

答：2020年是我国个税汇缴“元年”，对于自然人个人而言，汇缴中无论补税还是退税，都会涉及向哪个税务机关申报的问题。根据《国家税务总局关于办理2019年度个人所得税综合所得汇算清缴事项的公告》（国家税务总局公告2019年第44号）的相关规定，有任职受雇单位的自然人，其汇缴主管税务机关是没有争议的，而对于没有任职受雇单位的纳税人，该44号公告规定应向其户籍所在地或者经常居住地的主管税务机关申报。但是,《民法典》第二十五条规定，自然人以户籍登记或者其他有效身份登记记载的居所为住所；经常居所与住所不一致的，经常居所视为住所。根据该规定，未来那些没有任职受雇单位的纳税人，除了向其户籍所在地或者经常居住地的主管税务机关申报外，是否也可以选择向“其他有效身份登记记载的居所”所在地税务机关申报？这就需要税务部门进行研究和明确，为纳税人提供更多便利。

## 四、土地增值税类

**1.房地产开发企业转让房产使用权，是否需要进行土地增值税清算？**

答：根据《中华人民共和国土地增值税暂行条例》第二条和《土地增值税宣传提纲》(国税函发〔1995〕110号文件印发)第四条等有关规定，土地增值税对发生房地产的产权转让行为征收，没有发生房地产的产权转让，不属于土地增值税的征收范围。

**2.小规模纳税人销售自建的旧房，应如何确认土地增值税的扣除金额？**

答:《财政部 国家税务总局关于土地增值税一些具体问题规定的通知》(财税字〔1995〕48号)规定:

“十、关于转让旧房如何确定扣除项目金额的问题

转让旧房的，应按房屋及建筑物的评估价格、取得土地使用权所支付的地价款和按国家统一规定交纳的有关费用以及在转让环节缴纳的税金作为扣除项目金额计征土地增值税。对取得土地使用权时未支付地价款或不能提供已支付的地价款凭据的，不允许扣除取得土地使用权所支付的金额。

十一、关于已缴纳的契税可否在计税时扣除的问题

对于个人购入房地产再转让的，其在购入时已缴纳的契税，在旧房及建筑物的评估价中已包括了此项因素，在计征土地增值税时，不另作为‘与转让房地产有关的税金’予以扣除。

十二、关于评估费用可否在计算增值额时扣除的问题

纳税人转让旧房及建筑物时因计算纳税的需要而对房地产进行评估，其支付的评估费用允许在计算增值额时予以扣除。对条例第九条规定的纳税人隐瞒、虚报房地产成交价格等情形而按房地产评估价格计算征收土地增值税所发生的评估费用，不允许在计算土地增值税时予以扣除。”

因此，小规模纳税人销售自建的旧房，应按照上述文件规定确认土地增值税的扣除金额。

**3. 非房地产开发企业一般纳税人销售自建不动产，是否需要预缴土地增值税？**

答：《国家税务总局福建省税务局关于土地增值税若干政策问题的公告》（国家税务总局福建省税务局公告2018年第21号）第一条“关于土地增值税预缴申报期限问题”规定：“房地产开发企业在办理土地增值税清算纳税申报前，对取得的房地产销售（预售）收入，实行按月预缴申报，并自月份终了之日起15日内申报预缴税款。”

因此，非房地产开发企业一般纳税人销售自建不动产，不需要预缴土地增值税。

**4. 房地产开发企业销售的装修房，其装修费是否可以在计算土地增值税时扣除？**

答：《国家税务总局关于房地产开发企业土地增值税清算管理有关问题的通知》（国税发〔2006〕187号）规定：“四、土地增值税的扣除项目……（四）房地产开发企业销售已装修的房屋，其装修费用可以计入房地产开发成本。房地产开发企业的预提费用，除另有规定外，不得扣除。”

《财政部 国家税务部总局关于营改增后契税、房产税、土地增值税、个人所得税计税依据问题的通知》（财税〔2016〕43号）第三条第二款规定：“《中华人民共和国土地增值税暂行条例》等规定的土地增值税扣除项目涉及的增值税进项税额，允许在销项税额中计算抵扣的，不计入扣除项目，不允许在销项税额中计算抵扣的，可以计入扣除项目。”第六条规定：“在计征上述税种时，税务机关核定的计税价格或收入不含增值税。”

## 五、契税等其他税种类

**1.营改增后，房地产企业在项目所在地预缴3%的增值税，回机构所在地补缴2%的增值税，附征的城市维护建设税、教育费附加、地方教育附加在哪里申报？项目所在地与机构所在地城市维护建设税税率不同，是否需要在机构所在地补缴差额？**

答：《财政部 国家税务总局关于纳税人异地预缴增值税有关城市维护建设税和教育费附加政策问题的通知》（财税〔2016〕74号）规定，自2016年5月1日起，纳税人跨地区提供建筑服务、销售和出租不动产的，应在建筑服务发生地、不动产所在地预缴增值税时，以预缴增值税税额为依据，并按预缴增值税所在地的城市维护建设税适用税率和教育费附加计征比率就地计算缴纳城市维护建设税和教育费附加。

预缴增值税的纳税人在其机构所在地申报缴纳增值税时，以其实际缴纳的增值税税额为计税依据，并按机构所在地的城市维护建设税适用税率和教育费附加计征比率就地计算缴纳城市维护建设税和教育费附加。

因此，纳税人项目所在地与机构所在地城市维护建设税税率不一致的，以城市维护建设税实际纳税地的适用税率为准，无须回纳税人机构所在地办理补税或退税手续。附征的城市维护建设税、教育费附加、地方教育附加随缴纳增值税的地点确定纳税地点。

**2.房地产开发企业城镇土地使用税纳税义务发生时间和土地面积如何确定？**

答：《财政部 国家税务总局关于房产税、城镇土地使用税有关政策的通知》（财税〔2006〕186号）第二条规定，以出让或转让方式有偿取得土地使用权的，应由受让方从合同约定交付土地时间的次月起缴纳城镇土地使用税；合同未约定交付土地时间的，由受让方从合同签订的次月起缴纳城镇土地使用税。

《中华人民共和国城镇土地使用税暂行条例》第三条规定，土地使用税以纳税人实际占用的土地面积为计税依据，依照规定税额计算征收。土地占用面积的组织测量工作，由省、自治区、直辖市人民政府根据实际情况确定。

**3. 房地产企业已取得土地但尚未开发，是否缴纳城镇土地使用税？**

答:《国家税务总局关于进一步加强城镇土地使用税和土地增值税征收管理工作的通知》(国税发〔2004〕100 号）第二条规定，除经批准开发建设经济适用房的用地外，对各类房地产开发用地一律不得减免城镇土地使用税。

**4. 房地产开发企业将地下车库无偿给物业公司使用，用于存放保洁工具等，是否需要缴纳房产税？**

答：根据《财政部 国家税务总局关于具备房屋功能的地下建筑征收房产税的通知》(财税〔2005〕181 号）的规定，对于与地上房屋相连的地下建筑，如房屋的地下室、地下停车场、商场的地下部分等，应将地下部分与地上房屋视为一个整体按照地上房屋建筑的有关规定计算征收房产税。根据《财政部 国家税务总局关于房产税、城镇土地使用税有关问题的通知》(财税〔2009〕128 号）的规定，无租使用其他单位房产的应税单位和个人，依照房产余值代缴房产税。

因此，该地下车库的房产税应由物业公司按照房屋的余值缴纳。

**5. 我公司为房地产开发企业，已经按购买土地款缴纳了契税，但税务局认为拆迁的费用也要缴纳契税，即契税的基数是地价款加上拆迁费用，合计乘以 3% 来缴纳，这样的说法对吗？**

答：如果是房地产开发企业赔偿拆迁户房屋，应当缴纳契税。

(1) 土地、房屋必须是被县以上人民政府征用、占用，若未被县以上人民政府征用、占用，而以开发商为拆迁人，负责实施拆迁赔偿，其拆迁户重新购买房地产不属于契税免征范围。

(2) 土地、房屋被县以上人民政府征用、占用后，重新承受土地、房屋权属，其重新承受土地、房屋面积没有超出被征（占）用原有土地、房屋面积的，免征契税；超出被征（占）用原有土地、房屋面积的，应缴纳契税。

(3) 土地、房屋被县以上人民政府征用、占用后，对拆迁居民采取货币补偿方式重新购置住房的，购房成交价格中相当于拆迁补偿款的部分免征契税，成交价格超过拆迁补偿款的，超过部分缴纳契税。

（4）拆迁人重新承受土地、房屋权属，扩购部分，应按市场价格计算缴纳契税，如重新承受的房屋符合个人购买自用普通住宅享受优惠政策标准的，暂减半征收契税。

**6. 使用产权调换方式的计入契税计税依据的补偿金额如何确定？**

**目前，房地产开发企业对被拆迁人的补偿主要有两种形式：一是货币补偿，一般一次性支付。二是实行产权调换，即通常所说的回迁。第一种支付货币补偿的形式，契税如何征收没有争议，房地产开发企业会按照货币补偿金额缴纳契税。关键是第二种形式，有的开发企业并未将产权调换部分作为拆迁补偿款缴纳契税，产权调换所安置的房屋，属于承受者对被拆迁人支付的实物补偿，应该按章缴纳契税。这就出现了一个新问题：使用产权调换方式的补偿金额如何确定？**

答：《财政部、国家税务总局关于国有土地使用权出让等有关契税问题的通知》（财税〔2004〕134号）第一条第（二）款规定，以协议方式出让的，其契税计税依据为成交价格。成交价格包括出让金、土地补偿费、安置补助费、地上附着物和青苗补偿费、拆迁补偿费、市政建设配套费等承受者应支付的货币、实物、无形资产及其他经济利益。根据上述规定可以得知，契税的计税依据应包括拆迁补偿费。由于国家税务总局并未出台相关文件予以明确，导致税务机关在实际工作中政策执行不一致，主要有两种观点：一种认为应以单位面积支付的拆迁补偿费和安置费用为依据，确定安置房屋缴纳契税的计税价格，这种观点以《吉林省地方税务局关于明确契税政策执行中若干问题的通知》（吉地税发〔2008〕38号）为代表；第二种认为应以新建房屋的市场价格为基础，确定安置房屋的契税计税价格。比如大连税务机关。财税优学堂团队认为，后一种观点更合理一些，但也需要补充完善。由于房地产开发企业从拆迁开始到建成楼盘，往往需要一段时间，大部分会持续一年以上，甚至更长，以我国目前的实际情况来看，在这段时间内，新楼的市场价格基本都会有一定程度上涨，所以会造成契税计税依据不准确。《国家税务总局关于房地产开发企业土地增值税清算管理有关问题的通知》（国税发〔2006〕187号）对土地增值税清算过程中拆迁补偿如何确认收入进行了明确，由于契税和土地增值税同为财产行为税，具有可比性，所以，财税优学堂团队认为应按照以下顺序确定契税计税价格：

（1）以房地产开发企业拆迁当时自行建造的同地区、同地段新建房屋市场价格为基础，确定安置房屋的契税计税价格。

（2）主管税务机关参照当地、当年、同类房屋的公允价格，确定安置房屋的契税计税价格。

由于国家税务总局对拆迁过程中房屋安置补偿部分契税的计税依据在政策上尚未明确，各地在该问题的执行上争议较大。因此财税优学堂团队建议国家税务总局应尽快对该问题进行明确。

**7.《民法典》对合同印花税有何影响？**

答：《民法典》除了延续《合同法》规定并将《合同法》中的“居间合同”修改为“中介合同”外，还另外增加了保证合同、保理合同、物业服务合同、合伙合同4种新的合同类型。这种新变化会对税收征管带来影响。比如，我国的印花税只对相关法律中列举的合同类型进行征收，此次《民法典》新增了这4类新型合同，这些新型合同要不要征印花税，税率是多少，需要印花税法及时跟进明确。